普通高等教育"十四五"会计与财务管理专业系列教材

会计学基础

主　编　徐焕章　徐间萍
副主编　张丽丽　宋　玉　王　敏

西安交通大学出版社
XI'AN JIAOTONG UNIVERSITY PRESS

内容提要

"会计学基础"课程是管理类专业的基础课程,也是会计学、财务管理等专业学生学习中级财务会计、成本会计、管理会计、财务管理以及审计学等课程的先导课程。其教学目标主要是使学生掌握会计的基本理论、方法和技能,为后续的学习和实践打下基础。因此,本书在内容编排与结构体系上注重引导与启发,每一章都通过一个现实案例导入学习内容,按照循序渐进、由浅入深的顺序,在介绍会计基本理论、基本方法的同时,培养学生的会计思维;涉及会计实务处理的内容,则依据最新的会计制度及政策法规介绍。本书主要内容包括导论、会计的基本概念、复式记账法的原理、企业主要经济业务的核算、会计凭证的填制与审核、会计账簿的设置与登记、财产清查、财务报告、账务处理程序以及会计工作组织。每一章后附复习思考、即测即评以及案例思考等内容,有助于学生对基本知识的巩固与理解。

本书可作为会计学、财务管理等经管类专业教材,也可作为从事会计工作人员的学习参考书。

图书在版编目(CIP)数据

会计学基础 / 徐焕章,徐间萍主编. — 西安:
西安交通大学出版社,2023.5
ISBN 978-7-5693-3141-7

Ⅰ.①会⋯ Ⅱ.①徐⋯ ②徐⋯ Ⅲ.①会计学-基本知识 Ⅳ.①F230

中国国家版本馆 CIP 数据核字(2023)第 046610 号

书　　名	会计学基础 KUAIJIXUE JICHU
主　　编	徐焕章　徐间萍
责任编辑	史菲菲
责任校对	王建洪
封面设计	任加盟
出版发行	西安交通大学出版社 (西安市兴庆南路1号　邮政编码 710048)
网　　址	http://www.xjtupress.com
电　　话	(029)82668357　82667874(市场营销中心) (029)82668315(总编办)
传　　真	(029)82668280
印　　刷	西安日报社印务中心
开　　本	787mm×1092mm　1/16　印张 16　字数 403千字
版次印次	2023年5月第1版　2023年5月第1次印刷
书　　号	ISBN 978-7-5693-3141-7
定　　价	48.00元

如发现印装质量问题,请与本社市场营销中心联系。
订购热线:(029)82665248　(029)82667874
投稿热线:(029)82665379
读者信箱:511945393@qq.com

版权所有　侵权必究

前言

2020年5月28日,教育部印发《高等学校课程思政建设指导纲要》,提出"把思想政治教育贯穿人才培养体系,全面推进高校课程思政建设,发挥好每门课程的育人作用,提高高校人才培养质量"。

为贯彻《高等学校课程思政建设指导纲要》,将价值塑造、知识传授和能力培养三者融为一体,就要寓价值观引导于知识传授和能力培养之中;要培养出创新型人才,教学过程中就应注重"学思结合",注重学生思考能力、想象能力和创造能力的培养,使学生在学习中思考,在思考中学习,形成良好的学习和思维习惯。本书编写组正是本着上述理念,将多年教学经验和成果熔为一炉,力图使本书从内容到形式都有所创新。

在内容设计上,本书以会计循环为主线,以工业企业经济活动过程为基础,系统阐述了会计的含义、会计要素、会计核算的基本前提和一般原则、会计核算方法、会计等式等基本理论,详细介绍了会计科目和会计账户的设置、复式记账和财产清查等基本方法,解释了从设置会计凭证、建立会计账簿以及编制财务会计报告的依据、程序、方法及规范,明确了会计账务处理程序以及会计工作组织的相关内容。此外,本书充分体现了新会计准则和国际会计趋同的要求,引入国内外相关研究的新成果,使学生既能了解会计研究的前沿问题,又能掌握会计基础知识。

在结构编排上,每一章章前有明确的学习目标、思维导图、引导案例,章后附本章小结、复习思考、即测即评、案例思考。通过案例激发学生的学习热情,突出重点、难点,以便学生自学并把握要点,深入思考。复习思考与即测即评启发学生思维,帮助学生进一步理解和消化所学内容,寓教于乐,学思结合,更好地掌握会计学基础的精髓。在第四至第八章中,配有大量的图、表,使学生能够清晰、准确地掌握会计凭证、会计账簿、财务会计报告的作用。

　　本书由徐焕章、徐间萍任主编,张丽丽、宋玉、王敏任副主编。主编负责拟订全书的编写大纲,并对全书的书稿进行修改、润色和总纂等工作。具体编写分工如下:第一章,徐焕章(西安工程大学);第二、四、五章,徐间萍(广州市花都区人民医院);第三章,宋玉(西安工程大学);第六、七章,张丽丽(西安工程大学);第八、九、十章,王敏(西安欧亚学院)。

　　本书是我们在总结多年教学经验的基础上,结合专业课程这一课程思政建设的基本载体,引导学生深入社会实践、关注现实问题,培育学生诚信服务、德法兼修的职业素养等编写而成的。我们在编写过程中参考和借鉴了国内许多作者的观点和资料,在此表示衷心的感谢。感谢西安交通大学出版社史菲菲、西安工程大学管理学院李艳院长、西安欧亚学院会计学院谢涛院长所给予的鼎力支持。

　　在本书的编写过程中,杨新宇、陈璇、李心婕三位研究生做了大量基础查阅、校对等工作,他们的工作非常重要,在此一并表示感谢。

　　由于编者水平有限,书中难免会有疏漏和不当之处,恳请读者批评指正,以便再版时修改补充。

编　者
2023 年 2 月

目录

第一章 导　论 ………………… 001

　　学习目标 ……………………… 001
　　思维导图 ……………………… 001
　　引导案例 ……………………… 001
　　第一节　企业的组织形式与经济
　　　　　　活动 ………………… 002
　　第二节　会计的目标与职能
　　　　　　 …………………………004
　　第三节　会计信息质量要求
　　　　　　 …………………………007
　　第四节　会计方法 …………… 010
　　第五节　会计发展与会计学科
　　　　　　 …………………………012
　　本章小结 ……………………… 015
　　复习思考 ……………………… 016
　　即测即评 ……………………… 016
　　案例思考 ……………………… 016

第二章 会计的基本概念 … 017

　　学习目标 ……………………… 017
　　思维导图 ……………………… 017
　　引导案例 ……………………… 018
　　第一节　会计的概念 ………… 018
　　第二节　会计对象与会计要素
　　　　　　 …………………………019
　　第三节　会计核算基本前提与
　　　　　　会计核算基础 ……… 027
　　本章小结 ……………………… 030
　　复习思考 ……………………… 030
　　即测即评 ……………………… 031
　　案例思考 ……………………… 031

第三章 复式记账法的原理
　　　　　　 …………………………032

　　学习目标 ……………………… 032
　　思维导图 ……………………… 032
　　引导案例 ……………………… 033
　　第一节　会计循环 …………… 033
　　第二节　会计恒等式 ………… 034
　　第三节　会计科目 …………… 038
　　第四节　会计账户 …………… 041
　　第五节　复式记账法 ………… 046
　　第六节　过账与试算平衡 …… 053

第七节　结账与编制基本财务报表
　　…… 059
本章小结…… 063
复习思考…… 063
即测即评…… 063
案例思考…… 063

第四章　企业主要经济业务的核算 …… 065

学习目标…… 065
思维导图…… 065
引导案例…… 066
第一节　筹资活动的核算…… 066
第二节　供应过程的核算…… 071
第三节　生产过程的核算…… 079
第四节　销售过程的核算…… 086
第五节　财务成果的核算…… 090
本章小结…… 099
复习思考…… 100
即测即评…… 100
案例思考…… 100

第五章　会计循环(一)：会计凭证的填制与审核
　　…… 102

学习目标…… 102
思维导图…… 102
引导案例…… 103
第一节　会计凭证的内容与意义
　　…… 103

第二节　原始凭证及其填制与审核
　　…… 104
第三节　记账凭证及其填制与审核
　　…… 110
第四节　会计凭证的传递与保管
　　…… 116
本章小结…… 119
复习思考…… 120
即测即评…… 122
案例思考…… 122

第六章　会计循环(二)：会计账簿的设置与登记
　　…… 123

学习目标…… 123
思维导图…… 124
引导案例…… 125
第一节　会计账簿的意义与分类
　　…… 125
第二节　会计账簿的设置与登记
　　…… 128
第三节　会计账簿的启用与登记规则 …… 134
第四节　对账与结账…… 138
第五节　账簿的更换与保管
　　…… 141
本章小结…… 142
复习思考…… 142
即测即评…… 145

案例思考 …………………… 146

第七章　会计循环(三)：财产清查 …………… 147

　　学习目标 …………………… 147
　　思维导图 …………………… 148
　　引导案例 …………………… 148
　　第一节　财产清查的意义与种类 …………………………… 149
　　第二节　财产清查的内容及方法 …………………………… 152
　　第三节　财产清查结果的处理 …………………………… 158
　　本章小结 …………………… 164
　　复习思考 …………………… 164
　　即测即评 …………………… 165
　　案例思考 …………………… 165

第八章　财务报告 …………… 167

　　学习目标 …………………… 167
　　思维导图 …………………… 167
　　引导案例 …………………… 168
　　第一节　财务报告概述 …… 168
　　第二节　资产负债表 ……… 174
　　第三节　利润表 …………… 184
　　第四节　现金流量表 ……… 192
　　第五节　所有者权益变动表 …………………………… 199

　　第六节　财务报告的报送、汇总和审核 ………………… 203
　　本章小结 …………………… 204
　　复习思考 …………………… 204
　　即测即评 …………………… 205
　　案例思考 …………………… 205

第九章　账务处理程序 ……… 206

　　学习目标 …………………… 206
　　思维导图 …………………… 206
　　引导案例 …………………… 206
　　第一节　会计账务处理程序概述 …………………………… 207
　　第二节　记账凭证账务处理程序 …………………………… 208
　　第三节　科目汇总表账务处理程序 …………………………… 209
　　第四节　汇总记账凭证账务处理程序 ………………………… 211
　　本章小结 …………………… 214
　　复习思考 …………………… 214
　　即测即评 …………………… 219
　　案例思考 …………………… 220

第十章　会计工作组织 ……… 221

　　学习目标 …………………… 221
　　思维导图 …………………… 221

引导案例…………………………… 222
第一节 会计工作组织概述
　　　　…………………………… 222
第二节 会计机构………………… 223
第三节 会计人员………………… 226
第四节 会计法规体系…………… 232
第五节 会计档案管理…………… 239
第六节 会计工作交接…………… 244

本章小结………………………… 245
复习思考………………………… 245
即测即评………………………… 246
案例思考………………………… 246

参考文献…………………………… 247

第一章 导论

 学习目标

1. 了解企业组织形式与企业的经济活动;
2. 掌握会计的目标与职能;
3. 理解会计信息的质量要求;
4. 掌握会计核算的基本程序和方法;
5. 了解会计发展与会计学科。

思维导图

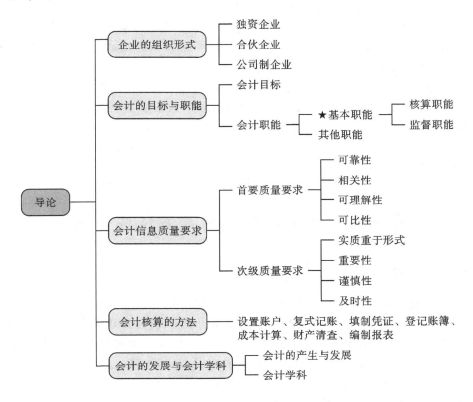

引导案例

根据原始公司的海上起源说,康孟达(Commeda)这种合伙形态起源于中世纪海上贸易。

康孟达可以在短时间聚集起巨额资金,又可使投资者少担风险。与当时交易内容具有间歇性的特点相适应,康孟达只是在每次航海时才临时产生并以每次航海为目的,具有临时性。在意大利的商业城市中,同期还盛行着索赛特(Societas)组织。索赛特最早以家庭血缘关系为基础,随着规模的扩大,逐渐摆脱血缘基础,所有合伙人就合伙债务负无限责任,这种无限责任成为商业信誉的可靠保证,因此索赛特在借款、赊购等方面具有一定的优势。一些较为成功的索赛特逐渐形成良好的商誉,并采用固定的商号,成为可以持久的商业企业。时至今日,企业作为市场主体,须自主经营、自负盈亏、自我发展、自我约束,具备三个基本条件:拥有独立的法人财产权或明确的自然人产权,财产的最终所有者、法人所有者和经营者之间的产权关系明晰;拥有自主经营和发展所必需的各种选择权和决策权,在法律上和经济上是独立自主的实体;在市场中享有平等的权利、平等的地位和平等的竞争机会。

现代社会中,企业是会计最主要的应用领域,企业的形成与发展大大推动了会计理论与实务的发展,企业会计最具代表性。

请结合以上资料思考会计产生的动因及其在经济发展中的作用。

课程思政

为推动我国经济与国际市场接轨,改革开放之后我国致力于加入世界贸易组织(WTO),但其中最大的障碍是我国缺乏和国际市场接轨的"商业语言"。会计作为全球通用商业语言,其市场功能不言而喻。会计改革是我国改革开放宏伟工程的重要组成部分。1992年,财政部就颁布了《企业会计准则——基本准则》。为顺应市场经济发展,会计理论界与实务界不断探索与创新,逐渐形成既与国际接轨,又体现中国实情的企业会计准则体系。企业既是市场主体,也是独立的产权主体,其对资源的使用、处置、收益等权利需要被准确计量并得到保障。在我国企业治理现代化的进程中,会计发挥了显著的作用。我国会计制度变迁是马克思主义与时俱进的理论品格、中华民族开拓进取的思想品格与改革开放和现代化建设相结合的具体实践,体现出以改革创新为核心的时代精神。

第一节 企业的组织形式与经济活动

一、企业的组织形式

14、15世纪,地中海沿岸和大西洋沿岸的某些城市,出现了分散手工工场和集中手工工场,产生了资本主义萌芽。16—17世纪,资本主义原始积累加快,封建主义制度向资本主义制度转变。18世纪,西方各国相继开展了工业革命,普遍开始采用大型机器,为工厂制的建立奠定了基础。1771年,英国人理查德·阿克赖特(Richard Arkwright)创办了第一家棉纱工厂。19世纪三四十年代,英、德等国普遍建立了工厂制度。19世纪末20世纪初,随着自由资本主义向垄断资本主义过渡,工厂自身发生了复杂而又深刻的变化,经营权与所有权分离,形成职业化的管理阶层,企业走向成熟,成为现代企业。现代企业是商品经济高度发展的产物,其组织形式主要有独资企业、合伙企业和公司制企业三种。

(一)独资企业

独资企业,西方也称"单人业主制",是由一个自然人投资,财产为投资人个人所有,投资人以其个人财产对企业债务承担无限责任的经营实体。独资企业不具有法人资格,也无独立承担民事责任的能力。但独资企业是独立的民事主体,可以以自己的名义从事民事活动。从纳税角度看,独资企业不是独立的纳税实体,其所有经营利润并入业主个人收入,缴纳个人所得税,而不需要缴纳企业所得税。独资企业的局限性表现为:首先,企业所有的债务和法律责任都由业主个人承担,一旦有财务方面的问题,业主的全部财产(如房子、汽车、家具及其他)无论是否投入企业都将被清算,用于偿还企业债务,这增加了业主的风险;其次,业主个人拥有的资源有限,所以运营能力受到限制,企业规模难以扩大;最后,业主个人状况限制企业的生存和发展,比如,一旦业主死亡,企业将不复存在,所有的合同将会失去效力,贷款者承担潜在风险。

(二)合伙企业

合伙企业是两个或两个以上业主共同拥有企业财产的经济组织。常见的合伙企业有会计师事务所、律师事务所、医疗诊ధ、私募基金等。合伙企业有普通合伙企业和有限合伙企业两种形式。普通合伙企业由普通合伙人组成,合伙人对合伙企业债务承担无限连带责任。在我国,国有独资公司、国有企业、上市公司以及公益性的事业单位、社会团体不得成为普通合伙人。在普通合伙企业中,各业主的地位相同,拥有同等的经营决策权,共同承担企业经营风险。有限合伙企业由普通合伙人和有限合伙人组成,普通合伙人对合伙企业债务承担无限连带责任,有限合伙人以其认缴的出资额为限对合伙企业债务承担责任。

(三)公司制企业

公司制企业是指按照法律规定,由法定人数以上的投资者(或股东)出资建立、自主经营、自负盈亏、具有法人资格的经济组织。我国公司制企业有有限责任公司和股份有限公司两种形式。当企业采用公司制的组织形式时,所有权主体和经营权主体发生分离,所有者只参与和做出有关所有者权益或资本权益变动的理财决策,而日常的生产经营活动和理财活动由经营者进行决策。公司制企业的主要特征有:第一,公司具有法人资格,拥有独立的财产并自主经营、自负盈亏,享有法律赋予的权利与履行法律规定的义务;第二,公司的投资者对企业承担有限责任;第三,严格依照法律规定设立,公司的登记注册、股权转让、资本变更、分立与合作等必须遵循相关法律规定。

公司制企业的优点有:第一,无限存续,即一个公司在最初的所有者和经营者退出后仍然可以继续存在;第二,公司债务是法人的债务,不是所有者的债务,所有者的债务责任以其出资额为限;第三,所有权的流动性强;第四,在资本市场中拥有优越地位。公司制企业的缺点有:第一,存在双重课税,公司作为独立的法人,其利润需缴纳企业所得税,企业利润分配给股东后,股东还需缴纳个人所得税;第二,组建成本高;第三,存在代理问题,代理人可能为了自身利益而损害委托人利益。

二、企业的主要经济活动

企业经济活动指生产经营活动,包括供应、生产、销售、分配等。以工业生产企业为例,其经济活动的主要环节包括资金筹集、生产准备、产品生产、产品销售和成果形成与分配,可以概括为资金的"投入—变换—产出"过程。具体来讲,企业必须拥有一定数量的资金以满足生产

经营的物质需求,因此,筹集资金是企业的首要经济活动。资金在企业生产经营过程中是运动的,其形态随之发生变化,如货币资金、储备资金、生产资金、成品资金等,由此形成资金循环与周转。

企业资金来源于两个方面:一是投资人的投资及其增值;二是债权人借入的资金。企业筹集资金后进行生产准备,如购建厂房、购买原材料和机器设备等,以保证生产需要,在这一过程中,货币资金转化为固定资金和储备资金。产品生产是工业生产企业的核心环节,这一阶段的一项重要工作是计算产品成本,包括各种材料费用、人工费用及其他为组织和管理生产而发生的费用。随着生产费用的发生,资金形态由固定资金和储备资金转化为生产资金。产品制造完成以后,形成可供销售的商品,资金形态由生产资金转化为成品资金。商品销售是价值的实现过程,在这一环节,企业将产品销售给客户,与对方办理货款结算。销售收入用以补偿生产经营过程中所发生的各项生产费用,包括产品生产成本、其他费用以及各项税费。收回货款后,资金形态从成品资金转化为货币资金。以上环节构成一次资金循环。

企业定期将收入与费用相配比,总结该时期的财务成果。企业将生产经营中获得的收入抵偿各项成本、费用,形成企业利润,一部分以所得税的形式上缴国家,另一部分即税后利润(也称净利润)按照规定的程序进行合理分配,包括弥补以前年度亏损,提取公积金,以及向投资者分配。

第二节 会计的目标与职能

一、会计的目标

会计目标是指会计工作所要达到的终极目的,是评价企业会计工作是否有效合理的标准。我国《企业会计准则——基本准则》指出,会计的目标是向财务会计报告(又称财务报告)使用者提供与企业财务状况、经营成果和现金流量等有关的会计信息,反映企业管理层受托责任履行情况,有助于财务会计报告使用者做出经济决策。关于会计目标,通常有两种观点,即受托责任观和决策有用观。

受托责任观源于公司制企业所有权和经营权的分离,企业经营者(受托方)接受企业所有者(委托方)交付的经济资源,从事生产经营活动,负有受托责任,并有义务定期如实向委托方报告受托责任履行过程与结果。同时,企业的所有者、债权人也需要及时了解企业经营管理层的业绩情况和受托责任履行情况,并决定是否调整信贷政策或更换管理层等。因此,会计的目标主要是向投资者解释受托者业绩,解除受托责任,即通过财务报表将委托方需要的会计信息提供给企业所有者,一方面用来解释经营业绩,另一方面用来说明是否可以解除过去经营期间的受托责任。

企业开展会计工作的主要目标是满足会计信息使用者的信息需求,有助于会计信息使用者做出经济决策。这一观点的提出是针对日益发达的资本市场的需要,在所有权与经营权分离且通过资本市场进行资源分配的情况下,委托方与受托方的关系不是直接建立,而是通过资本市场建立起来的。因此,会计目标在于为会计信息使用者提供决策支持。

会计目标分为总体目标和具体目标。会计总体目标简称会计总目标,是指在一定历史环境下会计预期实现和追求的目标。在市场经济条件下,企业面临激烈竞争,并始终处于生存与倒闭、发展与萎缩的矛盾之中,只有不断发展才能生存,生存下去才可能获利,因此,会计总目标要顺应市场的变化。会计总目标的实现依赖于各个具体目标的实现,如会计核算目标、会计监督目标、会计控制目标等。其中,会计核算目标是最基础的会计目标。会计核算目标是向企业外部会计信息使用者提供有用的信息,帮助使用者做出相关决策。研究表明,从我国现阶段的经济环境和会计工作的实际能力考虑,现代会计的具体目标可以确定为如下几项。

(1)提供关于一定时期内企业经营活动基本情况的资料。利用这一资料,投资人可以了解企业的经营过程,评估经营者的经营业绩,并对企业将来的发展做出必要的指导;利用这一资料,经营者可以分清责任,寻找不足,改善管理,提高绩效。

(2)提供关于企业财务状况及其变动情况的可靠资料。企业的财务状况,包括企业对资源的控制情况、企业的资金构成、资金流动性和偿债能力以及企业适应其所处环境变化的能力(即应变能力)。

(3)提供有助于信息使用者预计、比较、评估企业经营业绩,尤其是盈利能力的财务资料。关于企业的经营业绩,尤其是获利水平的资料,对评价企业今后有可能控制的经济资源的潜在变动是非常重要的。它不仅有助于预计企业在现有资源的基础上产生现金的能量,还有助于判断企业利用新增资源可能取得的效益。

(4)提供有助于企业对生产经营活动进行有效指挥、调节和监督的财务资料。指挥、调节和监督,是会计的控制职能。通过控制,把企业的生产经营活动纳入社会需要和人们所希望的轨道,并在最有利的情况下完成预期的目标,这正是人们需要会计的一个重要理由。

(5)提供有助于判断企业在完成目标过程中对经济资源有效利用能力的财务资料。经济资源总是有限的,投资者所希望的当然是以尽可能少的资源耗费(投入)获得尽可能多的经营成果(产出)。这里涉及对资源有效利用程度的评估与衡量所需要的信息,理所当然地应由会计这个信息系统来提供。

二、会计的职能

会计的职能是指会计在经济管理过程中所具有的功能。会计作为经济管理的重要组成部分,其作用的发挥是通过会计的职能来实现的。会计的职能有很多,基本职能是核算和监督。

马克思在《资本论》中对会计的职能有着精辟的概括:"过程越是按社会的规模进行,越是失去纯粹个人的性质,作为对过程的控制和观念总结的簿记就越是必要;因此,簿记对资本主义生产,比对手工业和农民的分散生产更为必要,对公有生产,比对资本主义生产更为必要。"因此,我们可以将会计的职能总结为"过程的控制"和"观念的总结"。其中,"过程的控制"指的是会计利用特有的方法和特有的程序对某一主体各项经济业务或事项实施管理,体现了会计的控制职能或监督职能;"观念的总结"是会计运用货币对某一主体的经济业务或事项实施计量、记录,体现了会计的反映职能或核算职能。提供真实、完整的会计信息是全部会计管理工作的基础,所以会计核算是会计的首要职能。会计监督则为真实、完整的会计信息提供保证。

生产力发展水平和经营管理水平的高低,对会计的职能具有决定性影响。例如,在生产力水平较低下的时代,会计的主要功能在于简单的计量、记录,以反映为主;而在生产力水平较发达、管理水平较高的今天,记账、算账、报账已不能满足经济管理的需要,发挥会计的经济监督作用便成为会计的一项重要功能。需要说明的是,会计是一项主观见之于客观的活动,会计职能的实现依赖会计人员的业务素质、职业道德、敬业精神等。随着会计的不断发展,会计职能的内涵也不断得到充实,并开拓了新的领域。除了基本职能,会计还具有进行经济预测、参与经济决策、制订经济计划、考核经营业绩等扩展职能。

(一)会计的核算职能

会计的核算职能是指会计通过确认、计量、记录、报告,运用一定的方法或程序,利用货币形式,从价值量方面反映企业已经发生或完成的客观经济活动情况,为经济管理提供可靠的会计信息。核算职能是会计的最基本职能。

确认,是通过一套专业标准或专门方法来确定会计事项是否发生,以此衡量经济信息能否进入会计核算系统。以实际发生的经济业务事项为依据进行会计核算,是会计核算的重要前提,是填制会计凭证、登记账簿、编制财务报告的基础,是保证会计信息可靠的关键。

计量,是以货币为单位确定应计入会计核算系统的数量。计量解决经济事项在进入会计核算系统时作为会计事项应该承认的金额。所以,能用货币计量并符合制度规定的业务事项才可进入会计核算系统,否则不能进入会计核算系统。

记录,是以会计专业的技术将会计事项在特有载体上登记下来的过程。会计专业技术包括专门的记账方法、专业的判断等。会计的载体一般有会计凭证、会计账簿或者磁盘、光盘等。

报告,是会计工作的最终成果,是会计确认、计量、记录的真实资料的进一步汇总和加工。作为财务报告主体的会计报表(又称财务报表),反映企业财务状况、经营成果和现金流量等,为信息使用者提供决策所需信息。

会计不仅要记录已发生的经济业务,也要记录正在发生的经济业务,为各单位的经营决策和管理控制提供依据,有时还要预测企业的未来,对企业的发展提供一些具有前瞻性的会计信息,以此作为对未来经济活动的控制依据。因此,会计核算有如下特点:①会计核算主要从价值量上反映各单位的经济活动状况及其结果,其他如实物量度、劳动量度等均作为辅助量度;②会计核算具有完整性、连续性和系统性,保证会计核算资料连续地、完整地、有序地反映经济活动的过程及其成果;③会计核算要对各单位经济活动的全过程进行反映,包括经济活动的事前、事中、事后的核算。

(二)会计的监督职能

会计的监督职能是指在经济事项发生以前、经济事项进行当中和经济事项发生以后,会计利用预算、检查、考核、分析等手段,对单位的会计核算及其经济活动的真实性、完整性、合规性和有效性进行检查与控制,以确保特定主体的资产安全、合规经营和信息可靠。

会计监督可以分为事前监督、事中监督和事后监督。事前监督指参与经济预测、计划的编制;事中监督指审查日常业务,督促计划的执行;事后监督指检查财产的完整,考核计划的完成情况。会计监督不仅体现在对经济活动的合规性和合法性方面的监督,还体现在对经济活动的效益性方面的监督。

内部会计监督的内容主要包括六个方面:一是对原始凭证的真实性、合法性、准确性和完整性的审核和监督;二是对会计账簿的监督,主要对单位账外设账行为进行监督;三是对实物、款项的监督,主要对单位财产清查制度的执行情况进行监督;四是对财务报告的监督,主要对会计报表编制依据的合法性、合规性,以及报告数字的真实性进行监督;五是对财务收支的监督,主要对财务收支审批手续是否完备,单位的财务收支是否符合国家统一的财政、财务、会计等各项制度要求进行监督;六是对各种计划的监督,包括对预算计划、财务计划、经济计划、业务计划等各种计划的制订和执行情况进行监督。

企业单位除了做好内部会计监督外,还要主动接受国家监督和社会监督。国家政府部门和社会中介组织对单位会计工作的监督,是会计监督的重要组成部分。各单位必须依照法律和国家有关规定接受财政、审计、税务等机关的监督,如实提供会计凭证、会计账簿、会计报表和其他会计资料以及有关情况,不得拒绝、隐匿、谎报。按照法律规定应当委托注册会计师进行审计的单位,应当委托注册会计师进行审计,并配合注册会计师的工作,如实提供会计凭证、会计账簿、会计报表和其他会计资料以及有关情况,不得拒绝、隐匿、谎报,不得示意注册会计师出具不当的审计报告。

课程思政

在单位内部监督中,会计人员要依据法律法规的规定,通过会计手段对本单位经济活动的合法性、合理性和有效性进行监督。

作为一名会计人员,一方面要有使命感,应恪尽职守,在自己的工作岗位上奉公守法,认真切实地执行会计的监督职能;另一方面,要提高职业道德素养,爱岗敬业、诚实守信、廉洁自律、客观公正、坚持准则。

(三)会计核算与监督职能的关系

会计的核算职能和监督职能之间是相辅相成的。会计核算是执行会计监督的前提,离开了会计核算,会计监督就失去了基础;会计监督是会计核算的保证,只有通过会计监督,才能保证会计核算资料的真实可靠。

会计核算是会计的首要职能,是会计监督的基础。没有核算所提供的各种信息,监督就失去了依据。会计监督是会计核算的保证,只有核算而无严格的会计监督,就难以保证核算所提供信息的真实性、可靠性,会计核算也就失去了存在的意义。可见,会计是通过核算为管理提供会计信息,又通过监督直接履行管理职能,两者必须结合起来发挥作用,才能正确、及时、真实、完整地反映经济活动。

需要指出的是,会计的职能反映会计的本质。因此,从这个意义上讲,会计具有核算和监督两项基本职能,也是会计的基本特征之一。

第三节 会计信息质量要求

财务会计的目的在于对外提供信息,帮助会计信息使用者进行经济决策。会计信息质量会影响投资者决策和市场经济秩序,其高低是评价会计工作成败的标准。

会计信息质量要求是企业财务报告所提供会计信息应具备的质量特征,也是会计核算工作的基本规范和基本要求。它主要包括可靠性、相关性、可理解性、可比性、实质重于形式、重要性、谨慎性和及时性。其中,可靠性、相关性、可理解性和可比性是会计信息的首要质量要求,是企业财务报告中所提供会计信息应具备的基本质量特征;实质重于形式、重要性、谨慎性和及时性是会计信息质量的次级质量要求,是对首要质量要求的补充和完善。

一、可靠性

可靠性是对会计信息质量的基本要求。可靠性要求企业应当以实际发生的交易或者事项为依据进行确认、计量和报告,如实反映符合确认和计量要求的会计要素及其他相关信息,保证会计信息真实可靠、内容完整。会计信息要有用,必须以可靠为基础,如果财务报告所提供的会计信息是不可靠的,会对投资者等会计信息使用者的决策产生误导。

(1)以实际发生的交易或事项为依据进行确认、计量和报告,将符合会计要素定义及其确认条件的资产、负债、所有者权益、收入、费用和利润等如实反映在财务报表中,不得根据虚构的、没有发生的或者尚未发生的交易或事项进行确认、计量和报告。

(2)在符合重要性和成本效益原则的前提下,保证会计信息的完整性。所有报表及附注内容等应当保持完整,不能随意遗漏或者减少应予披露的信息。

(3)包括在财务报告中的会计信息应当是中立的、无偏的。如果企业在财务报告中为了达到事先设定的结果或效果,通过选择或列示有关会计信息以影响决策和判断,这样的财务报告信息就不是中立的。

二、相关性

相关性要求企业提供的会计信息应当与投资者等财务报告使用者的经济决策需要相关,有助于投资者等财务报告使用者对企业过去、现在或未来的情况做出评价或者预测。会计的目的是向各有关方面提供决策有用信息,有助于加强经济管理,提高经济效益。如果会计信息与人们的管理和决策无关,也就失去了意义。

相关性有预测价值和反馈价值两个基本质量标志。相关的会计信息有助于使用者评价企业过去的决策,证实或修正过去的有关预测,因而具有反馈价值。相关的会计信息有助于使用者根据财务报告所提供的会计信息预测企业未来的财务状况、经营成果和现金流量,所以具有预测价值。

需要说明,相关性以可靠性为基础,两者之间并不矛盾。会计信息在可靠性的前提下,应尽可能做到相关,以满足投资者等财务报告使用者的决策需要。

三、可理解性

可理解性亦称明晰性、清晰性、可辨认性,要求企业提供的会计信息应当清晰明了,便于投资者等财务报告使用者理解和使用。

可理解性要求会计记录和会计报告必须清晰、规范,使信息使用者能够准确、完整地理解、把握和利用会计信息。投资者、债权人等财务报告使用者通过阅读、分析、使用财务报告信息,能够了解企业的过去和现状,以企业净资产或企业价值的变化过程预测企业未来发展趋势,从而做出科学决策。

会计信息是一种专业性较强的信息,会计信息的可理解性的前提是,使用者具有一定的有关企业经营活动和会计方面的知识,并且愿意付出努力去研究这些信息。

四、可比性

可比性要求企业提供的会计信息应当相互可比,包括横向可比和纵向可比两层含义。

横向可比,即不同企业相同会计期间可比,要求不同企业同一会计期间发生的相同或者相似的交易或者事项,应当采用规定的会计政策,确保会计信息口径一致、相互可比,以使不同企业按照一致的确认、计量和报告要求提供有关会计信息。企业可能处于不同的行业、不同的地区,对相同或相似交易事项采用相同的会计政策,便于信息使用者在不同企业之间比较。

纵向可比,即同一企业不同时期可比,也称一贯性,要求同一企业不同时期发生的相同或者相似的交易或者事项,应当采用一致的会计政策,不得随意变更。企业发生的交易或者事项具有复杂性和多样性,某些交易或者事项可以有多种会计处理方法,不同的会计处理方法会产生不同的结果。

在会计核算中坚持可比性,既可以提高会计信息的相关性,又可以制约和防止利用会计处理方法和程序的变更弄虚作假。需要说明的是,可比性并不是说企业不得变更会计政策,如果会计政策变更可以提供更可靠、更相关的会计信息,可以变更会计政策。确需变更的,应当在附注中说明。

五、实质重于形式

实质重于形式要求企业应当按照交易或者事项的经济实质进行会计确认、计量和报告,不仅仅以交易或者事项的法律形式为依据。

实务中,有时交易或者事项的经济实质与其外在的法律形式并不一致。例如,企业以融资租赁方式租入一项固定资产,从法律形式上看,承租人没有获得租赁资产的法定所有权,然而其经济实质是,承租人以支付大致相当于租赁资产公允价值和有关融资费用的代价,换取在租赁资产大部分经济年限内获得使用租赁资产的经济利益。从经济实质看,企业通过融资租赁取得固定资产,能够控制该资产在未来创造的经济利益,所以,在会计确认、计量和报告中应当将融资租入固定资产作为本企业的资产。

遵循实质重于形式,有利于反映企业所拥有的资产、所承担的负债的真实价值,能够为信息使用者提供更可靠的会计信息,对于保护信息使用者的经济利益具有重要意义。

六、重要性

重要性要求企业提供的会计信息应当反映与企业财务状况、经营成果和现金流量等有关的所有重要交易或者事项。

重要性要求企业在确认、计量和报告经济业务和会计事项时,应当区别其重要程度,采用不同的处理方式。对企业资产、负债、损益等具有较大影响,能够影响会计信息使用者据以做出合理判断的重要经济业务和会计事项,必须根据会计准则规定的会计方法和程序进行处理,在财务报告中予以充分、准确的披露和揭示。对于次要的经济业务和会计事项,在不影响会计信息可靠性和决策有用性的前提下,可以适当归并简化处理。重要性的应用需要依赖职业判断,企业应当根据其所处环境和实际情况,从项目的性质和金额大小两方面加以判断。

七、谨慎性

谨慎性亦称审慎性、稳健性,要求企业对交易或者事项进行会计确认、计量和报告应当保持应有的谨慎,不应高估资产或者收益、低估负债或者费用。

当某一会计事项有多种不同方法可供选择时,为保证企业财力不受侵害、不给会计信息使用者提供使其盲目乐观的信息,应尽可能选择一种不导致虚增盈利的会计处理方法。在市场经济环境下,企业的生产经营活动面临许多风险和不确定性,如应收款项的可收回性、固定资产的使用寿命、无形资产的使用寿命、售出存货可能发生的退货或者返修等。根据会计信息质量的谨慎性要求,企业在面临不确定性因素的情况下做出职业判断时,应当保持应有的谨慎,充分估计到各种风险和损失,既不高估资产或者收益,也不低估负债或者费用。如要求企业对可能发生的资产减值损失计提资产减值准备等,体现了会计信息质量的谨慎性要求。

谨慎性不允许企业设置秘密准备。故意低估资产或者收入,或者故意高估负债或者费用,都不符合会计信息的可靠性和相关性要求,将会扭曲企业实际的财务状况和经营成果。

八、及时性

及时性要求企业对于已经发生的交易或者事项,应当及时进行会计确认、计量和报告,不得提前或者延后。

会计信息的价值在于帮助所有者或者其他方面做出经济决策,具有时效性。及时性贯穿于会计确认、计量和报告全过程。首先,及时收集会计信息,即在企业经济业务或会计事项发生后,要及时收集各种原始单据或凭证。其次,及时处理会计信息,即按照会计准则的规定,及时对经济交易或者事项进行确认和计量,并编制财务报告。再次,及时传递会计信息,即按照国家规定的有关时限,及时将编制的财务报告传递给会计信息使用者,便于其及时使用和决策。

上述八项质量要求是一个整体,不能片面强调某一质量要求,而忽略其他。会计人员需要应用会计职业判断能力,在诸多质量要求之间寻求某种平衡与和谐,真实而公允地表述财务报告。

第四节 会计方法

会计方法是履行会计职能、完成会计任务、实现会计目的的方式、方法。广义的会计方法包括会计核算方法、会计预测方法、会计决策方法、会计检查方法、会计控制方法、会计分析方法等。狭义的会计方法则仅指会计核算方法,这是最基本、最主要的会计方法。

一、广义的会计方法

会计核算方法,是对会计要素进行确认、计量、记录和报告所采用的专门方法,或者说是对会计对象进行连续、系统、全面、综合反映的方法。它一般包括设置账户、复式记账、填制凭证、登记账簿、成本计算、财产清查和编制报表等。

会计预测方法,是利用会计信息和其他有关信息,对未来的资金运动进行科学预测所运用的方法,分为定性预测法和定量预测法。定性预测法主要依靠预测主体的知识和经验进行预测和判断;定量预测法主要利用数学模型进行预测和判断,如因果预测法、趋势预测法等。

会计决策方法,是选择最优方案所运用的方法。会计决策分为短期决策和长期决策。短期决策经常运用的方法有本量利分析法、差量法、贡献毛利法等;长期决策法有投资回收期法、净现值法、内含报酬率法等。

会计检查方法,是利用会计核算资料,对企业经济活动的合法性和合理性,以及会计信息是否完整和正确等方面进行检查的方法。它一般包括核对法、审阅法、分析法等。

会计控制方法,是指通过会计工作,使企业的经济活动和资金运动按既定的轨道运行所采用的方法。按控制环节不同,会计控制方法分为事前控制法、事中控制法和事后控制法;按控制标准不同,会计控制方法分为制度控制法、定额控制法、预算控制法、责任控制法、程序控制法等。

会计分析方法,是在会计核算的基础上,结合调查研究,对企业资金运动及其成果进行考核、评价和分析的方法。会计分析方法主要有比较分析法、因素分析法、差额分析法、比率分析法等。

上述会计方法中,会计核算方法是基础,其他方法在会计核算基础上展开。各种方法紧密相连,相互依存,相辅相成,形成一个完整的方法体系。

二、会计核算的方法

(一)设置账户

设置账户是对会计对象的具体内容进行分类核算和监督的一种专门方法。会计对象的内容复杂繁多,为便于核算,需要根据会计对象的特点和经济管理需求,将其划分为若干项目,并据此设置若干个会计账户。每个会计账户只核算一定的经济内容,所有账户既有分工又有联系地反映全部会计对象的内容,提供各种会计信息。

(二)复式记账

复式记账是会计人员记录经济业务的一种方法。采用这种方法记账,每一项经济业务都被记录在两个或两个以上相互联系的账户中,账户之间存在对应关系,通过对应关系,可以检查有关经济业务的记录是否正确。复式记账因采用的记账符号不同分为借贷记账法、增减记账法、收付记账法等,目前国际上通行的是借贷记账法。复式记账是一种科学的记账方法,采用这种方法既可以反映经济业务的全貌,也便于检查账簿记录的正确性。

(三)填制凭证

填制和审核会计凭证是指对发生的每一项交易或者事项,对证明其发生和完成的原始凭证进行审核确认后,按照复式记账的要求填制记账凭证,以确定应记入何种会计账簿的会计核算方法。会计凭证是记录经济业务、明确经济责任的书面证明,是登记账簿的重要依据。只有经过审核,保证符合有关法律、法规、制度规定而又正确无误的会计凭证,才能作为登记账簿的依据。填制和审核凭证,既可以保证会计记录有可靠的依据,并明确经济责任,也可以监督经济业务的合法性和合理性。

(四)登记账簿

账簿是用来全面、连续、系统地记录各项经济业务的会计簿籍。登记账簿也称记账,是指把所有的经济业务按其发生的顺序,分门别类地记入有关账簿的会计核算方法。登记账簿必须以会计凭证为依据,按照规定的会计科目在账簿中分设账户,将所有的经济业务分别记入有关账户,并定期进行结账,计算各项核算指标,还要定期核对账目,使账簿记录同实际情况相符合。账簿所提供的各种数据资料,是编制会计报表的主要依据。

(五)成本计算

成本计算是指对生产经营过程中所发生的各种费用,按照一定对象和标准进行归集和分配,以计算确定各对象的总成本和单位成本的一种专门方法。企业在生产经营过程中会发生各种耗费,为了核算和监督所发生的各项费用,必须正确地进行成本计算。通过成本计算不仅可以确定产品的总成本和单位成本,从而为进一步计算企业盈亏提供条件,还可以监督检查成本是否节约或超支。准确计算成本,可以掌握成本构成情况,考核成本计划的完成情况,对挖掘潜力、促进成本降低具有重要的作用。成本计算不仅是会计核算的重要方法,也是会计监督的重要手段。

(六)财产清查

财产清查是为了确定某单位在一定日期财产的实存数,通过实物盘点、核对账目核查实存数与账存数是否一致,保证会计资料真实完整的一种专门方法。在日常会计核算过程中,为了保证会计信息真实正确,同时为了查明各项财产物资和货币资金的保管和合理使用,必须定期与不定期地对各项财产物资、货币资金和往来款项进行清查、盘点和核对。若在清查过程中发现实有数与账面结存数额不一致,应及时查明原因,明确责任,并根据实际数调整账面记录,使账存数与实存数保持一致。

(七)编制报表

编制报表是会计核算和会计行为的最后环节,也是会计核算的工作总结。会计报表是以会计账簿为主要依据,以货币为主要计量单位,全面综合地反映各单位财务状况、经营成果和现金流量的结构化表述。会计报表是财务报告的重要组成部分,财务报告为投资者、债权人、各单位管理当局、政府有关部门以及其他利益相关者提供他们所需要的会计信息,其所提供的一系列核算指标是考核和分析财务计划和预算执行情况、编制下期财务计划和预算的重要依据。

以上七种方法互相支持,共同构成了会计核算方法的有机整体。它们之间的关系如图1-1所示。

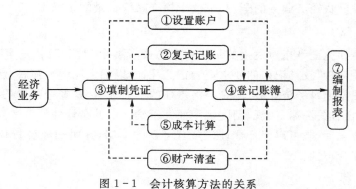

图1-1 会计核算方法的关系

第五节 会计发展与会计学科

会计学是一门既古老而又年轻的学科。会计的历史可以追溯到人类的新石器时代,但是会计的完善与发展发生于最近百年。近百年来人类社会生产力突飞猛进,为会计学科发展提供了丰富的土壤。为便于研究和应用,可以对会计学进行分类,会计学的不同门类相互联系、相互补充,共同构成会计学科体系。

一、会计的产生与发展

(一)会计在中国的演进历程

在我国,据《周礼》记载,西周时期设置司会一职,这是专门负责周王朝财赋收支的官职,采用"以参互考日成,以月要考月成,以岁会考岁成"的办法,定期对宫廷的收入、支出实行"月计""岁会"。西汉时期,出现"簿""簿书"的账册,用来记录会计事项。唐朝时,"账簿"二字连用,并传入日本。宋代出现"四柱结算"的方法,把财政收支分为旧管、新收、开除和实在四部分,分别相当于现代会计中的期初结存、本期收入、本期支出和期末结存,通过"旧管+新收-开除=实在"平衡公式进行结账,计算财产的增减情况并交代经管财物的责任。这一方法在元代传入民间。明末清初,商业与手工业趋向繁荣,旧管、新收、开除和实在表现出新的内容,分别相当于今天的权益、收益、费用、资产。与此相适应,出现了以四柱为基础的"龙门账",用以计算盈亏。"龙门账"将全部经济事项,按性质、渠道科学地划分为进(收入)、缴(支出)、存(资产)、该(负债)四大类,运用"进-缴=存-该"平衡公式计算盈亏,分别编制"进缴表"和"存该表"。此两表计算得出的盈亏数应当相等。这种双轨计算盈亏,并检查账目平衡关系的会计方法,称为"合龙门"。清朝时期,商品货币经济进一步发展,资本主义经济关系逐渐萌芽。

新中国成立后,国家在财政部设置了主管全国会计事务的机构——会计制度司,为了有计划地进行大规模社会主义经济建设,强化对会计工作的组织和领导,先后制定出多种统一的会计制度。我国于1985年颁布了《中华人民共和国会计法》,会计工作进入法治阶段。为了适应我国社会主义市场经济的需要,1992年,财政部颁布《企业会计准则——基本准则》,奠定了中国会计国际化的基石。2000年,《企业财务会计报告条例》《企业会计制度》先后出台。2006年,财政部发布了新中国成立以来不分行业的《企业会计准则》,对所有中国境内的企业的会计核算做出统一规范。

(二)其他国家和地区会计的发展历程

在远古的印度公社中就有了农业记账员,负责登记农业账目。在奴隶社会和封建社会时期,会计主要服务于政府部门记录、计算和考核钱物出纳等。古埃及、古巴比伦等国家,有文字记载的会计活动更早。

在欧洲,13—15世纪商品经济已比较发达,借贷复式簿记最早出现于意大利佛罗伦萨、热那亚、威尼斯等城市。1494年,意大利数学家卢卡·帕乔利(Luca Pacilio)所著的《算术、几何、比及比例概要》一书,系统说明了复式记账法,为复式簿记在全世界的流传奠定了基础。其中专门有一章阐述复式记账的基本原理,被公认为是近代会计的开端。意大利借贷复式簿记出现后,很快传入荷兰、德国、法国、英国等欧洲发达国家,并在传播过程中逐渐改进和完善。17世纪末到19世纪末,各主要资本主义国家先后经历产业革命,出现了新的经济组织形式——股份公司,管理权和所有权的分离带来对经理人员受托责任履行情况进行查核的需求。1720年英国"南海公司案"之后,以查账为职业的特许注册会计师登上历史舞台。这一时期英国税法、商法、公司法等法律法规陆续颁布,大大促进了英国会计的发展。1853年,世界上第一个注册会计师专业团体——爱丁堡会计师协会成立,并于1854年被授予皇家特许证。20世纪以后,经历两次世界大战,美国成为世界头号经济强国,美国会计取代英国会计成为世界会计的领头羊。

1929—1933年世界经济大危机后,美国迅速颁布《证券法》和《证券交易法》,确立了会计与审计在资本证券市场中的法律地位。20世纪50年代以后,信息论、控制论、系统论、行为科学、现代数学等引入会计,丰富了会计学的内容,管理会计随之出现。由于电子计算机引入会计领域,会计核算逐步实现了自动化、电子化。近年来,会计学正在向交叉学科的方向发展。

二、会计学科

会计学是研究会计发展规律的科学,是人们长期会计实践活动的总结和概括,建立在经济学、管理学和数学的基础上。会计学由会计理论和会计方法组成,对各种会计方法和技术进行抽象和解释,并指导会计实践,其研究对象涉及会计的性质、目标、对象、职能、原则、程序和方法以及会计工作组织等。关于会计学科分类有多种方法。按照教育课程知识体系的设置不同,会计一般可以分为基础会计学(初级会计学)、财务会计学(中级会计学)、成本会计学、管理会计学、财务管理学、审计学、高级会计学和会计理论学等。按照服务领域不同,会计可以分为服务于营利组织的企业会计和服务于政府与非营利组织的会计。按照服务对象不同,会计可分为财务会计和主要为单位内部经营管理需要提供信息服务的管理会计。政府与非营利组织的会计也被称为政府与事业单位会计或预算会计。

(一)财务会计与管理会计

这是根据会计信息主要是提供给外部的投资者或潜在的投资者,还是提供给内部管理当局使用来划分的。财务会计所提供的会计信息主要用于外部投资者和债权人,又称为对外报告会计;管理会计所提供的会计信息主要用于内部管理当局的控制、预测、决策,又称为对内会计。

从历史发展的角度来看,财务会计的历史更悠久。管理会计产生于19世纪末20世纪初,是在财务会计的基础上发展起来的,管理会计成为独立的学科以后,人们将财务会计和管理会计并称为现代会计的两个分支。管理会计通过一系列的专门方法,利用财务会计、统计及其他有关资料进行整理、计算、对比和分析,使企业内部各级管理人员能够据以对各个责任单位和整个企业日常的和未来的经济活动进行规划、控制、评价与考核,并帮助企业管理当局做出最优决策。

(二)营利组织会计与非营利组织会计

营利组织会计与非营利组织会计不是按照某个单位组织活动的结果,而是按照其活动的目的划分的。营利与盈利是两个不同的概念。盈利是指单位组织的总收入大于总支出的差额,它反映的是其活动的结果。以某个单位组织活动的目的而不是结果来划分营利组织和非营利组织,是研究非营利组织会计理论的根本出发点。非营利组织不以营利为目的,一般包括学校、科研院所、医院、社会团体、各民主党派等。非营利组织所需资财可以来自政府的财政预算拨款,也可以来自捐赠者和自身的收支结余。非营利组织会计主要是对各种基金进行核算和监督,可以不计算损益,也不进行利润分配,一般不涉及或很少涉及成本和税务问题。

(三)微观会计与宏观会计

微观会计是以企业、机关、事业等单位为主体,并以其经济活动为对象的会计。运用于特定单位的微观会计是该单位管理活动的重要组成部分,它以提供会计信息为主要手段,以提高单位的经济效益为根本目的。按照会计主体的目标不同,微观会计可分为企业会计与政府及非营利组织会计。

宏观会计又称"社会会计""国民经济会计",是以宏观经济理论为基础,运用会计和统计的基本原理、方法和技术,对一个国家、一个地区的国民收入和社会资金流量进行核算和监督的一种管理活动。西方国家认为,国民经济核算体系就是社会会计,是以整个社会经济活动作为会计对象,设立社会账户并运用借贷记账法和账户之间的关系反映整个社会或国家的经济活动。

(四)其他

1. 公共会计

公共会计指注册会计师所从事的审计、资产评估和咨询服务等工作。注册会计师是取得资格证书的专业会计人员,在西方被认为三大自由职业之一(医师、律师、会计师),也被誉为"经济警察",具有很高的社会地位和经济地位。公共会计是股份公司发展的产物,是现代会计的重要特征之一。公共会计的从业人数是一个国家会计社会化程度的表现。

2. 社会责任会计

社会责任会计是社会责任与会计学有机结合的一门边缘性学科,它以会计特有的技术方法对某一单位经营活动所带来的社会贡献和社会损害进行反映和控制,目的是提高企业的整体效益。其内容是社会效益和社会成本,当企业的经济活动对社会做出贡献就带来了社会效益,企业的经济活动引起社会资源的损耗就是社会成本。

3. 环境会计(绿色会计)

20世纪40年代以后,随着第二次世界大战的结束,整个世界经济有了前所未有的飞速发展。经济的飞速发展必然大量消耗自然资源,从而造成严重环境污染,自然灾害频繁发生。特别20世纪70年代以后,随着高科技的突飞猛进,一方面社会生产力水平迅速提高,西方资本主义国家经济处于黄金发展时期,第三世界国家出现前所未有的经济腾飞;另一方面世界人口急剧膨胀。因此,在世界范围内人类社会在自然界、生态环境、经济发展之间出现了尖锐的矛盾。自然资源极度开采,能源供应紧张,环境污染严重,动摇了各国经济发展的基础,引起世界各国对环境治理的重视,因此,环境会计的研究应运而生。

综上所述,会计学科体系包括了相当多的内容。由于会计是主观见之于客观的活动,因此会计随经济和科学技术发展而不断发展。人类社会科学技术和经济的发展是无穷尽的,会计学科的发展、会计理论的研究也是无穷尽的。对于学习会计的学生来说,学习是一个由浅入深、循序渐进的过程。一般来说,本科生主要学习微观的、营利企业会计,也就是学习企业(公司)会计。

本章小结

现代企业的根本特征是所有权与经营权分离,也由此而产生代理问题,会计是应对代理问题的重要手段。会计是一种管理活动,是一个信息系统。关于会计的目标,有两种重要观点:决策有用观强调向使用者提供决策有用信息,受托责任观强调受托者通过会计向委托者解释、说明其受托责任履行情况。

会计职能是指会计在经济管理活动中所具有的功能。随着会计的发展，会计职能也在不断变化，现代会计基本职能包括会计核算和会计监督。会计信息质量要求是衡量会计信息质量的基本标准和处理会计业务应当遵循的共同原则。

会计核算方法是指会计对企业已经发生的经济业务进行连续、系统和全面的核算和监督所采用的方法。会计核算方法包括设置账户、复式记账、填制凭证、登记账簿、成本计算、财产清查、编制报表。会计产生与发展有着悠久的历史。随着科学技术和经济的发展，会计理论研究也将无穷无尽，会计学科随之不断发展。

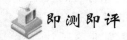

1. 现代企业有哪些组织形式？
2. 关于财务报告的目标，主要有哪些观点？
3. 在现代社会，会计有哪些职能？
4. 会计信息的质量要求有哪些？
5. 会计核算的方法有哪些？它们之间有着怎样的关系？
6. 简述会计学科分类。

即测即评

即测即评

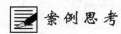

贾先生创办了一家个人独资企业，在公司运营一年后，市场监督、税务部门的工作人员指出贾先生的个人独资企业没有遵守会计准则的要求建立公司的会计制度，记账不规范。贾先生认为，公司是自己的，所有权和经营权没有分离，所有的经营风险都由自己承担，自己以拥有的全部财产作为偿还公司债务的保障，因此不需要开展会计核算。

请对贾先生的观点做出分析。

第二章 会计的基本概念

学习目标

1. 理解会计的概念；
2. 掌握会计活动的对象和会计要素的内容及其相互关系；
3. 了解财务会计核算的基本前提与会计核算的基础。

 思维导图

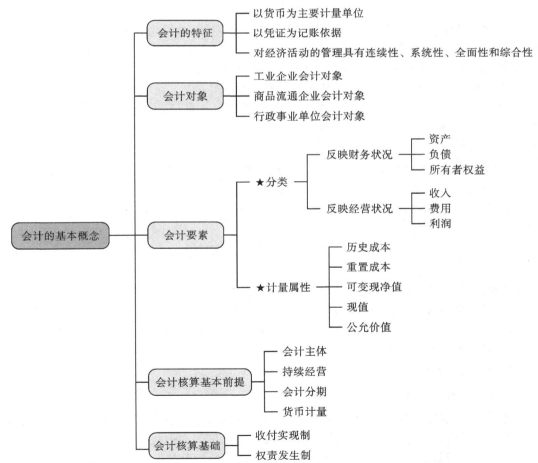

引导案例

甲、乙、丙、丁是四个好伙伴,有一次在一起聚会,一通天南海北之后,聊起了什么是会计这一话题,四人各执一词,谁也说服不了谁(见图2-1)。

图2-1 什么是会计

甲:什么是会计?这还不简单,会计就是指一个人,比如,我们公司的刘会计,是我们公司的会计人员,这里会计不是指人是什么?

乙:不对,会计不是指人,会计是指一项工作,比如我们常常这样问一个人:"你在公司做什么?"他说:"我在公司当会计。"这里会计当然是指会计工作了。

丙:会计不是指一项工作,也不是指一个人,而是指一个部门、一个机构,即会计机构。你们看,每个公司都有一个会计部,或者会计处什么的,这里会计就是指会计部门,显然是一个机构。

丁:你们都错了,会计既不是一个人,也不是一项工作,更不是指一个机构,而是指一门学科,我弟弟就是在××大学学会计的,他当然是去学一门学科或科学。

结果,他们谁也说服不了谁。同学们,如果让你来谈谈什么是会计,你会怎么说呢?

第一节 会计的概念

会计是以货币为主要计量单位,以提高经济效益为主要目标,运用专门方法对企业、国家机关、事业单位和其他组织的经济活动进行全面、综合、连续、系统的核算和监督,提供会计信息,并随着社会经济的日益发展,逐步开展预测、决策、控制和分析的一种经济管理活动。可以说,会计是经济管理活动的重要组成部分。

会计具有以下特征:

1. 会计以货币为主要计量单位

会计在对单位的经济活动进行核算和监督中,主要是运用统一的货币单位来记录、计算、分析和考核。货币是衡量和计算一切财产物资的价值尺度。通过统一的货币单位来计量,可以把单位凡是能用货币计量的会计核算对象折算成统一的货币单位,求得综合性指标,总括地反映经济活动过程及其成果。会计的这一特点,决定了会计核算的对象只限于那些能够用货币计量的经济活动。对于有关企业产品质量、企业在市场中的竞争能力等情况的变化,虽然也是企业的经济活动,但是因为不能用货币单位来计量,也就不成为企业会计核算的对象。

2. 会计以凭证为记账依据

在经济活动中,每发生一笔经济业务,都必须取得合法的书面凭证,这些凭证记录了经济活动的过程,是具有法律效力的书面证明。只有取得或填制真实合法的凭证,才能作为记账的依据,并据以明确经济责任。

3. 会计对经济活动的管理具有连续性、系统性、全面性和综合性

所谓连续性,是指在经济活动中所发生的经济业务,要按业务发生的时间顺序不间断地进行记录;所谓系统性,是指对会计对象要按科学的方法进行分类、汇总,进行系统的加工整理,以便提供会计管理必需的系统化的数据资料;所谓全面性,是指把属于会计对象的全部经济业务全面加以记录;所谓综合性,是指要通过货币计量尺度把会计记录加以汇总,以反映会计对象的各项总括的价值指标。

第二节 会计对象与会计要素

一、会计对象

(一)会计对象的概念

任何工作都有其特定的工作对象,会计工作也不例外。一般来说,会计对象就是指会计工作所要核算和监督的内容;具体来说,会计对象是指企事业单位在日常经营活动或业务活动中所表现出的资金运动,即资金运动构成了会计核算和会计监督的内容。

会计需要以货币为主要计量单位,对特定主体的经济活动进行核算和监督。也就是说,凡是特定主体能够以货币表现的经济活动,都是会计的对象。以货币表现的经济活动,就是资金运动。因此,会计对象即会计核算和监督的内容就是资金运动。资金运动包括特定对象的资金投入、资金的循环与周转(即运用)、资金退出等过程。资金的循环与周转包括供应过程、生产过程、销售过程。资金的退出是指资金离开本单位,退出本单位的循环与周转。资金退出是资金运动的终点,主要包括偿还各项债务、依法纳税以及向所有者分配利润等。

(二)会计对象的内容

1. 工业企业会计对象的内容

工业企业是从事工业产品生产和销售的营利性经济组织。工业企业的会计对象就是工业企业在生产经营过程中发生的、能够用货币表现的各项经济活动,即工业企业的资金运动。

为了从事产品的生产与销售活动,工业企业必须拥有一定数量的资金,用于建造厂房、购买机器设备、购买原材料、支付职工工资、支付经营管理中必要的开支等,生产出的产品经过销售后,收回的货款还要补偿生产中的垫付资金、偿还债务、上缴税金等。由此可见,工业企业的资金运动包括资金投入、资金的循环与周转以及资金退出三个过程。

资金投入包括企业所有者投入的资金和债权人投入的资金两部分,前者属于企业所有者权益,后者属于企业债权人权益——企业负债。投入企业的资金一部分构成流动资产,另一部分构成非流动资产。

资金的循环与周转分为供应、生产、销售三个阶段。在供应过程中,企业要购买原材料等劳动对象,发生材料买价、运输费、装卸费等材料采购成本,与供应单位发生货款结算关系等。在生产过程中,劳动者借助于劳动手段将劳动对象加工成特定的产品,发生材料消耗的材料费、固定资产磨损的折旧费、生产工人劳动耗费的人工费等,构成产品使用价值与价值的统一体,同时,还将发生企业与工人之间的薪酬结算关系,与有关单位之间的劳务结算关系等。在销售过程,将生产的产品销售出去,发生有关销售费用、收回货款、缴纳税金等业务活动,并同购货单位发生货款结算关系、同税务机关发生税款结算关系,等等。企业获得的销售收入,扣除各项费用后成为利润,还要提取盈余公积并向所有者分配利润。

资金退出包括企业偿还各项债务、上缴各项税金、向所有者支付股利等,这部分资金离开本企业,退出本企业的资金循环与周转。

上述资金运动的三个阶段,是一个相互联系、相互制约的统一体。没有资金的投入,就不会有资金的循环与周转;没有资金的循环与周转,就不会有债务的偿还、税金的上缴、利润的分配等资金的退出,同时也就不会有新一轮的资金投入和企业的进一步发展。

2. 商品流通企业会计对象的内容

与工业企业相比,商品流通企业的经营活动缺少产品生产环节。商品流通企业的经营过程主要分为商品购进和商品销售两个环节。在前一个环节中,主要是采购商品,此时货币资金转换为商品资金;在后一个环节中,主要是销售商品,此时资金又由商品资金转换为货币资金。商业企业经营过程,也要消耗一定的人力、物力和财力,表现为商品流通费用。在销售过程中,也会获得销售收入和实现经营成果。因此,商品流通企业的资金是沿着"货币资金—商品资金—货币资金"的方式运动的。

3. 行政事业单位会计对象的内容

行政事业单位也是社会再生产过程的基本单位,包括国家行政机关、司法机关、科教文化、医疗卫生等单位。行政事业单位虽然不从事产品的生产和交换,但为了完成国家所赋予的各项任务,同样需要具备一定数量的资金。行政事业单位的资金有国家财政拨款投入的预算收入,有单位自筹的预算外收入。同样,支出也可以分为预算内支出和预算外支出。因此,行政事业单位的经济活动一方面是通过预算内(外)收入取得货币资金的活动;另一方面要发生预算内(外)支出,以货币资金支付各种行政费用和业务费用。行政事业单位经济活动中发生的预算内(外)经费收支活动,就是行政事业单位的会计对象。

综上所述,不论是工业企业、商品流通企业,还是行政事业单位,都是社会再生产过程中的基层单位,会计反映和监督的对象都是资金及其运动过程。正因为如此,我们可以把会计对象概括为社会再生产过程中的资金运动。

二、会计要素

会计要素,是会计对象的构成要素,即从会计的角度对经济业务进行的具体化分类。通常按照经济特征将企业会计要素分为六项,即资产、负债、所有者权益、收入、费用和利润。其中,资产、负债和所有者权益三项会计要素是组成资产负债表的会计要素,也称为资产负债表要素。资产是资金的占用形态,负债和所有者权益是与资产相对应的取得途径,它们是反映企业财务状况的会计要素。收入、费用和利润三项会计要素是组成利润表的会计要素,也称为利润表要素。收入是经济活动中经济利益的总流入,费用是经济活动中经济利益的总流出,收入与费用相配比,即形成经济活动的利润,利润是资金运用的成果,它们反映企业的生产经营成果。事业单位会计要素分为五大类,即资产、负债、净资产、收入和支出。

六项会计要素中,最基本的会计要素为资产、负债、所有者权益。六项会计要素也就是会计所要反映和监督的内容,如图2-2所示。

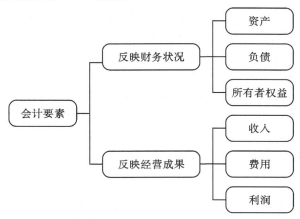

图2-2　会计要素的分类

(一) 资 产

1. 资产的定义

企业要从事生产经营活动,必须拥有一定数量的资产。如购买商品需要现金、银行存款,生产产品需要机器设备、厂房、材料等,这些都是企业的资产。资产是指企业由于过去的交易或者事项形成的、由企业拥有或者控制的、预期会给企业带来经济利益的资源。

2. 资产的特点

第一,预期会给企业带来经济利益。

资产预期会给企业带来经济利益,是指资产直接或者间接导致现金和现金等价物流入企业的能力,主要体现如下。

(1)有的资产具有直接购买力,可以用来换取其他资产。如现金、银行存款可以用来购买商品、材料、设备等。

(2)有些资产代表一种货币性债权,企业可以于约定日期收取现金、银行存款,如应收账款、交易性金融资产等。

(3)有的资产可以出售,从而转变为现金或者货币性债权,如商品、产成品、可供出售的金融资产等。

(4)有些资产能提供某些潜在的效益、权利或劳务,对企业具有使用价值。如房屋能为企业提供固定的营业场所,机器、设备可用来生产产品。从企业来讲,这些资产的取得主要是因为它们具有潜在的效能,企业可以从它们的使用中得到预期的利益。

企业以前已经确认为资产的项目,如果不能再为企业带来未来经济利益,也不能再确认为企业的资产,典型代表就是资产发生毁损、变质等。

第二,应为企业拥有或控制。

拥有从产权归属的角度看,是指拥有所有权。企业拥有资产的所有权,通常表明企业能够排他性地从资产中获取未来经济利益。

控制是从使用权角度看,某些特定资产企业虽然不拥有控制权,仅仅具有使用权,但也仍然要确认为企业的资产进行管理与控制。典型的例子就是企业以融资租赁方式租入固定资产,尽管企业不拥有所有权,但是如果租赁合同规定的租赁期限较长,接近于该固定资产的使用寿命,则会计学中将这类资产也确认为企业控制的资产进行计量和报告。

不为企业拥有或控制的资产虽然有时候能够给企业带来未来经济利益,但也不确认为企业的资产项目。

第三,是过去的交易或者事项形成的。

资产应当是企业过去的交易或者事项(包括购买、生产、建造、捐赠或者其他交易或事项)形成的,未来将发生的交易或者事项不形成企业的资产。例如企业与某单位签订了购货合同(不可撤销合同除外),只要合同义务未履行,则可认为购买行为尚未发生,就不符合资产的定义,不能根据购货合同确认为企业资产项目。

3. 资产的分类

在会计核算时,为更好地反映企业的财务状况、准确评价资产的流动性,通常把资产分为流动资产和非流动资产两类,如图 2-3 所示。流动资产是指在一年或超过一年的一个营业周期内变现或耗用的资产,如库存现金、银行存款、其他货币资金(会计学中将此三项统称为货币资金)、交易性金融资产、应收账款、应收票据、预付账款、应收股利、应收利息、其他应收款、存货等。非流动资产是指超过一年变现或耗用的资产,通常包括可供出售金融资产、持有至到期投资、投资性房地产、长期应收款、固定资产、在建工程、工程物资、油气资产、无形资产(如专利权、商标权、著作权、土地使用权)、开发支出、商誉等。需要指出的是,无形资产是指企业拥有或者控制的没有实物形态的可辨认非货币性资产,商誉属于不可辨认资产,因此,会计学中的"无形资产"不包括"商誉",这与日常生活常识不同,需要特别注意。

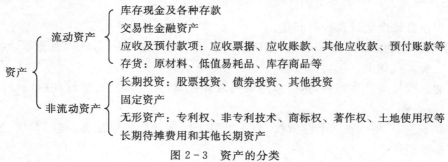

图 2-3 资产的分类

4. 资产的确认标准

要确认为企业的资产项目,应同时满足以下条件:
(1)符合资产定义的资源;
(2)与该资源有关的经济利益很可能流入企业;
(3)该资源的成本或者价值能够可靠地计量。

符合资产定义和资产确认条件的项目,应当列入资产负债表;符合资产定义但不符合资产确认条件的项目,不应当列入资产负债表。

(二) 负债

1. 负债的定义

负债是指企业过去的交易或者事项形成的、预期会导致经济利益流出企业的现时义务。现时义务是指企业在现行条件下已承担的义务。未来发生的交易或者事项形成的义务,不属于现时义务,不应当确认为负债。

2. 负债的特点

根据负债定义及前述内容,负债有以下几个特点:

(1)是企业承担的现时义务。现时义务是指在现有条件下企业已承担的义务,这种义务分为法定义务和推定义务两大类。其中,法定义务是指具有约束力的合同或者法律法规规定的义务,通常在法律意义上讲是需要强制执行的。典型的例子是企业在生产经营过程中形成的应交税费、应付职工薪酬等。推定义务是指根据商业惯例、公开的承诺或者企业公开宣布的政策等而形成的企业将承担的责任或者道义。典型的例子就是企业销售产品承诺的"三包"服务。另外一个典型的例子来自特殊行业,如石油开采企业,在开采石油过程中负有环境保护与环境恢复等法定推定义务等。

(2)预期会导致经济利益流出企业。负债的履行将导致企业经济利益流出企业,是负债的本质特征。企业负债的履行有多种形式:用货币资产或实物资产形式进行偿还,以提供劳务形式偿还,以部分资产与部分劳务形式进行偿还,债转股等形式。负债的履行将导致资产的减少、权益或另一项负债的增加或两者兼而有之。

(3)是由过去的交易或者事项形成的。此特点与资产的特点相对应一致,意思是企业只有过去的交易或者事项才形成负债,企业在未来发生的承诺、签订的合同等交易或者事项,不形成负债。需要指出的是,前述推定义务虽然其履行是在未来,但其依附事项是发生在过去,也满足此特征。

3. 负债的分类

负债按偿还期限不同分为流动负债和长期负债。流动负债是指在一年或者超过一年的一个营业周期内偿还的债务,包括短期借款、交易性金融负债、应付票据、应付账款、预收账款、应付职工薪酬、应交税费、应付利息、应付股利、其他应付款、预计负债等。长期负债是指偿还期在一年或者超过一年的一个营业周期以上的债务,包括长期借款、应付债券、长期应付款、专项应付款等。

4. 负债的确认标准

要确认为企业的负债项目,应同时满足以下条件:

(1)符合负债定义的义务;

(2)与该义务有关的经济利益很可能流出企业;

(3)未来流出的经济利益的金额能够可靠地计量。

符合负债定义和负债确认条件的项目,应当列入资产负债表;符合负债定义但不符合负债确认条件的项目,不应当列入资产负债表。

(三)所有者权益

1. 所有者权益的定义

所有者权益是指企业资产扣除负债后由所有者享有的剩余权益。股份公司的所有者权益又称为股东权益。

企业的资产归属于债权人和投资者所有,债权人和投资者对企业的资产具有所有权或求偿权。这种对企业资产的所有权或求偿权在会计上称为权益。其中属于债权人的部分,称为债权人权益,通常又称为负债;属于所有者的部分,称为所有者权益。

2. 所有者权益的特点

根据所有者权益的定义,可以看出它有以下特点:第一,所有者权益金额取决于负债的数量,即它的数额大小由资产减去负债后的余额确定。第二,所有者权益没有单独的确认标准,其确认标准依附于资产与负债确认标准。第三,所有者权益的增减变动都必须按照有关法律、制度、章程或合同执行。

所有者权益按照来源不同分为所有者投入的资本、直接计入所有者权益的利得、留存收益等。其中,所有者投入的资本包括实收资本(股份公司称为股本)和资本公积,留存收益包括盈余公积和未分配利润两部分。

直接计入所有者权益的利得和损失,是指不应计入当期损益、会导致所有者权益发生增减变动的、与所有者投入资本或者向所有者分配利润无关的利得或者损失。其中,利得是指由企业非日常活动所形成的、会导致所有者权益增加的、与所有者投入资本无关的经济利益的流入;损失是指由企业非日常活动所发生的、会导致所有者权益减少的、与向所有者分配利润无关的经济利益的流出。

(四)收入

1. 收入的定义

收入是指企业在日常活动中形成的、会导致所有者权益增加的、与所有者投入资本无关的经济利益的总流入。

企业取得收入意味着或者增加了资产,或者减少了负债,或者两者兼而有之。例如,工业企业销售产品收到货款存入银行,则意味着企业银行存款的增加;再如,企业以生产的产品抵销以前的欠款,则意味着企业债务的减少。收入将导致所有者权益的增加,这种所有者权益的增加并不是由于投资者投入资本所导致的。

2. 收入的特点

通过收入的定义,可以看出收入有以下特点:第一,收入是企业日常活动形成的。非日常活动导致企业经济利益增加的,一般属于利得的范畴,如一般企业从事股票买卖获得的投资收益等。第二,收入的表现为资产增加,或者负债减少,或者两者兼而有之。第三,收入的最终结果将导致企业所有者权益增加。

3. 收入的分类

收入有狭义和广义之分,我国现行会计制度中定义的收入概念为狭义收入概念,广义的收入概念包括利得部分内容。本书未特别指明之处,收入均为狭义概念,即营业收入。营业收入包括主营业务收入和其他营业收入。收入的形式因企业类型不同而有差异,比如销售商品收入属于制造企业的营业收入,利息收入属于金融企业的营业收入等。

4. 收入的确认标准

收入只有在经济利益很可能流入从而导致企业资产增加或者负债减少且经济利益的流入额能够可靠计量时才能予以确认。符合收入定义和收入确认条件的项目,应当列入利润表。

（五）费用

1. 费用的定义

费用是与收入范畴相对应的一个概念,是企业为取得收入而付出的代价。费用是指企业在日常活动中发生的、会导致所有者权益减少的、与向所有者分配利润无关的经济利益的总流出。

2. 费用的特点

第一,发生费用的目的是取得收入,费用是取得收入的代价,因此费用的确认要与收入的确认在期间和因果方面进行配比;第二,费用的本质为企业未来经济利益的流出,而这种流出会导致所有者权益的减少。

费用的发生会导致资产减少或负债增加,从而导致所有者权益减少。但资产的减少或负债的增加并不一定都形成费用。例如,购买资产而支付银行存款,是资产内部项目的变动,并不代表费用发生,对所有者权益没有影响;用于偿还负债的现金支出也不是费用,不会导致所有者权益的减少。

费用和资产有着密切的联系。一切费用至少是某一瞬间的资产。一切资产,之所以要取得,不外乎是用以获取收入。利用它们来获取的收入一旦成功,它们就从资产形态转化为费用形态。如果一项资产减少了,但它并没有带来收入,而是换取了另一项资产或偿还了一项负债,则它就没有转化为费用。

3. 费用的分类

费用的概念在会计学中,有广义和狭义之分。狭义的费用是指营业费用。广义的费用按是否能够直接补偿分为补偿性费用和非补偿性费用。非补偿性费用包括基金支出与基建支出。补偿性费用包括生产费用与期间费用,生产费用包括生产成本(生产成本在产品销售以后转化为销售成本,主要包括直接材料、直接人工和制造费用)和销售税金等,期间费用包括管理费用、财务费用和销售费用。

4. 费用的确认标准

费用只有在经济利益很可能流出从而导致企业资产减少或者负债增加且经济的流出额能够可靠计量时才能予以确认。符合费用定义和费用确认条件的项目,列入利润表。

（六）利润

1. 利润的定义

利润是指企业在一定会计期间的经营成果。利润是收入与费用配比的结果,比如前面讲到的狭义收入(营业收入)与狭义费用(营业费用)相配比就是营业利润。利润金额取决于收入和费用、直接计入当期利润的利得和损失金额的计量,所以利润和所有者权益一样,没有单独的确认条件和计量标准。

2. 利润的分类

利润包括收入减去费用的净额、直接计入当期利润的利得和损失等。后者比如处置固定资产时,假设一项待处置固定资产的净残值为800元,处置净收入为1 000元,则处置净收入与固定资产净残值之间的差额200元就是直接计入当期利润的利得。

三、会计要素的计量

企业在将符合确认条件的会计要素登记入账并列报于会计报表及其附注时,应当按照规定的会计计量属性进行计量,确定其金额。会计计量属性主要包括历史成本、重置成本、可变现净值、现值和公允价值五种。

(一)历史成本

在历史成本计量下,资产按照购置时支付的现金或者现金等价物的金额,或者按照购置资产时所付出的对价的公允价值计量;负债按照因承担现时义务而实际收到的款项或者资产的金额,或者承担现时义务的合同金额,或者按照日常活动中为偿还负债预期需要支付的现金或者现金等价物的金额计量。

(二)重置成本

在重置成本计量下,资产按照现在购买相同或者相似资产所需支付的现金或者现金等价物的金额计量。负债按照现在偿付该项债务所需支付的现金或者现金等价物的金额计量。

(三)可变现净值

在可变现净值计量下,资产按照其正常对外销售所能收到的现金或者现金等价物的金额扣减该资产至完工时估计将要发生的成本、估计的销售费用以及相关税费后的金额计量。

(四)现值

在现值计量下,资产按照预计从其持续使用和最终处置中所产生的未来净现金流入量的折现金额计量,负债按照预计期限内需要偿还的未来净现金流出量的折现金额计量。

(五)公允价值

在公允价值计量下,资产和负债按照市场参与者在计量日发生的有序交易中,出售资产所能收到或者转移负债所需支付的价格计量。

如果会计实务中五种计量属性对同一经济业务或会计事项进行计量的结果是一致的,则不存在孰先使用的问题,但如果计量的结果不一致,就存在先使用哪种计量属性的问题。企业在对会计要素进行计量时,一般应当采用历史成本,采用重置成本、可变现净值、现值、公允价值计量的,应当保证所确定的会计要素金额能够取得并可靠计量。换言之,在五种计量属性中,历史成本计量优先。

企业采用历史成本计量优先主要是因为历史成本具有以下优点:

(1)历史成本是在市场上通过正常交易,由正当的交易双方客观交易所确定下来的,所以,历史成本符合客观性和可靠性的会计信息质量要求。

(2)历史成本数据最容易取得。

(3)历史成本数据具有可验证性。交易事项后只需检查交易产生的有关凭证即可验证数据的真实性,最容易被人们接受。

(4)在客观经济环境未发生变化时,历史成本较接近于资产购置、负债产生时的价值。

根据历史成本计量为主的会计惯例,除法律、行政法规和国家统一规定的会计制度另有规定外,企业一律不得自行调整其资产或负债的账面价值。例如,某企业期初账面资产为 100 万元,一年以后该项资产的价值上升为 110 万元,根据历史成本计量为主,若无国家政策规定等特殊情况,企业期末该项资产的价值会计记录仍然为 100 万元。

第三节　会计核算基本前提与会计核算基础

一、会计核算的基本前提

会计核算的基本前提又称会计假设,是对会计核算所处的时间、空间环境所做的合理设定。会计核算对象的确定、会计方法的选择、会计数据的搜集,都要以此为依据。一般而言,要了解会计,首先应了解会计核算的基本前提。会计核算的基本前提是从会计实践中抽象出来的,其最终目的是保证会计核算资料的实用性、合理性和可靠性。会计核算的基本前提包括会计主体、持续经营、会计分期和货币计量。

(一)会计主体

会计主体又称会计实体、会计个体,指的是会计核算服务的对象或者会计人员进行核算(确认、计量、记录、报告)采取的立场及空间活动范围界定。组织核算工作首先应明确为谁核算的问题,这是因为会计的各种要素,例如资产、负债、收入、费用等,都是同特定的经济实体,即会计主体相联系的,一切核算工作都是站在特定会计主体立场上进行的。如果主体不明确,资产和负债就难以界定,收入和费用便无法衡量,以划清经济责任为准绳而建立的各种会计核算方法的应用便无从谈起。因此,在会计核算中必须将该主体所有者的财务活动、其他经济实体的财务活动与该主体自身的财务活动严格区分开,会计核算的对象是该主体自身的财务活动。

这里应该指出的是,会计主体与经济上的法人不是一个概念。作为一个法人,其经济必然是独立的,因而法人一般应该是会计主体,但是构成会计主体的并不一定都是法人。比如,从法律上看,独资企业和合伙企业所有的财产和债务,在法律上应视为所有者个人财产延伸的一部分,独资企业和合伙企业在业务上的种种行为仍视其为个人行为,企业的利益与行为和个人的利益与行为是一致的,独资企业和合伙企业都因此而不具备法人资格。但是,独资企业和合伙企业都是经济实体、会计主体,在会计处理上都要把企业的财务活动与所有者个人的财务活动截然分开。例如,企业在经营中得到的收入不应记为其所有者的收入,发生的支出和损失也不应记为其所有者的支出和损失,只有按照规定的账务处理程序转到所有者名下,才能算其收益或损失。

以会计主体作为会计核算的基本前提条件,对会计核算范围从空间上进行了有效的界定,有利于正确地反映一个经济实体所拥有的财产及承担的债务,计算其经营收益或可能遭受的损失,提供准确的财务信息。

(二)持续经营

如果说会计主体作为基本前提是一种空间界定,那么持续经营则是一种时间上的界定。

将持续经营作为基本前提条件,是指企业在可以预见的将来,不会面临破产和清算,而是持续不断地经营下去。既然不会破产和清算,企业拥有的各项资产就在正常的经营过程中耗用、出售或转换,承担的债务也在正常的经营过程中清偿,经营成果就会不断形成,这样核算的必要性是不言而喻的。这是从第一条基本前提引申出来的,也就是说,组织会计核算工作,首先必须明确核算的主体,即解决为谁核算的问题;其次必须明确时间范围,核算主体是持续不断地经营的。否则,组织核算工作的必要性就不存在了。

持续经营对于会计十分重要,它为正确地确定财产计价、收益计量提供了理论依据。只有具备了这一前提条件,才能够以历史成本作为企业资产的计价基础,才能够认为资产在未来的经营活动中可以给企业带来经济效益,固定资产的价值才能够按照使用年限的长短以折旧的方式分期转为费用。对一个企业来说,如果持续经营这一前提条件不存在了,那么一系列的会计准则和会计方法也相应地会丧失其存在的基础。

(三)会计分期

会计分期这一前提是从第二条基本前提引申出来的,也可以说是持续经营的客观条件。

企业的经营活动从时间上来看是持续不断的,但会计为了确定损益编制财务报表,定期为使用者提供信息,就必须将持续不断的经营过程划分成若干期间。会计期间一般按照公历日期划分,分为年、季、月。会计期间的划分是一种人为的划分,实际的经济活动周期可能与这个期间不一致,有的经济活动可以持续在多个会计期间。但是,与企业有利益关系的单位或个人都需要在一个期间结束之后随时掌握企业的财务状况和经营成果,而不可能等待全部经营过程完结之后再考察企业经营成果。所以,将划分会计期间作为会计核算的基本前提是由于持续经营和及时提供信息的要求决定的。

企业经济活动的连续性决定了会计活动是连续不断的,如何将企业连续的经济活动以阶段成果形式反映出来,及时地为企业、政府及所有者提供企业经济和经营状况的信息,这就涉及会计期间划分问题。《企业会计准则——基本准则》规定:"企业应当划分会计期间,分期结算账目和编制会计报告。会计期间分为年度和中期。中期是指短于一个完整的会计年度的报告期间。"

会计期间划分的长短会影响损益的确定,一般地说,会计期间划分得愈短,反映经济活动的会计信息质量就愈不可靠。当然,会计期间的划分也不可能太长,太长了会影响会计信息使用者及时使用会计信息的满足程度。因此必须恰当地划分会计期间。

(四)货币计量

货币计量是指会计主体在会计核算过程中采用货币作为统一计量单位来记账、算账、报账。会计提供信息要以货币为主要计量单位。企业的经济活动是多种经济活动,这就要求有一个统一的计量单位。在商品经济条件下,货币作为一种特殊的商品,最适合充当这种统一的计量单位。

各种物品都具有价值,一旦以货币作为统一计量单位,就可以把这些物资的价值放在一起相加减,从而计算出经营成果。这样一来,企业管理者仅需了解或记住一些数字,便可以掌握企业的财务状况和经营成果。在实际进行会计核算过程中,除了明确以货币作为主要计量单位之外,还需要具体确定记账本位币,即按何种统一的货币来反映企业的财务状况和经营成果。在企业的经济业务涉及多种货币的情况下,需要确定某一种货币作为记账本位币;涉及非记账本位币的业务,需要采用某种汇率折算为记账本位币登记入账。

按照企业会计准则的规定,在我国境内的企业应以人民币作为记账本位币。业务收支以外币为主的企业,也可以选定某种外币作为记账本位币,但编制的财务报表应当折算为人民币反映。境外企业向国内有关部门编制财务报表,应当折算为人民币反映。

二、会计核算基础

会计核算基础是指在确认和处理一定会计期间收入和费用时,选择的处理原则和标准。其目的是对收入和支出进行合理配比,进而作为确认当期损益的依据。运用的会计核算基础不同,对同一企业、同一期间的收入、费用和财务成果,会计核算出现的结果也不同。

在会计主体的经济活动中,经济业务的发生和货币的收支不是完全一致的,即存在着现金流动与经济活动的分离,由此而产生两个确认和记录会计要素的标准:一个标准是根据货币收支是否发生作为收入确认及费用确认和记录的依据,称为收付实现制;另一个标准是以取得收款权利、承担付款责任作为记录收入或费用的依据,称为权责发生制。

(一)收付实现制

收付实现制又称现金制或实收实付制,是以现金收到或付出为标准,来记录收入的实现和费用的发生。

在现金收付的基础上,凡在本期实际以现款付出的费用,不论其应否在本期收入中获得补偿均应作为本期应计费用处理;凡在本期实际收到的现款收入,不论其是否属于本期均应作为本期应计的收入处理;反之,凡本期还没有以现款收到的收入和没有用现款支付的费用,即使它归属于本期,也不作为本期的收入和费用处理。例如,大同工厂20×3年1月收到20×2年应收销货款50 000元,存入银行,尽管该项收入不是20×3年1月创造的,但因为该项收入是在1月收到的,所以在现金收付基础上也作为20×3年1月的收入。这种处理方法的好处在于计算方法比较简单,也符合人们的生活习惯,但按照这种方法计算的盈亏不合理、不准确,所以企业会计准则规定企业不予采用,它主要应用于行政事业单位和个体户等。

在现金收付基础上,会计在处理经济业务时不考虑预收收入、预付费用,以及应计收入和应计费用的问题,会计期末也不需要进行账项调整,因为实际收到的款项和付出的款项均已登记入账,所以可以根据账簿记录来直接确定本期的收入和费用,并加以对比以确定本期盈亏。

收付实现制提供的信息在以下几个方面有着权责发生制不可比拟的优越性:

(1)用收付实现制确定企业的收入、费用及利润具有客观性和可比性。用权责发生制确定企业的收入、费用及利润时,费用必须依其同收入的关系分摊到各个会计期间,就必须采用折旧方法、摊销方法和存货计价方法等人为的方法,使会计中采用了许多的估计、预测数据,从而其提供的数据也较收付实现制丧失了一定的客观性和可比性。

(2)收付实现制反映企业实实在在拥有的现金,而企业能否按期偿还债务、支付利息、分派股利等很大程度上取决于企业所实际拥有的现金。

(3)以收付实现制为基础的现金流量是长期投资的决策目标。长期投资时间长、风险高,投资者不仅要考虑投资的收益水平,更关心投资的回收问题。而期间利润指标只关系到投资额在本期所分摊份额的回收,并且利润指标受权责发生制下应收、应付项目的影响,主观性太强。因此,投资者注重现金的实际流入或流出。只有投资期限内现金总流入量超过现金流出量,投资方案才是能够被接受的。

(二)权责发生制

权责发生制是指企业按收入的权利和支出的义务是否归属于本期来确认收入、费用的标准,而不是按款项的实际收支是否在本期发生,也就是以应收应付为标准。在权责发生制下,凡属本期的收入和费用,不论其是否发生,均要计入本期;凡不属本期的收入和费用,尽管发生了,也不计入本期。故其又叫应收应付制。权责发生制属于会计要素确认计量方面的要求,它解决收入和费用何时予以确认及确认多少的问题。

权责发生制是依据持续经营和会计分期两个基本前提来正确划分不同会计期间资产、负债、收入、费用等会计要素的归属,并运用一些诸如应收、应付、预提、待摊等项目来记录由此形成的资产和负债等会计要素。企业经营不是一次性活动,而其损益的记录又要分期进行,因此每期的损益计算理应反映所有属于本期的真实经营业绩,收付实现制显然不能完全做到这一点。因此,权责发生制能更加准确地反映特定会计期间实际的财务状况和经营业绩。

【例 2-1】甲企业当年 11 月售出一批商品给乙企业,合同规定乙企业应于下年 1 月支付货款。乙企业信用良好,财务情况没有明显问题。甲企业在当年 11 月虽然没有收到现金,但商品已经售出,已经具备了收取货款的权利,这笔收入实际已经在当年 11 月实现,应确认为当年 11 月的收入,不必等到下年 1 月实际收到现金时才确认收入。反之,如果甲企业当年 11 月不确认该收入,而是下年 1 月实际收到现金时确认收入,就不能真实地反映甲企业当年 11 月的经营成果。

【例 2-2】假设丙企业当年 11 月预付下年度的临时租入设备租赁费 36 000 元,由于此项费用的发生使丙企业下年度实际受益,当年 11 月并未受益,所以,不能计入当年 11 月费用,由当年 11 月收入补偿,而应计入下年度费用,由下年度收入予以补偿。

现金收付基础和应计基础是对收入和费用而言的,都是会计核算中确定本期收入和费用的会计处理方法。但是现金收付基础强调款项的收付,应计基础强调应计的收入和为取得收入而发生的费用相配合。采用现金收付基础处理经济业务对反映财务成果欠缺真实性、准确性;采用应计基础比较科学、合理,被大多数企业普遍采用,因而成为成本计算的会计处理基础。

本章小结

本章对会计的概念、对象、要素和会计核算的基本前提、会计核算基础等进行概括介绍,使学生对会计学科基本知识的认识和掌握更扎实,为学生进一步学习会计基础知识提供保障。

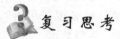

复习思考

一、简答题

1. 什么是会计?它有什么特点?
2. 什么是会计对象?简述企业会计对象的具体内容。
3. 什么是会计要素?会计要素有哪些具体内容?
4. 会计核算的基本前提包括哪些内容?
5. 权责发生制与收付实现制有何区别?你认为哪种更科学?

二、实训题

华美公司 20×2 年 11 月发生下列经济业务:

(1)销售产品 2 000 元,货款已收并存入银行;
(2)销售产品 5 000 元,货款尚未收到;
(3)以银行存款预付明年 1—6 月房屋租金 3 000 元;
(4)计提本月银行借款利息 500 元(银行按季度结算利息,即 11 月利息在第四季度末支付);
(5)收到 10 月应收的销货款 2 000 元,存入银行;
(6)收到某购货单位预付货款 4 000 元,金星公司与其签订的销货合同中约定 12 月交货。

要求:根据上述资料,分别按权责发生制和收付实现制计算该企业 20×2 年 11 月的收入、费用和利润。答案填列在下列表格中。

业务号	权责发生制		收付实现制	
	收入	费用	收入	费用
(1)				
(2)				
(3)				
(4)				
(5)				
(6)				
合计				
利润				

即测即评

即测即评

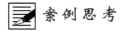

案例思考

老李在社区内开了一家"李记"杂货店。刚开始的时候,老李自己进货,和老伴一起经营。为了将家里现金的收支和杂货店的现金收支分开,以计算杂货店的盈利情况,老伴的办法是将家里的钱和杂货店的钱分开放。很快,生意做起来了,老李发现资金不足,人手也不够,就邀请表弟陈青入伙,并请了一个叫李平的伙计来看店。现在又如何区分老李家里的收支和杂货店的收支呢?这时候,李平的办法是,拿一个账本将杂货店每天收入和支出的现金记录下来。

老李和陈青共同经营这个杂货店之后,他们都满意这种合作经营方式,都想将这个店稳定经营下去,而且最好能逐步发展壮大。也就是说,他们的合作是稳定的、长期的,并非针对某一笔业务生意做完就解散。因此,在未来持续经营的期间内,如何计算杂货店的利润就成为一个问题。他们的办法是按照日历年度,每个月进行结账,计算杂货店的利润,年终汇总完之后再对利润进行分配。

请问:此案例体现了会计的什么假设?

第三章 复式记账法的原理

学习目标

1. 学习会计核算循环的过程及内容；
2. 了解会计要素与会计等式之间的关系，理解会计等式内涵与不同的变化形式；
3. 熟悉会计科目与会计账户的含义及其内容；
4. 认识与理解复式记账的含义、理论依据和基本原理；
5. 掌握过账、试算平衡、结账及基本财务报表的编制，并熟悉相关经济业务的会计处理。

 思维导图

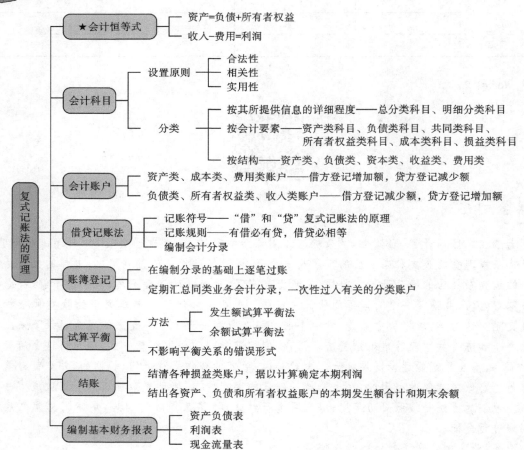

引导案例

孰是孰非

王勇和郭鑫是会计专业的同班同学。在刚刚接触会计科目和会计账户时,两人对会计科目的会计账户的异同产生了激烈的争执。

王勇说:"因为账户是依照会计科目设置的,因此,两者是一回事。"

郭鑫则认为:"你的说法是不对的。虽然账户是依据会计科目来设置的,但因为会计账户有一定的结构,而科目则没有结构,所以两者根本不是一回事。"郭鑫还强调:"会计账户是对会计对象的具体分类,而会计科目是对会计要素的分类,也体现出两者的不同点。"

学习本章之前,我们还无法解答上述问题。带着问题,我们将进入会计账户的学习阶段。

第一节 会计循环

一、会计循环的概念

会计循环,是指企业在一个会计期间相互衔接的会计工作步骤。为了保证信息的及时性,一般要求一个月报告一次企业的财务信息。会计循环包括从经济业务分析到财务报表编制的全过程。由于这些步骤在每一个会计期间循环往复、周而复始,因此称为会计循环。图3-1显示了会计循环所包含的步骤。

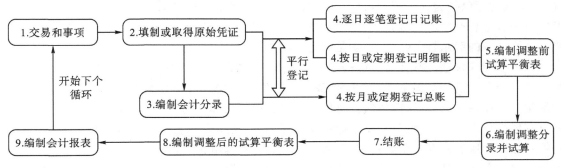

图3-1 会计循环流程图

会计循环是会计信息产生的步骤,也是会计核算的基本过程。在会计实务中,企业的规模、业务的内容、会计组织形式各有不同,但会计处理的过程基本是一致的。

二、会计循环的基本步骤

完整的会计循环所涉及的基本步骤如下:

(1)填制或取得原始凭证。经济业务发生时,业务人员将相关凭证交予会计部门,会计人员要审核凭证并分析业务对会计要素的影响。

(2)编制会计分录。根据审核的凭证,确认相关会计科目,并按照借贷记账法的规则,编制会计分录,确认借记和贷记的金额,并将结果填入记账凭证内。

(3)登记账簿。登记账簿也称记账、过账,是将记账凭证的会计分录,平行登记于总分类账户和明细分类账户。

（4）编制调整前试算平衡表。将各分类账户的借方和贷方发生额或余额汇总列表,以验证分录或记账是否正确。

（5）编制调整分录。在会计期末,根据权责发生制和配比原则,对一些会计事项进行调整,并编制会计分录、记账。

（6）结账。将收入与费用账户结转到利润账户,计算本期利润,年末将利润总额转入所有者权益账户。年末启用新账本时,还要将资产、负债、所有者权益类账户结转入新账本中。

（7）编制调整后的试算平衡表。在前期试算平衡表的基础上,根据调整分录和结账分录的影响,编制调整后的试算平衡表。

（8）编制会计报表。根据调整后的试算平衡表,编制资产负债表、利润表、所有者权益变动表、现金流量表,以综合反映企业的财务状况。

第二节　会计恒等式

在会计核算中反映各个会计要素数量关系的等式,称为会计等式,又称为会计恒等式、会计方程式、会计平衡公式。

企业的生产必须要拥有一定的资产,但资产这个东西不可能无缘无故就被企业所拥有。每一项资产都有它的源头,只有这些源头提供企业运作的资产才能使企业生存下来。

作为一个企业的拥有者,怎么样才能得到资产呢？自己的企业当然可以自己拿出钱来经营,这个钱就可以作为一项资产,这也就是我们所说的投资。一旦对一个企业进行投资,你就可以成为这个企业的所有者,一个企业当然不可能只靠一个人来投资,所有投资人加起来就构成了这个企业的股东,而这笔投资就是所有者权益。

除了所有者权益还有什么可以构成企业的资产？借款经营不就行了！如果一个企业向机构或另一个企业借一些钱来经营,这时,我们将提供资产的一方称作债权人,由债权人提供的借款就叫作债权人权益,简称负债。负债和所有者权益之和称为权益。不过要区分的是,负债和所有者权益有所不同,负债是要企业定期偿还的,而所有者权益并不需要企业偿还,除非企业停止经营。还有一点也要区别,债权人和所有者虽然都给企业提供资产,但他们的性质截然不同。债权人并不是企业的所有者,债权人给企业投资和所有者给企业投资虽然都是为了获得利益,但利益的来源不同。债权人是通过企业付给的利息来获利的,而所有者是通过企业获得利润后按股份分配来获得利益的。

企业代表的并不是某一个人或一群人,企业这个词其实是很抽象的,我们认为它的本质只是一个平台,是一种媒介。所有者和债权人拿出一笔资产,通过企业这个媒介来使得他们投进的资产升值,而投入的资产就是升值的必要条件,然后将升值的一部分拿过来或继续投资,不过最终目的还是获得收益。

企业作为一种媒介,它所拥有的是资产和权益两方面。不过这两方面都代表资金,也就是升值的成本。资产这一方意味着企业的资源,权益这一方则意味着由谁来提供这些资源。有一定的资产必然有一定数额的权益；反之,有一定数额的权益,也必然有一定数额的资产。权益和资产是相互依存的,没有权益,企业不可能拥有资产,同样,没有资产,权益也绝不可能存在。因为一个抽象的存在是不可能凭空就获得资源的。

从数量上看,一个企业所拥有的资产总额必然等于权益总额,也就是所说的会计恒等式:资产=负债+所有者权益。它的意义是很大的,它表明了会计上资产与权益之间的基本关系,是设置会计科目、复式记账的理论基础,也是编制资产负债表的理论依据。

一、资产=负债+所有者权益

一个企业的资产和权益(负债和所有者权益),实际上是同一资金的两个不同方面,是从资金的占用形式和来源两个不同角度观察和分析的结果。有一定数额的资产,就有一定数额的权益;反之,有一定数额的权益,就有一定数额的资产。资产和权益这种相互依存的关系,决定了在数量上一个企业的资产总额与权益总额必定相等。即

$$资产=权益$$

或

$$资产=负债+所有者权益$$

上述会计等式,说明了资产、负债和所有者权益三大会计要素的内在关系,是设置账户、复式记账、试算平衡和编制资产负债表的理论依据,因此,又被称为资产负债表等式。

有时资产负债表等式也表述为

$$资产-负债=所有者权益(股东权益)$$

资产和权益(包括所有者权益和债权人权益)实际是企业所拥有的经济资源在同一时点上所表现的不同形式。资产表明的是资源在企业存在、分布的形态,而权益则表明了资源取得和形成的渠道。资源来源于权益,资产与权益必然相等。

企业在生产经营过程中,每天都会发生多种多样、错综复杂的经济业务,从而引起各会计要素的增减变动,但这些变动并不影响资产与权益的恒等关系。

二、收入-费用=利润

企业从事生产经营活动的目的是获取收入,并实现盈利。企业在取得收入的同时,也必然要发生相应的费用。通过收入与费用的比较,才能确定企业一定时期的盈利水平。因此,一般意义上的收入、费用、利润之间存在着如下平衡关系:

$$收入-费用=利润$$

这一等式直接反映了收入、费用、利润之间的数量关系,是编制利润表的理论依据。

三、扩展的会计恒等式

企业在一个会计期间经营所得的利润归属于所有者,利润的实现使企业所有者权益增加;反之,企业经营出现亏损,使企业所有者权益减少。将利润代入"资产=负债+所有者权益"这一会计等式,则可以得到等式

$$资产=负债+(所有者权益+利润)$$

由于"收入-费用=利润",因此得到

$$资产=负债+所有者权益+(收入-费用)$$

这一等式表明企业的财务状况和经营成果之间的相互关系。财务状况表明企业一定日期资产的运用分布状况及其来源的情况。而经营成果则表明企业一定期间净资产的增加或减少情况,反映一定期间所有者权益的增值额(或减值额)。企业经营成果最终要影响到企业的财务状况。也就是说,利润会增加所有者权益和资产,亏损会减少所有者权益和资产。

当一个会计期间终了结算利润以后,企业应依法按规定程序对实现的利润进行分配,分配后的剩余利润成为所有者权益的构成部分。所以在利润分配之后,会计等式又变成

$$资产＝负债＋所有者权益$$

由此可见,资产、负债、所有者权益、收入、费用和利润这六项要素无论如何变化,最后都会回到资产、负债和所有者权益之间的平衡关系上来。因此,"资产＝负债＋所有者权益"这一等式被称为基本会计等式。

课程思政

资产负债的关系某种意义上就像人生,人生的记录就像是资产负债的记录,有得有失,得到一样东西的同时,就会付出另一样东西,付出总有回报,而且是动态平衡的。我们要理解有付出才有回报,一分耕耘、一分收获的人生哲理。

(1)鱼,我所欲也;熊掌,亦我所欲也。二者不可得兼,舍鱼而取熊掌者也。

(2)高楼大厦起于一砖一瓦,千里之行始于足下。没有任何事物可以不劳而获,没有任何成功能够一蹴而就,只有脚踏实地付出,才会有喜悦的收获。大学生当下要好好学习,现在付出的一切努力,将来都会有所回报。

四、经济业务对会计等式的影响

任何一个时点上资产、负债和所有者权益之间都保持着数额相等的平衡关系。企业在生产经营过程中,每天发生着大量的经济业务,必然会引起会计要素变化,其对会计等式的影响不外乎以下两种类型共九种情况。

(1)经济业务的发生,仅引起等式一边发生增减变化,但增减金额相等,总额不变。这种类型可分为五种情况:

①经济业务的发生导致等式左边的资产项目此增彼减(即一项资产增加,另一项资产减少),且增减金额相等,等式保持平衡。

②经济业务的发生导致等式右边的负债项目此增彼减(即一项负债增加,另一项负债减少),且增减金额相等,等式保持平衡。

③经济业务的发生导致等式右边的所有者权益项目此增彼减(即一项所有者权益增加,另一项所有者权益减少),且增减金额相等,等式保持平衡。

④经济业务的发生导致等式右边的负债项目增加而所有者权益项目减少(即一项负债增加,一项所有者权益减少),但增减金额相等,故等式保持平衡。

⑤经济业务的发生导致等式右边的所有者权益项目增加而负债项目减少(即一项所有者权益增加,一项负债减少),且增减金额相等,等式保持平衡。

(2)经济业务的发生,引起等式两边同时发生增加或减少的变化,增加或减少的金额相等,等式两边的总额或同时增加或同时减少,但仍保持平衡。这种类型可分为四种情况:

①经济业务的发生导致等式左边的资产项目增加,同时导致等式右边的负债项目也增加相同金额(即资产与负债同时增加,且增加金额相等),故等式仍保持平衡。

②经济业务的发生导致等式左边的资产项目增加,同时导致等式右边的所有者权益项目

也增加相同金额(即资产与所有者权益同时增加,且增加金额相等),故等式仍保持平衡。

③经济业务的发生导致等式左边的资产项目减少,同时导致等式右边的负债项目也减少相同金额(即资产与负债同时减少,且减少金额相等),故等式仍保持平衡。

④经济业务的发生导致等式左边的资产项目减少,同时导致等式右边的所有者权益项目也减少相同金额(即资产与所有者权益同时减少,且减少金额相等),故等式仍保持平衡。

上述几种类型的经济业务所引起的资产和权益的增减变化如图3-2所示。

图3-2 资产和权益增减变化图

上述九种情况的经济业务的发生,都不会破坏"资产＝负债＋所有者权益"这一等式的平衡关系,所以这一等式被称为会计恒等式。会计恒等式反映了企业经营过程中,在任何一个时点上资产、负债和所有者权益之间都保持着数额相等的平衡关系。下面举例说明。

【例3-1】甲企业20×2年11月发生下列经济业务(不考虑增值税等相关税费):

(1)11月3日,收到所有者追加投资500 000元,款项存入银行。

这项经济业务使企业银行存款增加了500 000元,即等式左边的资产增加了500 000元,同时等式右边的所有者权益也增加了500 000元,因此没有改变等式的平衡关系。

(2)11月5日,用银行存款归还所欠B企业的货款20 000元。

这项经济业务使企业的银行存款即资产减少了20 000元,同时应付账款即负债也减少了20 000元,等式两边同时减少20 000元,等式依然成立。

(3)11月6日,用银行存款80 000元购买一台生产设备,设备已交付使用。

这项经济业务使企业的固定资产增加了80 000元,同时银行存款减少了80 000元,也就是说企业的一项资产增加而另一项资产减少,增减金额相同,因此资产的总额不变,会计等式依然保持平衡。

(4)11月9日,企业向银行借入100 000元直接用于归还前欠B企业的货款。

这项经济业务使企业的应付账款减少了100 000元,同时短期借款增加了100 000元,即企业的一项负债减少而另一项负债增加,增减金额相同,负债总额不变,等式依然成立。

(5)11月12日,向银行借款50 000元存入银行。

这项经济业务的发生,使企业的资产(银行存款)增加了50 000元,同时负债(银行借款)也增加了50 000元,资产和负债同时增加50 000元,即会计等式左右两边同时增加50 000元,等式依然成立。

(6)11月15日,所有者收回对企业的投资20 000元,企业办妥手续后以银行存款支付。

这项经济业务的发生,使该企业的资产(银行存款)减少了20 000元,同时所有者权益(实收资本)也减少了20 000元,资产和所有者权益同时减少20 000元,即会计等式左右两边同时减少了20 000元,等式依然成立。

(7)11月18日,企业决定向投资者分配利润1 000元。

这项经济业务的发生,使企业的负债(应付股利)增加1 000元,同时所有者权益(未分配

利润)减少了 1 000 元,权益总额不变,会计等式仍保持平衡。

(8)11 月 26 日,经批准将企业已发行的债券 80 000 元转为实收资本。

这项经济业务的发生,使企业的负债(应付债券)减少了 80 000 元,同时所有者权益(实收资本)增加了 80 000 元,表现为一项负债减少,一项所有者权益增加,增减金额相同,权益总额不变,会计等式仍然平衡。

(9)11 月 27 日,经批准用资本公积 20 000 元转增资本。

这项经济业务的发生,使企业所有者权益中的实收资本增加 20 000 元,而资本公积减少 20 000 元,表现为一项所有者权益增加,另一项所有者权益减少,增减金额相同,所有者权益总额不变,会计等式仍然平衡。

从以上举例可以看出,任何一项经济业务的发生,至少会引起两个项目同时发生变化,要么是一个会计要素内部的两个项目同时发生变化,要么是不同会计要素的两个项目同时发生变化,而且都是以相等的金额发生相互联系的变化。变化的结果,都不会破坏"资产=负债+所有者权益"的平衡关系,资产与负债和所有者权益之间始终相等。

第三节 会计科目

一、会计科目的含义

会计科目是对会计对象的具体内容(会计要素)进一步分类核算的项目,是设置账户、进行账务处理的依据,是正确进行会计核算的一个重要条件。每一个会计科目都有明确的含义、核算内容。

企业发生的经济业务是复杂多样的,为了提供真实可靠的会计信息,必须对会计对象按照一定的标志分类,而会计要素是会计对象的基本分类。会计要素由资产、负债、所有者权益、收入、费用、利润六个项目构成,但每一个会计要素所包含的具体项目多,项目的性质也各不相同。例如,库存现金、应收账款、存货和固定资产同属于资产这一会计要素,但性质各不相同。因此,用会计六要素反映企业发生的各项经济活动仅能提供会计信息的概括性资料,决策者还需要更为详细的资料,这就需要我们在会计要素的基础上进行再分类,即科学合理地设置会计科目,全面系统地反映和监督各项会计要素的增减变动情况,分门别类地为经济管理提供会计核算资料,为信息使用者提供更为全面有效的决策信息。

二、会计科目的设置原则

(一)合法性原则

为了保证会计信息的可比性,所设置的会计科目应当符合国家统一的会计制度的规定。总分类科目一般由财政部统一制定。明细分类科目除会计制度规定设置的以外,可以根据本单位经济管理的需要和经济业务的具体内容自行设置。例如,"应交税费——应交增值税(进项税额)"属于会计准则规定设置的明细分类科目。

(二)相关性原则

会计科目的设置,应当为有关各方提供所需要的会计信息服务,满足对外报告与对内管理的要求。

(三) 实用性原则

在合法性的基础上，企事业单位应根据自身特点，设置符合自身需要的会计科目。注意：也不是所有的总分类科目都设置明细科目，例如，本年利润就没有明细科目。

三、会计科目的分类

(一) 按其所提供信息的详细程度及统驭关系分类

会计科目按其所提供信息的详细程度及统驭关系不同，分为总分类科目和明细分类科目。前者是对会计要素具体内容进行总括分类，提供总括信息的会计科目，如"应收账款""原材料"等科目；后者是对总分类科目做进一步分类，提供更详细、更具体会计信息科目，如"应收账款"科目按债务人名称设置明细科目，反映应收账款具体对象。

(二) 按会计要素分类

按会计要素对会计科目进行分类是其基本分类之一，可将会计科目分为资产类科目、负债类科目、共同类科目、所有者权益类科目、成本类科目和损益类科目六大类。会计科目表则是由多种会计科目组成的，是对各类会计科目的一种集合。

(三) 按结构分类

会计科目是会计人员做记录的基础，在结构上共分为五大类。

(1) 资产。资产指企业所拥有的一切有价资源，又可分为流动资产、固定资产、其他资产三小类。流动资产指现金及企业希望变成现金的资产，如银行存款、应收账款、存货等；固定资产是指企业不希望出售，而是长期使用的资产，如土地、房屋、机器等；其他资产是指无形资产、未分摊费用、保证金等。

(2) 负债。负债是指企业的债务，又可分为流动负债、长期负债及其他负债。流动负债是指一年以下的负债；长期负债是指一年以上的负债；其他负债是指非财务性目的所发生的负债，如存入保证金、代收款及各项损失准备等。

(3) 资本。资本又名股东权益，是企业中属于股东的部分，所以等于资产与负债之差。资本可分为股本及盈余两类，股本是股东所投资的部分，盈余是企业所赚得的部分。

(4) 收益。收益是指企业出售产品或提供服务所发生的收入，可分为营业收入及营业外收入两小类。营业收入是企业预定营业范围内的收入，而营业外收入是指预定营业范围外的收入，如非金融业的利息收入等。

(5) 费用。费用是指因收益而发生的支出，又分为直接成本、销售费用、管理费用、营业外费用四小类。直接成本是该项支出可直接归属于某项营业收入者，如销货成本、材料成本等。销售费用是指为达成营业的目的而发生的支出，但无法直接归属于某项营业收入者，如广告费、营业人员薪资等。管理费用是指维持企业运作所必须支付的费用，如管理人员薪资、租金支出等。营业外费用是指财务费用及投资损失等非属达成营业收入而必要的支出。

四、会计科目的编号

为了便于编制会计凭证、登记账簿、查阅账目、编制会计科目表、实行会计电算化，还应在会计科目分类的基础上，为每个会计科目编一个固定的号码，这些号码称为会计科目编号，简称科目编号。科目编号能清楚地表示会计科目所属的类别及其在类别中的位置。

一级会计科目一般采用四位纯数字表示。第一位数字表示会计科目的类别。资产类科目均以1为第一位数字,负债类科目均以2为第一位数字,共同类科目以3为第一位数字,所有者权益类科目均以4为第一位数字,成本类科目均以5为第一位数字,损益类科目均以6为第一位数字。在上述主要类别之下,业务性质相同的会计科目都以同样的号码为第二位数字,在相同业务性质的会计科目下,再以第三位依次排列各个会计科目。为了便于会计工作的进行,通常在会计制度中,以会计科目表的形式对会计科目的编号、类别和名称加以规范。

表3-1 部分会计科目的编号

编号	名称	编号	名称
	一、资产类		二、负债类
1001	库存现金	2001	短期借款
1002	银行存款	2201	应付票据
1012	其他货币资金	2202	应付账款
1101	交易性金融资产	2203	预收账款
1121	应收票据	2211	应付职工薪酬
1122	应收账款	2221	应交税费
1123	预付账款	2231	应付利息
1131	应收股利	2232	应付股利
1132	应收利息	2241	其他应付款
1221	其他应收款	2501	长期借款
1231	坏账准备	2502	应付债券
1401	材料采购	2701	长期应付款
1402	在途物资		三、共同类
1403	原材料	3101	衍生工具
1404	材料成本差异	3201	套期工具
1405	库存商品	3202	被套期项目
1406	发出商品		四、所有者权益类
1407	商品进销差价	4001	实收资本(或股本)
1408	委托加工物资	4002	资本公积
1411	周转材料	4101	盈余公积
1471	存货跌价准备	4103	本年利润
1501	持有至到期投资	4104	利润分配
1503	可供出售金融资产		五、成本类
1511	长期股权投资	5001	生产成本
1531	长期应收款	5101	制造费用
1601	固定资产	5201	劳务成本

续表

编号	名称	编号	名称
1602	累计折旧		六、损益类
1603	固定资产减值准备	6001	主营业务收入
1604	在建工程	6051	其他业务收入
1605	工程物资	6111	投资收益
1606	固定资产清理	6301	营业外收入
1701	无形资产	6401	主营业务成本
1702	累计摊销	6402	其他业务成本
1703	无形资产减值准备	6403	税金及附加
1711	商誉	6601	销售费用
1801	长期待摊费用	6602	管理费用
1901	待处理财产损溢	6603	财务费用
		6701	资产减值损失
		6711	营业外支出
		6801	所得税费用

第四节 会计账户

一、会计账户的含义

对会计对象划分类别并规定名称是必要的，但要全面、系统地记录和反映各项经济业务所引起的资产变动情况，还必须在分类的基础上借助于具体的形式和方法，这就是开设和运用账户。设置账户是会计核算的重要方法之一。会计账户是根据会计科目设置的，具有一定的格式和结构，用来全面、系统、连续地记录经济业务，反映会计要素增减变动及其结果的工具。它是对各种经济业务进行分类和系统、连续的记录，反映资产、负债和所有者权益增减变动的记账实体。会计科目的名称就是账户的名称，会计科目规定的核算内容就是账户应记录反映的经济内容，因而账户应该根据会计科目的分类相应地设置。如企业要开设资产类账户、负债类账户、所有者权益类账户、共同类账户、成本类账户和损益类账户；从需要和科目的特点出发，根据总分类科目、二级科目和明细分类科目开设相应的账户，以便于分类、归集、总括和具体、详细地核算数据。

二、账户与会计科目的关系

会计科目与账户是两个既相互联系又有区别的概念。两者的联系体现在会计科目与账户都是对会计要素具体内容的分类，两者反映的经济内容一致，性质相同。账户是根据会计科目设置的，会计科目是账户的名称，所以会计科目的内容、分类的方法决定了账户的内容和分类的方法。没有科目，账户便失去了设置的依据；没有账户，就无法发挥会计科目的作用。只有将会计科目与账户两者结合起来，才能有效地从事日常会计核算工作。

会计科目与账户的区别体现在会计科目仅仅是个分类,只能表明某项经济内容,不存在结构和记账方向等问题;而账户既有名称又有结构,能连续、系统地记录某项经济内容的增减变化情况及其结果。

由于账户按会计科目命名,账户名称与会计科目完全一致,所以在实际工作中,对会计科目与账户不加严格区分,往往相互通用。

三、账户的基本结构

经济活动是复杂多样的,所有经济业务的发生所引起的企业资产、负债、所有者权益等会计要素的变动,从数量上看包括增加和减少两种情况。因此,用来记录连续变化着的经济业务的账户必须在结构上分为增加方和减少方两个部分,用于分别记录各项会计要素具体内容的增加和减少的数额。在会计实践中,常见的基本账户为三栏式,即借方栏、贷方栏和余额栏,账户的一方登记增加额,另一方登记减少额,同时还要反映各要素增减变化的结果,即余额。

一个完整的账户包括以下内容,如表3-2所示。

表3-2 账户名称(会计科目)

年		凭证字号	摘要	借方	贷方	借或贷	余额
月	日						

(1)账户名称,即会计科目,规定账户所要记录的经济业务内容。
(2)日期,记录经济业务的日期。
(3)凭证字号,表明账户记录所依据的会计凭证编号。
(4)摘要,简要说明经济业务的内容。
(5)金额,包括增加金额、减少金额和余额。

在上述账户基本结构中,借方和贷方如何记录,取决于账户的性质和采用的记账方法。

为了便于教学,账户的基本结构可简化为左右两方,即"丁字形"(见图3-3)。账户分为左方(记账符号为"借")、右方(记账符号为"贷")两个方向,一方登记增加,另一方登记减少。

图3-3 账户的基本结构

资产、成本、费用类账户借方登记增加额,贷方登记减少额;负债、所有者权益、收入类账户借方登记减少额,贷方登记增加额。

四、账户记录的内容和使用方法

(一)账户记录的内容

经济业务发生后,账户主要记录的内容有发生额和余额。通常我们把一定时期内账户借方、贷方所登记的增加额或减少额称为本期发生额,包括本期增加额和本期减少额。本期增加额又称本期增加发生额,是指一定时期内在账户中记录的增加金额;本期减少额又称本期减少发生额,是指一定时期内在账户中记录的减少金额。

借方登记的金额被称为借方发生额,贷方登记的金额被称为贷方发生额。当账户借方金额大于贷方金额时,它的结余被称为借方余额;当贷方金额大于借方金额时,它的结余被称为贷方余额。每一个账户都有四项核算指标,即期初余额、本期增加额、本期减少额、期末余额,存在以下基本关系:

$$期末余额 = 期初余额 + 本期增加额 - 本期减少额$$

这四项指标也称为账户的四个金额要素。

(二)账户的使用方法

任何一个账户都分为左右两个方向,分别反映会计要素的增减变动。不同性质的账户,使用方法不同。但不论何种性质的账户,账户的一方记录会计要素的增加,则另一方就记录会计要素的减少。

【例3-2】某企业应收账款期初余额为5 000元,本期增加额为8 000元,本期减少额为3 000元,到期末,企业还有应收账款余额10 000元。

应收账款

借方		贷方	
期初余额	5 000		
本期增加额	8 000	本期减少额	3 000
期末余额	10 000		

【例3-3】某企业应付账款期初余额为2 000元,本期增加额为3 000元,本期减少额为1 000元,到期末,企业还有应付账款余额4 000元。

应付账款

借方		贷方	
		期初余额	2 000
本期减少额	1 000	本期增加额	3 000
		期末余额	4 000

账户左右两方,哪一方登记增加额,哪一方登记减少额,其余额在哪一方,均取决于记账方法和账户本身的性质。

五、会计账户的基本分类

为了正确地设置和运用账户,就需要从理论上进一步了解和认识各个账户的核算对象、具体结构和用途以及其在整个账户体系中的地位和作用,在此基础上掌握它们在提供核算指标方面的规律性,这就是账户进行分类的意义所在。

(一)按经济内容分类

账户的经济内容,也就是账户所反映会计对象的具体内容。每一个会计要素,都具有自己独特的经济内容,都是由更细小的经济要素所组成的,因此必须为它们各自设立一类账户进行核算。账户按经济内容分类,可以分为资产类账户、负债类账户、共同类账户、所有者权益类账户、成本费用类账户和损益类账户六种。

1. 资产类账户

它是反映资产的增减变动及其结存情况的账户。按照资产的流动性和经营管理核算的需要,它又可分为流动资产和非流动资产两类账户。流动资产有"库存现金""银行存款""短期投资""应收账款""应收票据""原材料""产成品""库存商品"等账户;非流动资产有"长期投资""固定资产""无形资产"等账户。

2. 负债类账户

它是反映负债的形成和偿付及其结存情况的账户。按照偿债期限的长短,它又可分为流动负债和长期负债两类账户。流动负债有"短期借款""应付账款""应付票据""应付职工薪酬""应交税费""应付利润"等账户;长期负债有"长期借款""应付债券""长期应付款"等账户。

3. 共同类账户

它是反映具有资产和负债双重性质的账户。按共同账户余额的方向,它分为反映资产或反映负债的账户。比如,当"衍生工具""套期工具""套期项目"等账户的期末余额在借方时,反映资产账户;反之,则反映负债账户。

4. 所有者权益类账户

它是反映投入资本、资本公积、盈余公积、未分配利润的增减变动及其结存情况的账户。如工业企业常用的"实收资本""资本公积""本年利润"等账户。

5. 成本费用类账户

它是反映成本费用发生情况的账户。如工业企业的"生产成本""制造费用"等账户。

6. 损益类账户

它是反映企业损益的账户。按照损益的性质和内容不同,损益类账户又可分为反映营业损益的账户和营业外损益的账户两类。工业企业反映营业损益的账户有"主营业务收入""其他业务收入""销售费用""主营业务成本"等;反映营业外损益的账户有"营业外收入""营业外支出"等。

(二)按提供资料的详细程度分类

账户按提供资料的详细程度不同,可分为总分类账户和明细分类账户。

1. 总分类账户

总分类账户是对各单位经济活动的具体内容进行总括核算的账户。由于它是根据总账科目设置的,因此又称为总账账户或一级账户。每个企业都要根据自身的特点及国家统一制定的账户名称,设置若干个总分类账户。

2. 明细分类账户

明细分类账户是对企业某一经济业务进行明细核算的账户。由于它是根据明细科目设置的,因而又称为明细账。明细分类账户是对总分类账户的进一步划分,它比总分类账户更为详细具体,能够提供某一具体经济业务的明细核算账。

(三)按用途和结构分类

账户按用途和结构的不同,可以分为盘存账户、结算账户、跨期摊配账户、资本账户、调整账户、集合分配账户、成本计算账户、集合配比账户、财务成果计算账户等九类。

在这九类账户当中,盘存账户、结算账户、跨期摊配账户和资本账户所反映的内容,都是经济业务的基础,因而这四种账户又被称为基本账户。一般而言,它们使用得非常频繁。

1. 盘存账户

盘存账户是用来核算和监督可以进行实物盘点的各种财产物资和货币资金增减变动及其实有数额的账户。该账户的借方登记增加数,贷方登记减少数,余额总是在借方,表示各项财产物资和货币资金的实存数额。

属于盘存账户的有"原材料""库存商品""库存现金""银行存款""固定资产""周转材料"等账户。

2. 结算账户

结算账户是用来核算和监督各单位同其他单位或个人以及各单位内部各部门之间债权(应收)、债务(应付)核算关系的账户。

按照结算的性质不同,结算账户可分为债权结算账户、债务结算账户和债权债务结算账户三类。

(1)债权结算账户是用来核算和监督债权的实有额及其增减变动的账户。其借方登记债权的增加,贷方登记债权的减少,余额在借方,表示债权的实有额。常见的债权结算账户有"应收账款""其他应收款""预付账款"等账户。

(2)债务结算账户是用来核算和监督债务的实有额及其增减变动情况的账户。其贷方登记债务的增加,借方登记债务的减少,余额在贷方,表示债务的实有额。属于债务结算账户的有"短期借款""应付账款""应付职工薪酬""应交税费"等账户。

(3)债权债务结算账户是用来反映债权债务增减变动情况的账户,但它们有时反映债权,有时反映债务,具有债权债务双重性。该账户的借方登记债权的增加或债务的减少,贷方登记债务的增加或债权的减少,余额在借方时表示债权的实有额,余额在贷方时表示债务的实有额。属于债权债务结算账户的有"待处理财产损溢"等账户。

3. 跨期摊配账户

跨期摊配账户是用来核算和监督应由几个会计期间共同负担的费用,并将这些费用在各个会计期间进行分摊的账户。该账户的借方用于登记费用的实际支出或发生数,贷方用于登记由各个会计期间负担的费用数。

属于跨期摊配账户的有"长期待摊费用"等账户。"长期待摊费用"账户属于资产类账户,

期末余额总是在借方,表示已经支付而尚未摊销的待摊费用数额。

4. 资本账户

资本账户是用来核算和监督各单位资本和提取盈余公积的增减变动及其实有情况的账户。该账户的贷方登记各项资本、盈余公积的增加数或形成数,借方登记减少数或结转数,它们的余额总是在贷方,表示各项资本、盈余公积的实有数额。属于资本账户的有"实收资本""资本公积""盈余公积"等账户。

第五节 复式记账法

经济业务的发生必然会引起有关会计要素发生增减变动。在设置账户之后,就需要用一定的记账方法将经济业务登记在有关账户中,以反映会计要素的增减变动及其结果。所谓记账方法,是指在账户中记录经济业务的方法。从会计发展的历史来看,人类曾使用过两大记账方法:一是单式记账法;二是复式记账法。借贷记账法是复式记账法中历史最悠久、最科学的一种记账方法。

一、单式记账法与复式记账法

自会计产生以后,在复式记账法出现以前,很长时间会计记账采用的是单式记账法。所谓单式记账法,是指对发生的每一笔经济业务都只在一个账户中进行记录,一般只记录现金的收付以及应收(人欠)、应付(欠人)等往来账项,而不记录实物资产的增减、收入的来源和费用支出的用途等。比如,企业用现金(包括银行存款)购买了一批材料,在单式记账法下只记录现金的减少,而不同时记录原材料的增加,因此单从会计记录中只看到现金减少了而看不出用来干什么了。显然,单式记账法不能全面反映经济业务的来龙去脉,不能提供完整的会计信息资料;账户设置简单,没有一套完整的账户体系,账户之间不能形成相互对应的关系;也不便于检查账户记录的正确性。随着经济社会的发展,需要会计核算和监督的经济活动越来越复杂,单式记账法已不能适应会计管理的要求,因而被复式记账法所取代。

复式记账法是对发生的每一笔经济业务所引起的会计要素的增减变动,都以相等的金额同时在两个或两个以上的账户中相互联系地进行记录的一种方法。比如,企业以现金(含银行存款)购买了一批材料,在复式记账法下,既要记录现金的减少,同时也要以相等的金额记录原材料的增加。这种相互联系的记录能够完整地反映出经济业务的来龙去脉:现金减少的原因(用途、去向)是购买了原材料,而原材料增加的原因(来源)是企业用现金买来的。因此,相对于单式记账法来说,复式记账法是一种科学的记账方法。

二、复式记账法的基本特征

以"资产=负债+所有者权益"的会计等式为依据建立的复式记账法,具有以下特点:

(1)对于发生的每一项经济业务,都要在两个或两个以上相互联系的账户中同时登记。这样在将全部经济业务相互联系地记入各有关账户以后,通过账户记录不仅可以真实、全面、清晰地反映出经济业务的来龙去脉,而且能够通过会计要素的增减变动,全面、系统地反映经济活动的过程和结果。

(2)由于每项经济业务发生后,都要以相等的金额在有关账户中同时进行登记,因此可以对账户记录的结果进行试算平衡,以检查账户记录的正确性。

正因为具有以上特点,复式记账法被公认为是一种科学的记账方法。由于记账符号不同,复式记账法分为借贷记账法、增减记账法和收付记账法。

借贷记账法是指以"借""贷"作为记账符号,按照"有借必有贷,借贷必相等"的记账规则,记录会计要素增减变动情况的一种复式记账方法。借贷记账法是世界各国普遍采用的记账方法,也是在我国应用最为广泛的一种记账方法。《企业会计准则——基本准则》规定,中国境内的企业应当采用借贷记账法记账。

三、借贷记账法的基本内容

(一)记账符号

借贷记账法的记账符号是"借"和"贷"。"借""贷"两字的含义,最初是从借贷资本家的角度来解释的,即用来表示债权(应收款)和债务(应付款)的增减变动。借贷资本家对于收进的存款,记在贷主的名下,表示债务;对于付出的放款,记在借主的名下,表示债权。这时,"借""贷"两字表示债权债务的变化。随着社会经济的发展,经济活动的内容日益复杂,记录的经济业务已不再局限于货币资金的借贷业务,而逐渐扩展到财产物资、经营损益等。为了求得记录的一致,对于非货币资金借贷业务,也以"借""贷"两字记录其增减变化情况。这样,"借""贷"两字就逐渐失去原来的含义,而转化为纯粹的记账符号。

任何一种符号都有其特殊的含义,记账符号也是如此。在借贷记账法里,"借""贷"两个记账符号的特定含义如下:

(1)"借""贷"记账符号表示一个账户中的两个不同部位。每一个账户都分为左方和右方两个不同的基本部位,用以记录经济业务发生所引起的会计要素的增减变动。在借贷记账法里,"借方"是指账户的左半部分,"贷方"是指账户的右半部分。

(2)"借""贷"记账符号表示不同的记账方向。运用借贷记账法记录经济业务时,记账符号"借"表明应记入有关账户的左方(借方);"贷"表明应记入有关账户的右方(贷方)。

(3)"借""贷"记账符号具有互为相反的双重含义。"借"和"贷"记账符号既可以表示增加,也可以表示减少,各自具有双重含义,不能将"借""贷"与增加、减少等同起来。即:"借"既表示资产的增加,又表示负债和所有者权益的减少;"贷"既表示资产的减少,又表示负债和所有者权益的增加。二者含义相反。

由此可见,在借贷记账法里,"借"和"贷"纯属记账符号,不能用汉字的字面含义去理解,它们各自具有独立的、特殊的含义,是会计上的专业术语。这里大家只要记住借贷记账法是用借、贷二字作为记账符号就可以了。很多初学者容易去纠缠借、贷二字本身的含义,这没有任何意义,因为它早就失去了其本身的含义而仅仅是一种符号了,就像甲、乙或 A、B 一样。

(二)借贷记账法下的账户结构

以"丁字账"为例,账户分为左右两方,左方固定称为"借方",右方固定称为"贷方"。

各种复式记账法都是以会计等式"资产=负债+所有者权益"为理论依据的,因此,借贷记账法对各会计要素增减变化的反映就是:资产在会计等式的左边,它的增加就记在账户的左边也就是借方,减少就相应地记在账户的右边即贷方;负债和所有者权益这两个要素在会计等式的右边,它们的增加当然就记在账户的右边即贷方,减少就相应地记在账户的左边即借方;收入的增加将导致利润的增加并最终引起所有者权益的增加,因此与所有者权益一样记在贷方,减少记在借方;成本费用的增加将导致利润的减少并最终引起所有者权益的减少,因此其记账方向与所有者权益相反,就是增加记在借方,减少记在贷方。

上述各种情况用"丁字账"表示,如图3-4所示。

账户名称

借方	贷方
(1) 资产的增加	(1) 资产的减少
(2) 负债和所有者权益的减少	(2) 负债和所有者权益的增加
(3) 收入的减少或转出	(3) 收入的增加
(4) 成本、费用的增加	(4) 成本、费用的减少或转出

图3-4 丁字账结构

借贷记账法之所以不要求对所有账户固定分类,可以设置双重性账户,账户的设置和使用比较灵活,主要原因在于其记账符号具有互为相反的双重含义。具体账户结构如下。

1. 资产类账户的结构

按照会计等式建立的资产负债表中,资产类项目一般列示在左方。为了使账户中的记录与资产负债表的结构相吻合,资产的期初余额应记入账户的左方(借方)。这样,在账户中登记经济业务时,资产的增加应记在资产期初余额的同一方向,即账户的左方(借方);资产的减少应记在资产增加的相反方向,即账户的右方(贷方)。资产类账户的结构如图3-5所示。

资产类账户

借方	贷方
期初余额	
本期增加发生额	本期减少发生额
本期借方发生额合计	本期贷方发生额合计
期末余额	

图3-5 资产类账户结构图

资产类账户的期末余额一般在借方,其计算公式如下:

资产类账户期末余额=期初余额+本期借方发生额-本期贷方发生额

2. 负债和所有者权益类账户的结构

在资产负债表中,负债和所有者权益类项目一般列示在右方。因此,负债和所有者权益类账户的结构,与资产类账户结构完全相反。即:负债和所有者权益的期初余额应记入账户的右方(贷方);负债和所有者权益的增加,应记在账户的右方(贷方);其减少,应记在账户的左方(借方)。负债和所有者权益类账户的结构如图3-6所示。

负债和所有者权益类账户

借方	贷方
	期初余额
本期减少发生额	本期增加发生额
本期借方发生额合计	本期贷方发生额合计
	期末余额

图3-6 负债和所有者权益类账户结构图

负债和所有者权益类账户的期末余额一般在贷方,其计算公式如下:

负债和所有者权益类账户期末余额=期初余额+本期贷方发生额-本期借方发生额

3. 成本类账户的结构

企业在生产经营过程中发生的各种耗费,实质上是资产的消耗。所以,成本在抵消收入以前,可以看作一种资产。因此,成本类账户的结构与资产类账户的结构相似,成本的期初余额应记入账户的借方;成本的增加,应记在账户的借方;成本的减少额或转出额,应记在账户的贷方;期末若有余额,应在借方。成本类账户的结构如图3-7所示。

成本类账户

借方	贷方
期初余额 本期增加发生额	本期减少或转出发生额
本期借方发生额合计	本期贷方发生额合计
期末余额	

图3-7 成本类账户结构图

4. 损益类账户的结构

损益类账户包括收入类账户和费用类账户。收入的取得和费用的发生,最终会导致所有者权益发生变化。收入的增加是所有者权益增加的因素,费用的增加是所有者权益减少的因素。这就决定了收入类账户的结构与所有者权益类账户的结构相类似,费用类账户的结构与所有者权益类账户的结构相反,即与资产类账户的结构相类似。损益类账户是为了计算损益而开设的,因而会计期末应将收入、费用全额转出,以便计算经营成果。收入、费用转出后,损益类账户期末应无余额。

(1)收入类账户的结构。收入的增加额,应记在账户的贷方;收入的减少额或转出额,应记在账户的借方。由于贷方登记的收入增加额在期末一般都要通过借方转出,用以计算经营成果,所以,收入类账户期末应无余额。收入类账户的结构如图3-8所示。

收入类账户

借方	贷方
期初余额 本期减少或转出发生额	本期增加发生额
本期借方发生额合计	本期贷方发生额合计
期末一般无余额	

图3-8 收入类账户结构图

(2)费用类账户的结构。费用的增加额,应记在账户的借方;费用的减少额或转出额,应记在账户的贷方。由于借方登记的费用增加额在期末一般都要通过贷方转出,用以计算经营成果,所以,费用类账户期末应无余额。费用类账户的结构如图3-9所示。

费用类账户

借方	贷方
本期增加发生额	本期减少或转出发生额
本期借方发生额合计	本期贷方发生额合计
	期末一般无余额

图 3-9 费用类账户结构图

借贷记账法各类账户的结构,可概括为图 3-10。

_____账户

借方	贷方
资产类增加 负债类减少 所有者权益类减少 收入类减少 费用类增加	资产类减少 负债类增加 所有者权益类增加 收入类增加 费用类减少

图 3-10 借贷记账法各类账户结构图

(三) 借贷记账法的记账规则

借贷记账法的记账规则是"有借必有贷,借贷必相等"。这一记账规则的形成,是由借贷记账法的记账符号决定的。前已述及,经济业务发生所引起的会计要素的增减变化,不外乎九种情况。而这九种情况用借贷记账法的记账符号来表示,每一种情况都是既有借又有贷,而且借贷的金额相等。因此,借贷记账法就以"有借必有贷,借贷必相等"作为它的记账规则,并要求对任何一项经济业务的记录,一方面要记入有关账户的借方,另一方面同时要记入有关账户的贷方,而不能都记借方或者都记贷方,并且记入借方的金额要与记入贷方的金额相等。否则,记账就会发生错误。

【例 3-4】 丙企业 20×2 年 11 月发生下列有关经济业务(不考虑增值税等相关税费):

(1) 11 月 2 日,收到丁公司追加投资 80 000 元,存入开户银行。

这项经济业务属于资产和所有者权益同时增加的业务。该项经济业务使企业的资产类账户"银行存款"增加 80 000 元,应记入该账户的借方;同时使所有者权益类账户"实收资本"增加 80 000 元,应记入该账户的贷方。可见,既涉及借方又涉及贷方,借贷方金额相等。

(2) 11 月 6 日,购入原材料一批,价值 40 000 元,货款暂欠,材料已验收入库。

这项经济业务属于资产和负债同时增加的业务。该项经济业务的发生,使企业资产类账户"原材料"增加 40 000 元,应记入该账户的借方;同时使负债类账户"应付账款"增加 40 000 元,应记入该账户的贷方。仍然是既有借又有贷,借贷方金额相等。

(3) 11 月 7 日,以银行存款支付前欠购买材料款 40 000 元。

这项经济业务属于资产和负债同时减少的业务。该项经济业务使企业资产类账户"银行存款"减少 40 000 元,应记入贷方;同时使负债类账户"应付账款"减少 40 000 元,应记入借方。仍然是既有借又有贷,借贷方金额相等。

(4) 11 月 8 日,企业按法定程序减少注册资本 100 000 元,以银行存款向所有者支付。

这项经济业务属于资产和所有者权益同时减少的业务。该项经济业务使资产类账户"银行存款"减少100 000元,应记入贷方;同时使所有者权益类账户"实收资本"减少100 000元,应记入借方。仍然是既有借又有贷,借贷方金额相等。

(5)11月12日,以银行存款90 000元购入生产用设备一台。

这项经济业务属于资产内部有增有减的业务。该项经济业务使企业资产类账户"固定资产"增加90 000元,应记入借方;同时使资产类账户"银行存款"减少90 000元,应记入贷方。仍然是有借有贷,借贷相等。

(6)11月15日,向银行借入短期借款60 000元,用于归还前欠货款。

这项经济业务属于负债内部有增有减的业务。其中,"短期借款"账户增加60 000元,应记入贷方;"应付账款"账户减少60 000元,应记入借方。仍然是有借有贷,借贷相等。

(7)11月21日,经批准,将前欠购货款20 000元转为实收资本。

这项经济业务属于负债减少、所有者权益增加的业务。该项经济业务使负债类账户"应付账款"减少20 000元,应记入借方;同时使所有者权益类账户"实收资本"增加20 000元,应记入贷方。仍然是有借有贷,借贷相等。

(8)11月22日,经批准,企业用盈余公积70 000元转增资本。

这项经济业务属于所有者权益内部项目变动的业务,涉及所有者权益类账户"盈余公积"减少70 000元,应记入借方;同时涉及"实收资本"账户增加70 000元,应记入贷方。仍然是有借有贷,借贷相等。

(9)11月25日,购入原材料一批,价格50 000元,以银行存款支付30 000元,余款尚未支付,材料已验收入库。

这项经济业务使企业资产类账户"原材料"增加50 000元,应记入借方,"银行存款"减少30 000元,应记入贷方;同时使负债类账户"应付账款"增加20 000元,也应记入贷方。这样,仍然是既有借方又有贷方,借、贷两方的金额均为50 000元。

(10)11月26日,收到企业所有者投入设备一台,价值60 000元;投入货币资金70 000元,款存银行。

这项经济业务使企业资产类账户"固定资产"增加60 000元、"银行存款"增加70 000元,均应记入借方;同时使所有者权益类账户"实收资本"增加130 000元,应记入贷方。仍然是既有借方又有贷方,借、贷两方的金额均为130 000元。

从上述举例可以看出,一项经济业务所涉及的账户可能只有两个:一个借方账户和一个贷方账户;也可能涉及两个以上账户:一个借方账户和多个贷方账户,或者多个借方账户和一个贷方账户,或者多个借方账户和多个贷方账户。但是,无论何种类型的经济业务,也无论其多么复杂,在借贷记账法下,都表现为既有借方又有贷方,而且借、贷金额相等。因此,"有借必有贷,借贷必相等"就成为借贷记账法的记账规则。

另外我们可以看出,采用复式记账法记录经济业务时,有关账户之间形成了一种相互依存的关系。我们把账户之间形成的相互依存关系,称作账户的对应关系;存在着对应关系的账户称为对应账户,且互为对应账户。如:业务(2)中的"原材料"账户与"应付账款"账户形成对应关系,二者互为对应账户;业务(10)中的"固定资产""银行存款"账户与"实收资本"账户形成对应关系,前两个账户与后一个账户互为对应账户。在借贷记账法下,账户的对应关系表现为借方账户与贷方账户相对应。

(四)会计分录

为了保证账户记录的正确性,经济业务发生后并不直接记入相关账户,而是先按照借贷记账法的记账规则对发生的经济业务编制一种记录,列示出其应借、应贷的账户名称及其金额,这种列示的记录就叫作会计分录,也称为"记账公式"。在实际会计工作中,编制会计分录是通过填制记账凭证来实现的(记账凭证中就列示了应借、应贷的账户名称及其金额)。

面对一笔经济业务,如何才能正确地编制会计分录从而对其做出正确的账务处理呢?对于初学者来说,由于对各种常用账户的性质和结构以及常见经济业务的对应账户还不熟悉,因此编制会计分录时应当按照以下步骤进行:

(1)对所要处理的经济业务,判断其究竟引起了哪些账户(会计要素的具体项目)发生了增减变化。

(2)判断这些账户(项目)的性质,即它们各属于什么会计要素。

(3)根据这些账户(项目)的性质及其是增还是减,确定应该记在借方还是贷方(资产的增加记在借方,减少记在贷方;负债和所有者权益的增加记在贷方,减少记在借方;收入的增加记在贷方,减少和转出记在借方;成本、费用的增加记在借方,减少和转出记在贷方)。

(4)根据"有借必有贷,借贷必相等"的记账规则完成并检验会计分录。

下面我们来举例介绍会计分录的编制方法。如企业从银行提取现金500元,这个业务将导致企业库存现金增加500元,银行存款减少500元,编制的会计分录如下:

借:库存现金　　　500
　　贷:银行存款　　　500

在做会计分录时,应当注意会计分录的正确性与规范性。

会计分录的正确性是指会计分录的三要素都要正确。会计分录的三要素分别是借贷符号、会计账户的名称和方向、应计金额。

会计分录的规范性是指:任何会计分录都应该是借方在上,贷方在下;借方在左,贷方在右,贷方记账符号、账户和金额都要比借方退后一至两格。

下面以东方实业20×2年11月所发生的经济业务为例,来讲解如何编制会计分录。

【例3-5】

(1)东方实业收到甲公司的货币资金投资300 000元,存入银行。

借:银行存款　　　　　300 000
　　贷:实收资本　　　　　300 000

(2)开出现金支票从银行提取现金2 000元备用。

借:库存现金　　　　　2 000
　　贷:银行存款　　　　　2 000

(3)用现金支付生产车间办公用品费440元。

借:制造费用　　　　　440
　　贷:库存现金　　　　　440

(4)接到开户银行的通知,收到光明公司前欠货款150 000元。

借:银行存款　　　　　　　　150 000
　　贷:应收账款——光明公司　　　150 000

(5)接到开户银行的通知,胜利工厂签发并承兑的商业汇票已到期,收到胜利工厂支付的票据款120 000元。
   借:银行存款   120 000
     贷:应收票据——胜利工厂   120 000
（6）向宏达公司购买一批甲材料,按合同规定,东方实业用银行存款预付购货款50 000元。
   借:预付账款——宏达公司   50 000
     贷:银行存款   50 000
（7）厂部办公室张强因公出差,预借差旅费800元,现金付讫。
   借:其他应收款——张强   800
     贷:库存现金   800
（8）张强出差回来,向公司报销差旅费700元,余款交回现金。
   借:管理费用   700
     库存现金   100
     贷:其他应收款——张强   800

需要说明的是,上述有的会计分录只涉及一个借方账户和一个贷方账户,如从银行提取现金,就是记入"库存现金"账户的借方和"银行存款"账户的贷方。但也有的会计分录涉及一个借方账户和多个贷方账户,或是多个借方账户与一个贷方账户。例如,张强出差回来,向公司报销差旅费700元,余款交回现金。该笔业务的处理是记入"管理费用"和"库存现金"账户的借方(管理费用与库存现金增加),同时记入"其他应收款"账户的贷方(其他应收款减少)。

只有一个借方账户与一个贷方账户相对应的会计分录就称为简单会计分录;而一个借方账户对应多个贷方账户,或一个贷方账户对应多个借方账户,或多个借方账户对应多个贷方账户的会计分录就称为复合会计分录。其实,复合会计分录可以拆解为几个简单会计分录。例如:

   借:管理费用   700
     库存现金   100
     贷:其他应收款——张强   800

就可以拆解为以下两个简单会计分录:
（1）借:管理费用   700
     贷:其他应收款——张强   700
（2）借:库存现金   100
     贷:其他应收款——张强   100

这两种会计分录登记入账以后的结果是一样的。

第六节　过账与试算平衡

一、过账

将每一项经济业务编制成会计分录,仅仅是确定了该经济业务发生以后应记入的账户、账户方向及金额。会计分录只是分散地反映了经济业务对各账户的影响,还不能够连续、系统地反映一定会计期间内全部经济业务对各账户的综合影响。为了实现这一目的,还需要将会计分录的数据过入各有关账户中去,这个记账过程通常称为"过账",或称为账簿登记。过账的具体做法主要有两种:一是在编制会计分录的基础上逐笔过账;二是定期汇总同类业务的会计分录,一次性过入有关的分类账户。过账以后,一般要在月终进行结账,即结算出各账户的本期发生额合计和期末余额。根据日记账中所确定的会计分录,分别记入分类账有关账户借方或贷方的工作。日记账指按照经济业务发生时间的先后顺序做出分录并进行登记的账簿。

过账工作,常随簿记人员个人的习惯、爱好而有所不同。例如,可依日记账记账凭证的分录,顺序逐笔过账;也可采用先过日记账中同页上所有借项,然后再过贷项的过账方式与方法。但是,不论过账的方法方式如何,对每一账项的过账方法步骤与应注意的事项并无二致。兹以通用的三栏式明细分类账为例,说明过账的一般步骤。

(1)每一笔分录过账时,应先过借方科目;为此,过账的第一步,系从分类账中找出分录中借方科目的账户。

(2)将日记账中该分录的日期,记入该账户的"日期"栏,记载的方法与日记账"日期"栏填写的方法相同。

(3)因交易的内容在日记账已有说明,故分类账的账户中的摘要,一般可以更简略,紧靠日期栏填写于"摘要"栏内。

(4)将日记账中所列该科目的金额,转记于该分类账的账户的"借方金额"栏。

(5)将记载该账项的日记账的页数,记入分类账的"日页"栏,以明其来路。如根据记账凭证过账,"日页"栏,应改为"凭证字号"栏,并置于"日期"与"摘要"栏之间。

(6)同时,将所过入分类账的"页码(或账号)",填入日记账的"类页"栏,以明账项的去路;如以会计科目编号代替会计科目,即用账号代替分类账页次,则日记账的"类页"栏,只需在过账后,打一"√",以示已经过账即可。

(7)借方科目过账完毕后,再按相同的步骤,将贷方科目有关事项过入分类账的该科目账户的相应栏。但贷项的摘要,则右移两个字位开始书写,以保持借项、贷项摘要的左右分立及上、下对齐的排列,并便于识别借贷金额记入方向是否有误。

过账时要特别细心谨慎,有些科目名称及金额的阿拉伯数字比较类似,必须看清楚,避免张冠李戴和笔误;同时日记账与分类账的互注"页次",不可疏忽,因为根据账页之是否填注,可以确定分录是否已过账,不致发生重复或漏记等错误;注意各科目的借、贷金额,不要方向颠倒,以保证加总结余正确,顺利完成试算平衡和减少日后查核改错的麻烦。

现以东方实业20×2年发生的经济业务为例说明过账的过程。

【例3-6】东方实业20×2年11月初各账户余额如表3-3所示。

1. 期初余额

表 3-3　东方实业账户期初余额

20×2 年 11 月　　　　　　　　　　　　　　　单位:元

项目	金额	项目	金额
银行存款	350 000	短期借款	500 000
应收账款	200 000	应付账款	200 000
原材料	650 000	实收资本	1 300 000
固定资产	800 000		
总计	2 000 000	总计	2 000 000

2. 编制会计分录

(1) 以银行存款购买原材料 10 000 元。

借:原材料　　　10 000
　　贷:银行存款　　10 000

(2) 购入原材料 50 000 元,其中 30 000 元以银行存款支付,20 000 元暂欠。

借:原材料　　　50 000
　　贷:银行存款　　30 000
　　　　应付账款　　20 000

(3) 以银行存款 100 000 元偿还短期借款。

借:短期借款　　100 000
　　贷:银行存款　　100 000

(4) 接受国家投入的大型设备一台,价值 400 000 元。

借:固定资产　　400 000
　　贷:实收资本　　400 000

(5) 公司开出商业承兑汇票一张,金额为 80 000 元,以抵付前欠应付账款。

借:应付账款　　80 000
　　贷:应付票据　　80 000

3. 登记账户(过账)

借	原材料	贷
期初余额 650 000		
本期发生额 10 000 　　　　　　50 000	本期发生额	
本期发生额合计 60 000	本期发生额合计	
期末余额 710 000		

借	银行存款	贷
期初余额 350 000		
本期发生额	本期发生额 10 000 　　　　　　30 000 　　　　　　100 000	
本期发生额合计	本期发生额合计 140 000	
期末余额 210 000		

借	应付账款	贷
	期初余额 200 000	
本期发生额 80 000	本期发生额 20 000	
本期发生额合计 80 000	本期发生额合计 20 000	
	期末余额 140 000	

借	应收账款	贷
期初余额 200 000		
本期发生额	本期发生额	
本期发生额合计	本期发生额合计	
期末余额 200 000		

借	固定资产	贷
期初余额 800 000		
本期发生额 400 000	本期发生额	
本期发生额合计 400 000	本期发生额合计	
期末余额 1 200 000		

借	短期借款	贷
	期初余额 500 000	
本期发生额 100 000	本期发生额	
本期发生额合计 100 000	本期发生额合计	
	期末余额 400 000	

借	实收资本	贷
	期初余额 1 300 000	
本期发生额	本期发生额 400 000	
本期发生额合计	本期发生额合计 400 000	
	期末余额 1 700 000	

借	应付票据	贷
	期初余额 0	
本期发生额	本期发生额 80 000	
本期发生额合计	本期发生额合计 80 000	
	期末余额 80 000	

二、试算平衡

运用借贷记账法的记账原则处理的每一笔经济业务,应该是记账方向相反,金额相等。但是在记录的过程中,由于人为因素,也可能产生这样那样的差错。因此,在一定时期内有必要对所有账户的记录进行检查和验证。这种方法就是试算平衡。

(一)试算平衡的含义

平衡关系主要包括三个方面:

(1)全部会计科目的借方期初余额合计数=全部会计科目的贷方期初余额合计数。

(2)全部会计科目的本期借方发生额合计数=全部会计科目的本期贷方发生额合计数。

(3)全部会计科目的借方期末余额合计数=全部会计科目的贷方期末余额合计数。

上述三方面的平衡关系,可以用来检查会计科目记录的正确性。如果三方面都保持平衡,说明记账工作基本是正确的。通常把这种检查会计科目记录的工作方法称为试算平衡。

试算平衡是指以会计恒等式和借贷记账规则为理论基础,根据资产与权益之间的平衡关系,按照记账规则的要求,通过对所有会计科目记录的汇总和计算,来检查各类会计科目的记录是否正确的一种方法。

(二)试算平衡的分类

试算平衡法有发生额试算平衡法和余额试算平衡法。

1. 发生额试算平衡法

在借贷记账法下,根据"有借必有贷,借贷必相等"的记账规则,每一项经济业务以相等的金额记入相关账户的借方和贷方,因此对每一项经济业务,记入借方的金额合计与记入贷方的金额合计必然相等。推而广之,一定时期内所有经济业务记入账户后,所有账户的借方发生额合计与贷方发生额合计也必然是相等的。借贷记账法的发生额试算平衡法,正是基于这一原理来判断一定时期内会计记录是否正确,即根据本期所有账户借方发生额合计与贷方发生额合计的恒等关系,来检验本期发生额记录是否正确,用公式表示为

全部账户本期借方发生额合计＝全部账户本期贷方发生额合计

2. 余额试算平衡法

根据"资产＝负债＋所有者权益"的恒等关系,在账户中记录经济业务的结果是,各项资产余额合计必然等于各项负债和所有者权益的余额合计。在借贷记账法下,资产账户的余额体现在账户的借方,负债和所有者权益账户的余额体现在账户的贷方,因此,所有账户的借方余额合计与所有账户的贷方余额合计必然相等。余额试算平衡法是运用会计等式,检查账户记录是否正确的方法,用公式表示为

全部账户借方期初余额合计＝全部账户贷方期初余额合计

全部账户借方期末余额合计＝全部账户贷方期末余额合计

试算平衡是通过编制试算平衡表来完成的。

现假定例 3-4 中丙企业 20×2 年 11 月有关账户的期初余额如表 3-4 所示。根据丙企业 20×2 年 11 月账户的记录,编制试算平衡表如表 3-5、表 3-6、表 3-7 所示。

表 3-4　丙企业 20×2 年 11 月账户期初余额表　　　　　　　　　　　　　单位:元

会计科目	期初余额	
	借方	贷方
银行存款	300 000	
原材料	60 000	
固定资产	300 000	
应付账款		100 000
短期借款		60 000
实收资本		400 000
盈余公积		100 000
合计	660 000	660 000

表 3-5　本期发生额试算平衡表

20×2 年 11 月 30 日　　　　　　　　　　　　　　　　　　　　　　　　单位:元

会计科目	本期发生额	
	借方	贷方
银行存款	150 000	260 000
原材料	90 000	
固定资产	150 000	
应付账款	120 000	60 000

续表

会计科目	本期发生额	
	借方	贷方
短期借款		60 000
实收资本	100 000	300 000
盈余公积	70 000	
合计	680 000	680 000

表3-6 期末余额试算平衡表

20×2年11月30日　　　　　　　　　　　　　　　　　　单位:元

会计科目	期末余额	
	借方	贷方
银行存款	190 000	
原材料	150 000	
固定资产	450 000	
应付账款		40 000
短期借款		120 000
实收资本		600 000
盈余公积		30 000
合计	790 000	790 000

表3-7 试算平衡表

20×2年11月30日　　　　　　　　　　　　　　　　　　单位:元

会计科目	期初余额		本期发生额		期末余额	
	借方	贷方	借方	贷方	借方	贷方
银行存款	300 000		150 000	260 000	190 000	
原材料	60 000		90 000		150 000	
固定资产	300 000		150 000		450 000	
应付账款		100 000	120 000	60 000		40 000
短期借款		60 000		60 000		120 000
实收资本		400 000	100 000	300 000		600 000
盈余公积		100 000	70 000			30 000
合计	660 000	660 000	680 000	680 000	790 000	790 000

(三)编制试算平衡表的注意点

编制试算平衡表的目的是检查总分类账户记录的正确性,因此应根据本期全部总分类账户的记录来编制。通过试算,如果借贷双方数额不相等,则说明总分类账户记录肯定有错误,应查明原因,予以更正;如果借贷双方数额相等,则说明总分类账户记录基本正确。因为有些记账错误是试算平衡无法发现的,如将经济业务漏记、重记、串户、借贷方向完全记反、借贷两方以相同金额多记或者少记、借方或者贷方多记金额与少记金额恰好相抵消等。也就是说,试算平衡法有其局限性。因此,即使试算达到平衡,还要进行账证核对、账账核对、账实核对,以保证账户记录正确无误。同时,应当看到,尽管试算平衡法存在上述这些局限性,但就目前而言,试算平衡法在检查账户记录的正确性方面,仍是其他方法所无法取代的。

在编制试算平衡表时,还应注意以下几点:首先,必须保证所有会计科目的余额均已记入试算平衡表。其次,如果试算平衡表借贷不相等,肯定会计科目记录有错误,应认真查找,直到实现平衡为止。最后,即使实现了有关三栏的平衡关系,并不能说明会计科目记录绝对正确,因为有些错误并不影响借贷双方的平衡关系。

第七节 结账与编制基本财务报表

一、结账

(一)结账的概念

会计学上认为结账是在把一定时期内发生的全部经济业务登记入账的基础上,计算并记录本期发生额和期末余额后,将余额结转下期或新的账簿的会计行为。结账是为了总结某一个会计期间内的经济活动的财务收支状况,据以编制财务会计报表,而对各种账簿的本期发生额和期末余额进行的计算总结。直观地说,结账就是结算各种账簿记录,是在将一定时期内所发生的经济业务全部登记入账的基础上,将各种账簿的记录结算出本期发生额和期末余额的过程。

(二)结账的内容

结账的内容通常包括两个方面:一是结清各种损益类账户,并据以计算确定本期利润;二是结出各资产、负债和所有者权益账户的本期发生额合计和期末余额。

企业使用的账户一般可以可分为两类,即实账户和虚账户。结账工作如何展开,取决于账户究竟属于其中哪一类。

实账户,又称"资产负债表账户""永久性账户",是"虚账户"的对称。实账户是据以编制资产负债表的各类账户,包括:①资产类账户,如"库存现金""银行存款""应收账款""原材料""库存商品""固定资产""长期投资"等账户;②负债类账户,如"短期借款""应付账款""应付债券"等账户;③所有者权益类账户,如"实收资本""资本公积""盈余公积"等账户。这类账户在会计期末结账时,通常都有余额,余额必须结转到下期,以便连续记录,所以叫实账户。

虚账户,又称"损益表账户""临时账户",是"实账户"的对称。该类账户的本期发生额在会计期末都应转至"本年利润"账户,结转后无余额,亦为虚账户。

(三)实账户的结转

资产、负债和所有者权益账户的余额均需结转至下期,继续记录。结账时,要计算各实账户借方、贷方本期发生额和期末余额,并画线结束,然后将期末余额结转下期。由于实账结转是在同一个账户中进行的,因此,不需编制会计分录,只需将其借贷双方分别加计总数,并算出每个账户的借方或贷方余额。

（1）月结时，应在该月最后一笔经济业务下面画一条通栏单红线，在红线下"摘要"栏内注明"本月合计"或"本月发生额及余额"字样，在"借方"栏、"贷方"栏或"余额"栏分别填入本月合计数和月末余额，同时在"借或贷"栏内注明借贷方向。然后，在这一行下面再画一条通栏红线，以便与下月发生额划清。

（2）季结时，通常在每季度的最后一个月月结的下一行，在"摘要"栏内注明"本季合计"或"本季度发生额及余额"，同时结出借、贷方发生总额及季末余额。然后，在这一行下面画一条通栏单红线，表示季结的结束。

（3）年结时，在第四季度季结的下一行，在"摘要"栏注明"本年合计"或"本年发生额及余额"，同时结出借、贷方发生额及期末余额。然后，在这一行下面画上通栏双红线，以示封账。

（4）年度结账后，总账和日记账应当更换新账，明细账一般也应更换。但有些明细账，如固定资产明细账等可以连续使用，不必每年更换。年终时，要把各账户的余额结转到下一会计年度，只在摘要栏注明"结转下年"字样，结转金额不再抄写。如果账页的"结转下年"行以下还有空行，应当自"余额"栏的右上角至"日期"栏的左下角用红笔画对角斜线注销。在下一会计年度新建有关会计账簿的第一行"余额"栏内填写上年结转的余额，并在"摘要"栏注明"上年结转"字样。

（5）编制会计报表前，必须把总账和明细账登记齐全，试算平衡，不准先出报表，后补记账簿和办理结账。

（6）涉及债权债务的，填写"上年结转"时，还应在"摘要"栏填写组成金额的发生日期及主要经济业务内容说明，一行摘要栏写不完的，可以在次行摘要栏继续填写，最后一行的"余额"栏填写上年度余额。

（四）虚账户的结清

虚账户是指于期末结账后一般没有余额的各收入、费用账户。设置收入与费用这些虚账的目的在于使收入的来源与费用的内容，在账册上有一详细的表示。收入的发生，应由企业所有者享有；费用的发生，应由企业所有者负担。收入的实现和费用的发生，本可直接记入所有者权益账户的贷方或借方，作为所有者权益的增加或减少，但是为了使会计信息使用者（经营管理者和投资者等）了解收入与费用增减变动的详细情况，在平时分别列账反映，到期末，按照各项目的有关数字加总以后，应全部结清，以供下期重新记载之用。虚账的结清，应先就日记账做成结账分录，再根据分录过账，达到余额转销而账户结平的目的。故结账分录，是将虚账户的余额转入另一账户的分录。

为了正确地反映企业收入的实现和费用的形成以及企业利润情况，需设置收入账户、费用账户和利润账户。

收入账户包括"主营业务收入""其他业务收入""投资收益""营业外收入"等。费用账户包括"主营业务成本""其他业务成本""税金及附加""销售费用""管理费用""财务费用""营业外支出"。利润账户包括"本年利润"和"利润分配"。各种不同收入的实现分别于平时在相应的收入账户贷方登记；各种不同费用的发生分别于平时在相应的费用账户借方登记；年终结清收入和费用账户时，在"本年利润"账户归集，即将所有收入账户的本期贷方发生额从其借方转入"本年利润"账户的贷方，将所有费用账户的本期借方发生额从其贷方转入"本年利润"账户的借方。这样使所有收入、费用账户全部结清，余额为0，同时确定出本年实现的利润总额。"本年利润"账户如有贷方余额,则为本年实现的盈利总额,如为借方余额则为本年实现的亏损总额,并且将其余额从相反方向转入"利润分配"账户,即表示企业所有者权益的增减数额。

结账分录具体如下。

1. 收入的结清

将本期实现的各项收入从各收入账户结转入"本年利润"账户。

借:主营业务收入
　　其他业务收入
　　营业外收入
　贷:本年利润

2. 费用的结清

将本期发生的各项费用从各有关费用账户转入"本年利润"账户。

借:本年利润
　贷:主营业务成本
　　　其他业务成本
　　　税金及附加
　　　销售费用
　　　管理费用
　　　财务费用
　　　营业外支出

3. 结清"本年利润"

"本年利润"账户只在结账过程中使用。该账户的借方归集本期所有具有借方余额的虚账户余额,贷方归集所有具有贷方余额的虚账户余额。如果"本年利润"账户出现借方余额,即借方总额大于贷方总额,表示本期亏损;如若"本年利润"账户出现贷方余额,即贷方总额大于借方总额,表示本期盈利;年末,将本年实现的净利润转入"利润分配——未分配利润"账户。年末,"本年利润"账户无余额。

(1)结转本年实现的净利润(贷余):

借:本年利润
　贷:利润分配——未分配利润

(2)结转本年发生的亏损(借余):

借:利润分配——未分配利润
　贷:本年利润

二、编制基本财务报表

编制财务报表是指根据账簿记录,按照规定的表格形式,集中反映各单位在一定会计期间经济活动过程和结果的专门方法。编制财务报表,既能为企业的管理当局及与企业有经济利益关系的各方提供所需要的会计信息,又能为国家利用会计信息进行国民经济综合平衡提供依据。

一套完整的财务报表至少应当包括资产负债表、利润表、现金流量表、所有者权益变动表以及附注。

(一)基本财务报表的编制要求

为了实现财务报表的编制目的,最大限度地满足财务报表使用者的信息需求,单位编制的财务报表应当真实可靠、全面完整、编报及时、便于理解,符合国家统一的会计制度和会计准则的有关规定。

1. 真实可靠

要使会计信息有用,必须以可靠为基础。如果财务报表所提供的会计信息是不可靠的,就会对使用者产生误导,从而做出错误的决策。为此,单位应当以实际发生的交易或者事项为依据进行确认、计量、记录和报告,将符合会计要素定义及其确认条件的资产、负债、所有者权益、收入、费用和利润等如实反映在财务报表中,不得根据虚构的、没有发生的或者尚未发生的交易或者事项进行确认、计量、记录和报告。

2. 全面完整

单位应当按照有关规定编报财务报表,不得漏编漏报,更不得有意隐瞒,力求保证相关信息全面、完整、充分披露。会计法规制度要求提供的财务报表,应该全部编制、报送;应当填列的报表指标,应分别按照表内、表外和补充资料的披露要求全部填列披露。

3. 编报及时

单位对于已经发生的交易或者事项,应当及时进行确认、计量、记录和报告,以提高信息的时效性,帮助财务报表使用者及时、准确做出决策。单位平时应按照规定的时间做好记账、算账和对账工作,做到日清月结,按照规定的期限编制完成财务报表并对外报出,不得延迟但也不能为赶编报表而提前结账。

4. 便于理解

单位提供的会计信息应当清晰明了,便于财务报表使用者理解和使用。对于某些复杂的信息,如交易本身较为复杂或者会计处理较为复杂,但与使用者决策相关的,应当在财务报表中予以充分说明。

(二)基本财务报表的编制

1. 资产负债表

资产负债表是反映企业在某一特定日期(如月末、季末、年末)全部资产、负债和所有者权益情况的会计报表,是企业经营活动的静态体现,根据"资产＝负债＋所有者权益"这一平衡公式,依照一定的分类标准和一定的次序,将某一特定日期的资产、负债、所有者权益的具体项目予以适当的排列编制而成。它表明权益在某一特定日期所拥有或控制的经济资源、所承担的现有义务和所有者对净资产的要求权。它是一张揭示企业在一定时点财务状况的静态报表。

2. 利润表

利润表又称为动态报表,主要提供有关企业经营成果方面的信息,是反映企业在一定会计期间经营成果的报表。有时,利润表也称为损益表、收益表。

利润表在形式上分为表头和表体两部分。表头部分主要反映报表名称、报表编制单位名称、报表编制日期和货币计量单位等内容;表体部分主要反映报表的各项指标内容。

3. 现金流量表

现金流量表是反映企业在一定会计期间现金和现金等价物流入和流出的报表。从编制原则上看,现金流量表按照收付实现制原则编制,将权责发生制下的盈利信息调整为收付实现制下的现金流量信息,便于信息使用者了解企业净利润的质量。从内容上看,现金流量表被划分为经营活动、投资活动和筹资活动三个部分,每类活动又分为各具体项目,这些项目从不同角度反映企业业务活动的现金流入和流出,弥补了资产负债表和利润表提供信息的不足。通过现金流量表,报表使用者能够了解现金流量的影响因素,评价企业的支付能力、偿债能力和周转能力,预测企业未来现金流量,为其决策提供有力依据。

本章小结

本章在简述会计循环、会计恒等式、会计科目与会计账户的基础上引入复式记账法相关内容,增强了相关内容间的紧密联系,随后通过过账、试算平衡、记账以及基本财务报表的编制等内容对前述内容进行巩固。

1. 什么是会计循环?
2. 简述会计等式的表现形式。
3. 简述会计科目与会计账户的联系与区别。
4. 什么是复式记账法?简述复式记账法的记账原理。
5. 什么是试算平衡?试算平衡的方法有哪些?
6. 基本财务报表有哪些?简述基本财务报表的编制要求。

即测即评

即测即评

案例思考

刘燕是会计专业二年级的学生,她想锻炼一下自己,提高专业能力,于是利用暑假到爸爸的一个朋友开办的服装公司实习。刘燕到公司实习的第一天,正赶上财务部忙着月末结账,感受到这种忙碌的工作气氛,刘燕也跃跃欲试。于是,财务部经理交给刘燕一项任务——编制试算平衡表。刘燕轻松地对财务部经理说:"这太简单了,我保证完成任务。"

刘燕找齐公司的所有总账账簿之后,认真地工作起来。很快,刘燕将本月的"总分类账户发生额及余额试算平衡表"完整地编制出来了。刘燕得意地将试算平衡表交到财务部经理手中,高兴地说:"经理,这个月的总账发生额和余额都借贷平衡,说明这个月的总账记录完全正确。"财务部经理摇摇头说:"那可不一定。"话音未落,负责稽核的会计张平走了过来,指着手上

的凭证说:"这个月的账核对完了,有一笔错账。有一笔招待费是5 000元,负责这笔账的李丽是这样登记的:

借:管理费用　　　500
　贷:银行存款　　　　500

显然,她少记了4 500元,需要进行错账更正。"

刘燕愣住了:"试算平衡表不是已经平衡了吗?怎么还有错账呢?难道试算平衡表不能检验所有的错账吗?"

请你替财务经理向刘燕解释一下。

1. 试算平衡表能够检验所有的错账吗?如果不能,有哪些错账不会影响试算表的平衡?
2. 编制试算平衡表有什么意义?编制试算平衡表的理论依据是什么?

第四章 企业主要经济业务的核算

学习目标

1. 掌握复式记账法的基本原理；
2. 掌握借贷记账法在企业主要经济业务中的应用。

 思维导图

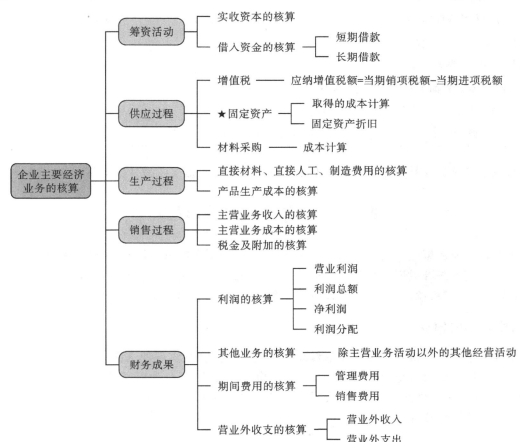

引导案例

张灿和李杰共同拥有一个面包房,其生产的产品——姜汁面包非常有名。由于他们都没有接受过正规的会计教育,因而他们认为只要在日常业务的记录过程中采用复式记账的方法就不会出现错误了,于是自己设计了一个用来记录交易的系统,自认为很有效。下面列示的是本月所发生的一些交易:

(1)收到商品的订单,在货物发出以后将收到1 000元现金。
(2)发出一份商品订单,订购价值600元的商品。
(3)将货物发运给顾客并收到1 000元现金。
(4)收到所订购的货物并支付600元现金。
(5)用现金400元支付银行的临时借款利息。
(6)赊购6 000元的设备。

张灿和李杰对以上业务进行了记录,如表4-1所示。

表4-1 业务记录表

资产=	负债+所有者权益	+(收入-费用)
收到商品订单+1 000元		销售商品+1 000元
发出订购商品的订单-600元		存货支出-600元
现金+1 000元 将货物发运给顾客-1 000元		
收到所订购的商品+600元	应付账款-600元	
支付现金-400元		利息支出-400元
赊购设备	应付账款6 000元	设备支出-6 000元

你能用复式记账的原理向张灿和李杰解释他们对交易记录的错误理解吗?

第一节 筹资活动的核算

资产是企业从事生产经营活动的物质基础,资产是资金的占用形态,负债和所有者权益是与资产相对应的来源渠道。企业筹集资金的主要渠道,一是投资者投入的资本,通常称为实收资本,属于所有者权益;二是向债权人借入的资金,属于企业的负债。

一、实收资本的核算

实收资本是指投资者按照企业章程或合同、协议的约定,实际投入企业的资本,是所有者权益的主要组成部分。企业的实收资本按照投资主体的不同,分为国家投入资本、法人投入资本、个人投入资本和外商投入资本;按照投入资本的不同形态,分为货币投资、实物投资、证券投资和无形资产投资等。

(一)设置账户

"实收资本"账户:该账户属于所有者权益类账户,用来核算和监督企业实收资本的增减变动及其结果。该账户贷方登记所有者投资的增加额,借方登记所有者投资的减少额,期末余额在贷方,表示期末所有者投资的实有数额。该账户按投资者设置明细账,进行明细分类核算。

(二)接受现金资产投资的账务处理

企业收到以货币资金投资的,应按实际收到的款项入账。

【例 4-1】ABC 公司收到甲公司投入本企业货币资金 125 000 元,款项已存入银行。

这项经济业务的发生,一方面使企业的银行存款增加 125 000 元,另一方面使甲公司对本企业的投资也增加 125 000 元。因此,这项业务涉及"银行存款"和"实收资本"两个账户。银行存款的增加是资产的增加,应记入"银行存款"账户的借方;甲公司对本企业投资的增加是所有者权益的增加,应记入"实收资本"账户的贷方。这项经济业务应编制的会计分录如下。

借:银行存款　　　125 000
　　贷:实收资本——甲公司　　　125 000

(三)接受非现金资产投资的账务处理

企业收到以实物形式投资的,应按投资合同或协议约定的价值确定非现金资产的成本,但合同或协议约定价值不公允的除外。

【例 4-2】ABC 公司收到甲公司作为投资投入本企业的新设备一台,双方协议价 450 000 元,与公允价值相等。

这项经济业务的发生,一方面使企业的固定资产增加 450 000 元,另一方面使甲公司对本企业的投资增加 450 000 元。因此,这项业务涉及"固定资产"和"实收资本"两个账户。固定资产的增加是资产的增加,应记入"固定资产"账户的借方;甲公司对本企业投资的增加是所有者权益的增加,应记入"实收资本"账户的贷方。这项经济业务应编制的会计分录如下。

借:固定资产　　450 000
　　贷:实收资本——甲公司　　　450 000

(四)实收资本的减少

《中华人民共和国公司法》第三十五条规定:"公司成立后,股东不得抽逃出资。"但符合公司法规定的,可以减少注册资本,如企业发生重大亏损、资本过剩、回购股份用于奖励职工等。

减资的会计处理相对简单,借记"实收资本"科目,贷记"银行存款"等科目。

二、借入资金的核算

企业在生产经营活动过程中,为了弥补生产经营周转资金的不足,经常需要向银行或其他金融机构等债权人借入资金,从而形成企业的负债。企业借入的各种款项应该按期支付利息和按期还本。

(一)短期借款的账务处理

短期借款是企业向银行或其他金融机构借入的偿还期在一年以内(含一年)的借款。短期借款的核算包括取得借款、支付借款利息和归还借款本金三项主要内容。

1. 设置账户

为了核算短期借款的取得和归还,核算中应设置以下账户。

(1)"短期借款"账户:该账户属于负债类账户,用来核算和监督企业向银行或其他金融机构借入的偿还期在一年以内的借款的增减变动及结余信息。其贷方登记短期借款本金的取得,借方登记短期借款本金的归还,期末余额在贷方,表示企业尚未归还的短期借款本金。短期借款按照债权人的不同设置明细账。

(2)"财务费用"账户:该账户属于费用类账户,用来核算和监督企业为筹集生产经营所需资金等而发生的各种费用,包括利息支出及相关手续费等。其借方登记发生的财务费用,贷方登记期末结转"本年利润"的财务费用,经过结转后期末该账户无余额。该账户应按财务费用项目进行明细核算。

(3)"应付利息"账户:该账户属于负债类账户,用来核算企业按照合同约定应支付的利息。贷方登记应支付的利息,借方登记实际支付的利息。该账户期末贷方余额,反映企业按照合同约定应支付但尚未支付的利息。该账户应当按照存款人或债权人进行明细核算。

2. 短期借款借入和归还的账务处理

【例 4-3】ABC 公司 11 月 1 日向银行借入期限为 3 个月期的借款 150 000 元,存入银行。

这项经济业务的发生,一方面使企业的银行存款增加 150 000 元,另一方面使企业的短期借款增加 150 000 元。因此,这项业务涉及"银行存款"账户的借方和"短期借款"账户的贷方。应编制的会计分录如下。

借:银行存款　　　150 000
　贷:短期借款　　　150 000

【例 4-4】ABC 公司 11 月末用银行存款归还到期的短期借款 150 000 元。

这项经济业务的发生,一方面使企业的短期借款减少 150 000 元,另一方面使企业的银行存款减少 150 000 元。因此,这项业务涉及"短期借款"账户的借方和"银行存款"账户的贷方。应编制的会计分录如下。

借:短期借款　　　150 000
　贷:银行存款　　　150 000

3. 计提短期借款利息以及支付利息的账务处理

短期借款必须按期还本付息,企业发生的利息费用作为财务费用确认。根据权责发生制基础,当月发生的费用,无论是否支付,都应该作为当月的费用。由于短期借款利息一般是季末或归还借款时支付利息,因此,对当月发生的尚未支付的短期借款利息应采取预提的方式核算。但在实际工作中,为了简化核算,对支付的借款利息,如果金额不大,对当期损益不会产生过大的影响,则往往采取一次计息的方式,即在支付利息时直接作为支付月份的财务费用处理。

【例 4-5】ABC 公司 10 月末预提短期借款利息 500 元。

企业按照权责发生制基础,预提 10 月份短期借款利息,短期借款利息属于企业的财务费用,而预提的本月财务费用属于当期负担,但不在当期支付,因而形成企业的一项负债,属于企业的应付利息。这项经济业务的发生,一方面使财务费用增加 500 元,另一方面使应付利息增加 500 元。因此,这项业务涉及"财务费用"账户的借方和"应付利息"账户的贷方。应编制的会计分录如下。

借:财务费用　　　500
　贷:应付利息　　　500

该企业在11月末还需预提短期借款利息500元,编制的会计分录与10月的相同。

【例 4-6】 ABC 公司在12月末用银行存款实际支付短期借款利息1 500元。

企业在12月末用银行存款支付了第四季度的短期借款利息,其中10月和11月借款利息已经预提,属于企业应付利息这项负债的减少,12月的短期借款利息直接记入当期的财务费用。这项经济业务的发生,一方面使当期财务费用增加500元、应付利息减少1 000元,另一方面使银行存款减少1 500元。因此,这项业务涉及"财务费用""应付利息"账户的借方和"银行存款"账户的贷方。应编制的会计分录如下。

借:财务费用　　　　500
　　应付利息　　　1 000
　贷:银行存款　　　　1 500

上述借款业务,3个月期的借款利息只有1 500元,利息金额不大,根据重要性原则,也可不分期计提利息,到期支付本息时全部作为支付月份的财务费用。在这种情况下,则到期偿还本息时应编制的会计分录如下。

借:短期借款　　　150 000
　　财务费用　　　　1 500
　贷:银行存款　　　　151 500

(二)长期借款的核算

长期借款是企业向银行或其他金融机构借入的偿还期在一年以上(不含一年)的各种借款。

1. 设置账户

"长期借款"账户:该账户属于负债类账户,用来核算和监督企业向银行或其他金融机构借入的期限在一年以上(不含一年)的各种长期借款本金的取得、计算的利息和本息支付情况的信息。其贷方登记长期借款的取得和计算的利息,借方登记归还的长期借款本金和利息,期末余额在贷方,表示企业尚未归还的长期借款本金和利息。"长期借款"账户可按照贷款单位和贷款种类进行明细核算。

2. 长期借款借入的账务处理

【例 4-7】 益康公司 20×2 年11月1日向银行借入3年期借款500 000元。该借款用于企业生产经营需要。借款合同规定,年利率为6%,到期偿还本息。

这项经济业务的发生,一方面使企业的银行存款增加500 000元,另一方面使企业的长期借款增加500 000元。因此,这项业务涉及"银行存款"账户的借方和"长期借款"账户的贷方。应编制的会计分录如下。

借:银行存款　　　500 000
　贷:长期借款　　　　500 000

3. 计提长期借款利息以及支付本息的账务处理

长期借款发生的利息费用,通常按照借款用途的不同做不同的处理。用于企业生产经营需要的长期借款,其借款利息通常作为财务费用处理;用于固定资产购建及其生产周期在一年以上的产品生产需要的长期借款,其借款利息按《企业会计准则第17号——借款费用》处理;用于企业清算期间的长期借款,其借款利息作为清算损益处理。本部分只介绍企业生产经营需要的长期借款的账务处理。

对于长期借款本息的支付通常有到期偿还本息、到期还本按年付息、按年支付本息三种支付方式。在到期偿还本息的情况下,应在年末时按年计算当年利息,作为各年的财务费用处理。在按年支付本息和到期还本按年付息的情况下,其利息费用在支付时作为支付当期的财务费用处理。本部分只介绍到期偿还本息方式。

【例4-8】第一年年末计算借款利息30 000元。

用于生产经营需要的长期借款利息,应在"财务费用"账户核算。年末计算的长期借款利息,并未实际支付,应作为企业的一项负债处理。这项经济业务的发生,一方面使企业的财务费用增加30 000元,另一方面使企业的长期借款增加30 000元。因此,这项业务涉及"财务费用"账户的借方和"长期借款"账户的贷方。应编制的会计分录如下。

借:财务费用　　30 000
　贷:长期借款　　30 000

第二年、第三年年末计算长期借款利息时所编制的会计分录与第一年相同。

【例4-9】三年期借款到期通过银行偿还借款本息590 000元(其中本金500 000元、三年的利息90 000元)。

这项经济业务的发生,一方面使企业的长期借款减少590 000元,另一方面使企业的银行存款减少590 000元。因此,这项业务涉及"长期借款"账户的借方和"银行存款"账户的贷方。应编制的会计分录如下。

借:长期借款　　590 000
　贷:银行存款　　590 000

筹集资金核算简图如图4-1所示。

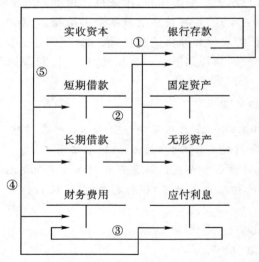

说明:①实收资本的核算;②借入长、短期借款;③预提短期借款利息;
④支付当期的或预提的利息;⑤归还长、短期借款。

图4-1　筹集资金核算简图

第二节 供应过程的核算

企业筹集资金后,为了进行产品生产,还需要建造厂房、购置机器设备和进行材料采购,为生产产品做好物资准备。供应过程是企业资金周转的第一阶段,企业在供应过程中进行材料采购业务。企业在采购材料时,必须按经济合同和结算制度规定支付货款,此外,还要支付因购买材料而发生的其他各种采购费用。材料的买价连同有关采购费用,按一定种类的材料进行归集,就构成了该种材料的采购成本。

一、增值税

增值税是以商品(含应税劳务)在流转过程中产生的增值额作为计税依据而征收的一种流转税。从计税原理上说,增值税是对商品生产、流通、劳务服务中多个环节的新增价值或商品的附加值征收的一种流转税,是价外税。我国规定,在中华人民共和国境内发生增值税应税交易,以及进口货物的单位和个人,为增值税的纳税人,应当依照规定缴纳增值税。

企业在购进货物时所支付的增值税,对于一般纳税人企业不应计入所购货物的成本,对于小规模纳税人企业则应计入所购货物的成本。本部分内容仅从一般纳税人企业的角度来对增值税所涉及的一些相关概念加以简单介绍。

对于一般纳税人而言,增值税也就是对企业在生产经营过程中新创造的那部分价值征税。然而新增价值或商品附加值在商品流通过程中是一个难以准确计算的数据。实际操作上采用间接计算方法,即从事货物销售以及提供应税劳务的纳税人,要根据货物或应税劳务销售额,按照规定的税率计算税额,然后从中扣除上一道环节已纳增值税额,其余额为纳税人应缴纳的增值税。对每一个环节的增值部分征税是增值税的基本特点。增值税所包括的几个主要项目及其计算如下。

(一)销项税额

销项税额是纳税人销售货物或提供应税劳务,按照销售额或应税劳务收入和规定的税率计算并向购买方收取的增值额。一般纳税人企业的销项税额应在销售货物或提供应税劳务时所开出的增值税专用发票上注明。对于属于一般纳税人的销售方来讲,在没有抵扣其进项税额前,销售方收取的销项税额还不是其应纳增值税额。销项税额计算公式如下:

$$销项税额 = 不含税的销售额 \times 税率$$

(二)进项税额

进项税额是购进货物或接受应税劳务时支付的增值税额。进项税额是与销项税额相对应的另一个概念。在开具增值税专用发票的情况下,它们之间的对应关系是销售方收取的销项税额就是购买方支付的进项税额。任何一个一般纳税人在经营活动过程中,既会发生销售货物或提供应税劳务,又会发生购进货物或接受应税劳务。因此,每一个一般纳税人都会有收取的销项税额和支付的进项税额。增值税的核心就是用纳税人收取的销项税额抵扣其支付的进项税额,其余额为纳税人实际缴纳的增值税额。这样进项税额作为可抵扣的部分对于纳税人实际纳税多少就产生了举足轻重的作用。进项税额通常是购进货物或接受应税劳务时销售方或提供应税劳务方提供的增值税专用发票中列明的金额。如果是进口货物的单位,从海关取得的完税凭证上注明的增值税额也是进项税额获得的依据。

(三)应纳(增值)税额

应纳税额是纳税人实际应交纳的增值税额。其计算公式如下:

$$应纳税额 = 当期销项税额 - 当期进项税额$$

(四)设置账户

"应交税费"账户:该账户属于负债类账户,用来核算企业按照税法等规定计算应向税务机关交纳的各种税费。其贷方登记应交纳的各种税费,借方登记实际交纳的各种税费,期末贷方余额表示应交未交的税费,如为借方余额表示多交的或未抵扣的税费。该账户应按税种设置明细账,进行明细分类核算,其中"应交税费——应交增值税"账户是用来核算和监督企业应交和实交增值税计算情况的账户。企业购买货物支付的增值税进项税记入该账户的借方,销售产品时向购买方收取的销项税记入贷方。期末将销项税与进项税相抵后,如为贷方余额表示应交未交的增值税额,如为借方余额表示多交或尚未抵扣的增值税。目前一般纳税人的增值税税率为13%。

二、固定资产

固定资产是指为生产商品、提供劳务、出租或经营管理而持有的使用寿命超过一个会计年度的有形资产,主要包括房屋及建筑物、机器、机械、运输设备等。固定资产应按取得时的实际成本(即原始价值)入账。购入固定资产的实际成本,包括买价、包装费、运输费和安装费等。

若企业购入的固定资产不需要安装,应将购进时支付的价款、包装费、运输费等(不包括支付的增值税)全部计入"固定资产"账户的借方;若需要安装,则将购进时支付的价款、包装费、运输费及其安装费等(不包括支付的增值税)全部计入"在建工程"账户的借方,等安装完毕交付使用时,再将购进和安装该设备的全部支出(不包括支付的增值税),从"在建工程"账户的贷方转入"固定资产"账户的借方。

(一)购入不需要安装的固定资产的账务处理

1. 设置账户

"固定资产"账户:该账户属于资产类账户,用来核算和监督企业持有的固定资产原始价值的增减变动和结存信息。其借方登记固定资产原始价值的增加,贷方登记固定资产原始价值的减少,期末借方余额表示固定资产的原始价值总额。

2. 账务处理

企业购进不需要安装或建造的固定资产,以购进时发生的除增值税以外的实际支出入账。

【例4-10】ABC公司购入不需要安装的新机器设备一台,买价30 000元,增值税3 900元,运杂费500元,全部款项已用银行存款支付。

企业购进一台不需要安装的设备,属于固定资产,取得这项固定资产发生的支出30 500(30 000+500)元,即为固定资产的原始价值。这项经济业务的发生,一方面使企业的固定资产增加30 500元,由于新购入的固定资产支付的进项税可以抵扣,使得应交税费——应交增值税增加3 900元;另一方面使企业的银行存款减少34 400元。

因此,这项业务涉及"固定资产"账户和"应交税费"账户的借方以及"银行存款"账户的贷方。应编制的会计分录如下。

借:固定资产　　　　　　　　　　　　　　30 500
　　应交税费——应交增值税(进项税额)　 3 900
　　贷:银行存款　　　　　　　　　　　　　　　　34 400

(二)购入需要安装的固定资产的账务处理

这种情况是指固定资产购入后需要安装才能交付使用。购进时发生的买价、包装费、运输费等实际支出以及安装过程中的安装成本两部分作为固定资产的取得成本(或原始价值)。

1. 设置账户

"在建工程"账户:该账户属于资产类账户,用来核算和监督企业进行各项固定资产的新建、更新改造及其机器设备的安装等工程所发生的实际支出。其借方登记各项工程的实际支出;贷方登记完工工程转出的实际成本;余额在借方,表示期末尚未完工工程的实际成本。该账户可按照在建工程项目进行明细核算。

2. 账务处理

【例4-11】购入需要安装的新机器设备一台,买价50 000元,增值税6 500元,包装费和运输费840元,全部款项已用银行存款支付。在安装过程中,耗用材料2 400元,耗用人工1 400元。安装完毕,经验收合格达到预定可使用状态,交付使用。

本例涉及两项经济业务:

(1)购入需要安装的固定资产。这项经济业务的发生,一方面使企业的在建工程支出增加54 640元;另一方面使企业的银行存款减少57 340元,原材料减少2 400元,应付职工薪酬增加1 400元。因此,这项经济业务涉及"在建工程"账户的借方,"银行存款"账户的贷方,"原材料"账户的贷方和"应付职工薪酬"账户的贷方。应编制的会计分录如下。

①将购入的固定资产交付安装。

借:在建工程　　　　　　　　　　　　　　50 840
　　应交税费——应交增值税(进项税额)　 6 500
　　贷:银行存款　　　　　　　　　　　　　　　　57 340

②安装过程耗用的材料和人工费。

借:在建工程　　　3 800
　　贷:原材料　　　　2 400
　　　　应付职工薪酬　1 400

(2)安装完毕,验收合格交付使用,应按该项工程的实际成本核算。

借:固定资产　　54 640
　　贷:在建工程　　54 640

(三)固定资产折旧的账务处理

固定资产在较长的使用期限内能保持原有的实物形态不变,而其价值却随着固定资产的损耗而逐渐减少,固定资产由于损耗减少的价值称为折旧。

1. 设置账户

企业固定资产在使用过程中磨损的价值,是通过计提折旧的方式逐步转移到产品成本和期间费用中去的。因此,计提折旧就表明生产费用或期间费用的增加,同时,由于固定资产发生了磨损,固定资产的价值也相应减少。企业管理上既需要固定资产的原始价值指标,又需要其净值指标,而"固定资产"账户只反映固定资产的原始价值,所以设置"累计折旧"账户反映固定资产因磨损而减少的价值。

"累计折旧"账户:该账户属于资产类账户,用于核算和监督企业固定资产已提折旧的累计情况。其贷方登记按月提取的固定资产折旧额;借方登记因减少固定资产而减少的累计折旧额;期末余额在贷方,表示累计已提取的折旧额。"固定资产"账户的借方余额减去"累计折旧"账户的贷方余额即为固定资产的净值。

"累计折旧"账户是"固定资产"账户的备抵调整账户,"累计折旧"账户和"固定资产"账户形成调整与被调整的关系,"固定资产"账户可称为"累计折旧"账户的被调整账户。

2. 账务处理

【例4-12】某企业月末计提厂部固定资产折旧额1 000元。

这项经济业务的发生,一方面使管理费用增加1 000元,另一方面使累计折旧增加1 000元。因此,这项业务涉及"管理费用"账户的借方和"累计折旧"账户的贷方。应编制的会计分录如下。

借:管理费用　　 1 000
　 贷:累计折旧　　 1 000

三、材料采购

企业要进行正常的生产经营活动,就必须采购和储备一定品种和数量的材料。

在材料的采购过程中,一方面,企业从供货单位取得所需要的各种材料物资;另一方面,企业需要与供货单位发生货款的结算,支付材料货款以及因采购材料而发生的采购费用。企业购进的材料,经验收入库后,成为可供生产领用的库存原材料。

(一)设置账户

为了加强对材料采购业务的管理,需要确定材料采购过程的采购成本,反映和监督库存材料的增减变化和结存信息,以及因采购材料而与供应单位发生的债权债务结算关系,因此,需要设置以下账户。

1. "材料采购"账户

该账户属于资产类账户,用来核算和监督企业购入材料时的采购成本。其借方登记购入材料的买价和采购费用,贷方登记已验收入库材料的实际成本,即对验收入库的材料按其成本,从"材料采购"账户贷方结转记入"原材料"账户的借方;期末,如有余额在借方,表示已经付款但尚未运达企业或已运达企业尚未验收入库的在途材料的实际成本。"材料采购"账户应按材料品种设置明细账,进行明细分类核算。

2. "原材料"账户

该账户属于资产类账户,用来核算和监督企业库存材料增减变动和结存信息的账户。其借方登记已验收入库材料的实际成本,贷方登记发出材料的实际成本;期末余额在借方,表示库存材料的实际成本。"原材料"账户应按照材料的类别、品种和规格设置明细账,进行明细分类核算。

3. "应付票据"账户

该账户属于负债类账户,用来核算和监督企业购买材料、商品和接受劳务供应等开出、承兑的商业汇票。其借方登记偿还的应付票据款,贷方登记企业开出的承兑汇票;期末如有余额在贷方,表示持有的尚未到期的应付票据票面价值。企业应设置"应付票据备查簿",详细登记每一票据的种类、签发日期、票面金额、收款人、付款日期和金额等资料。

4. "应付账款"账户

该账户属于负债类账户,用来核算和监督企业因购买材料、商品和接受劳务供应等经营活动与供应单位发生的结算债务的增减变动和结余信息。其贷方登记应付供应单位的款项,借方登记已偿还供应单位的款项。期末余额一般在贷方,表示尚未偿还的应付款项;如为借方余额,表示企业预付的款项(债权)。该账户应按供应单位名称设置明细账,进行明细分类核算。期末,根据该账户所属明细账余额的方向分析判断该账户余额的性质。

5. "预付账款"账户

该账户属于资产类账户,用来核算和监督企业按照合同规定预付供应单位款项而形成的结算债权的增减变动和结余信息。其借方登记预付供应单位的款项,贷方登记收到供应单位材料、商品或劳务供应而冲销的预付款项。期末如有余额在借方,表示实际预付而尚未结算的预付款项;如为贷方余额,表示应付大于预付,应向供应单位补付的款项(债务)。该账户应按供应单位名称设置明细账,进行明细分类核算。期末,根据该账户所属明细账余额的方向分析判断该账户余额的性质。

对于预付款业务不多的企业,也可不单独设置"预付账款"账户,而将预付款业务并入"应付账款"账户核算,此时的"应付账款"账户属于企业的债权债务结算账户,期末余额在借方时表示尚未结算的预付款(债权),在贷方时表示尚未支付的应付款(债务)。

(二)材料采购成本的计算

1. 材料采购成本的构成

材料采购成本一般由采购材料发生的买价和采购费用两部分组成。买价是指采购材料时取得的发票上的价格,可直接计入所购材料的采购成本中。采购费用是指企业在采购材料过程中所支付的各项费用,包括材料的运输费、装卸费、包装费、保险费、运输途中的合理损耗费、入库前的挑选整理费以及其他费用等。实际工作中为了简化核算,对某些本应计入材料采购成本的采购费用,如采购人员的差旅费、市内采购材料的运杂费、专设采购机构的经费等,不计入采购材料成本,而是作为管理费用列支。

2. 材料采购成本计算公式

材料采购成本的计算,就是将企业采购材料所支付的买价和采购费用,按照购入材料的类别、品种加以归集,计算其采购总成本和单位成本。

$$材料采购成本 = 该种材料的买价 + 该种材料应负担的采购费用$$

材料采购过程中发生的采购费用,如果是为采购一种材料发生的,可直接计入该种材料的采购成本中;如果是为采购多种材料共同发生的,则应按一定的标准分配计入各种材料的采购成本中。

$$采购费用分配率 = 采购费用总额 / \sum 所购材料的质量(体积、买价等)$$

各材料应分配的采购费用＝该种材料的质量(体积、买价等)×采购费用分配率

【例 4-13】 某企业从天池公司购入甲材料 40 千克,单价 1 000 元/千克,增值税 5 200 元,发生装卸费 100 元;购入乙材料 60 千克,单价 500 元/千克,增值税 3 900 元。共同发生运输费 2 000 元。计算甲、乙材料的采购成本和单位成本。

采购费用分配率＝2 000/(40＋60)＝20(元/千克)

甲材料应分配的运输费＝40×20＝800(元)

乙材料应分配的运输费＝60×20＝1 200(元)

甲材料的采购成本＝40×1 000＋100＋800＝40 900(元)

乙材料的采购成本＝60×500＋1 200＝31 200(元)

甲材料的单位成本＝40 900/40＝1022.5(元/千克)

乙材料的单位成本＝31 200/60＝520(元/千克)

3. 材料采购业务的账务处理

企业购入的材料都需要通过"材料采购"账户进行归集和核算。该账户专门用来核算和监督企业购入某种材料的成本。

【例 4-14】 ABC 公司从其君公司购入甲材料 4 000 千克,单价 10 元/千克,计 40 000 元;乙材料 6 000 千克,单价 5 元/千克,计 30 000 元;增值税进项税额 9 100 元(70 000×13％)。全部款项通过银行存款付清。

这项经济业务的发生,一方面使甲、乙材料采购成本分别增加 40 000 元和 30 000 元,增值税增加 9 100 元;另一方面使企业的银行存款减少 79 100 元。因此,这项业务涉及"材料采购"和"应交税费——应交增值税"账户的借方以及"银行存款"账户的贷方。应编制的会计分录如下。

```
借:材料采购——甲材料            40 000
        ——乙材料            30 000
   应交税费——应交增值税(进项税额)   9 100
    贷:银行存款                    79 100
```

【例 4-15】 ABC 公司用银行存款 1 720 元支付上述购入材料的运杂费。

运杂费 1 720 元是两种材料共同发生的,应进行分配。运杂费的分配标准可以是材料的质量、体积、买价等。本题以甲、乙材料的质量分配为标准,计算材料运杂费的分配率,以便确定甲、乙材料负担的运杂费。

运杂费分配率＝1 720/(4 000＋6 000)＝0.172(元/千克)

甲材料应负担的运杂费＝0.172×4 000＝688(元)

乙材料应负担的运杂费＝0.172×6 000＝1 032(元)

这项经济业务的发生,一方面使甲、乙材料采购成本分别增加 688 元和 1 032 元,另一方面使银行存款减少 1 720 元。因此,这项业务涉及"材料采购"账户的借方和"银行存款"账户的贷方。应编制的会计分录如下。

```
借:材料采购——甲材料       688
        ——乙材料     1 032
    贷:银行存款              1 720
```

【例 4-16】 ABC 公司从杉杉公司购进丙材料 600 千克,单价 28 元/千克,计 16 800 元,增

值税税率 13%，材料验收入库，货款尚未支付。另用现金支付丙材料运费 200 元。

这项经济业务的发生，一方面使丙材料采购成本增加 17 000 元（买价＋运费），增值税增加 2 184 元；另一方面购进材料的买价尚未支付，使企业的应付账款增加 18 984 元，用现金支付运费，使现金减少 200 元。因此，这项业务涉及"材料采购"和"应交税费——应交增值税"账户的借方以及"应付账款"和"库存现金"账户的贷方。应编制的会计分录如下。

  借：材料采购——丙材料　　　　　　　　17 000
    应交税费——应交增值税（进项税额）　2 184
   贷：应付账款——杉杉公司　　　　　　　　18 984
    库存现金　　　　　　　　　　　　　　 200

【例 4-17】ABC 公司从长江公司购买丁材料 500 千克，单价 38 元/千克，运杂费 350 元，增值税 2 470 元，货款采用商业汇票结算，企业开出并承兑 6 个月的商业承兑汇票，但材料尚未运达企业。

这项经济业务的发生，一方面使企业丁材料成本增加 19 350 元（买价＋运费），增值税增加 2 470 元；另一方面使企业的应付票据款增加 21 820 元。因此，这项业务涉及"材料采购"和"应交税费——应交增值税"账户的借方以及"应付票据"账户的贷方。应编制的会计分录如下。

  借：材料采购——丁材料　　　　　　　　19 350
    应交税费——应交增值税（进项税额）　2 470
   贷：应付票据——长江公司　　　　　　　　21 820

【例 4-18】ABC 公司按照合同规定用银行存款预付给前进公司购买丙材料的货款 10 000 元。

这项经济业务的发生，一方面使企业的预付账款增加 10 000 元，另一方面使企业的银行存款减少 10 000 元。因此，这项业务涉及"预付账款"账户的借方和"银行存款"账户的贷方。应编制的会计分录如下。

  借：预付账款——前进公司　　10 000
   贷：银行存款　　　　　　　　10 000

【例 4-19】ABC 公司以银行存款 17 400 元偿还前欠宏天公司货款。

这项经济业务的发生，一方面使企业的应付账款减少 17 400 元，另一方面使企业的银行存款减少 17 400 元。因此，这项业务涉及"应付账款"账户的借方和"银行存款"账户的贷方。应编制的会计分录如下。

  借：应付账款——宏天公司　　17 400
   贷：银行存款　　　　　　　　17 400

【例 4-20】ABC 公司收到前进公司发来的、已预付货款的丙材料，并验收入库。丙材料 500 千克，单价 28 元/千克，计货款 14 000 元，增值税 1 820 元，另供货单位代垫运费 350 元。扣除预付款 10 000 元外，余款 6 170 元用银行存款支付。

这项经济业务的发生，一方面使丙材料采购成本增加 14 350 元；另一方面使企业的预付账款减少 10 000 元，银行存款减少 6 170 元。因此，这项业务涉及"材料采购"和"应交税费——应交增值税"账户的借方，以及"预付账款"和"银行存款"账户的贷方。应编制的会计分录如下。

借：材料采购——丙材料　　　　　　　　14 350
　　应交税费——应交增值税(进项税额)　1 820
　　贷：预付账款——前进公司　　　　　　10 000
　　　　银行存款　　　　　　　　　　　　6 170

【例4-21】ABC公司本月购入的甲、乙、丙材料已经验收入库，结转各种料的实际采购成本。

根据原材料明细账计算本月购入材料的实际采购成本：

甲材料的实际采购成本＝40 000＋688＝40 688(元)

乙材料的实际采购成本＝30 000＋1 032＝31 032(元)

丙材料的实际采购成本＝17 000＋14 350＝31 350(元)

根据计算结果编制材料采购成本计算表，如表4-2所示。

表4-2　材料采购成本计算表

材料名称	数量/千克	单价/(元/千克)	买价/元	运杂费/元	总成本/元	单位成本/(元/千克)
甲材料	4 000	10	40 000	688	40 688	10.172
乙材料	6 000	5	30 000	1 032	31 032	5.172
丙材料	1 100	28	30 800	550	31 350	28.5
合计	—	—	100 800	2 270	103 070	—

这项经济业务的发生，一方面使企业验收入库的甲、乙、丙材料分别增加40 688元、31 032元和31 350元，另一方面使企业的甲、乙、丙材料采购成本分别减少40 688元、31 032元和31 350元。因此，这项业务涉及"原材料"账户借方和"材料采购"账户贷方。应编制的会计分录如下。

借：原材料——甲材料　　40 688
　　　　　　——乙材料　　31 032
　　　　　　——丙材料　　31 350
　　贷：材料采购——甲材料　40 688
　　　　　　　　——乙材料　31 032
　　　　　　　　——丙材料　31 350

供应阶段核算简图如图4-2所示。

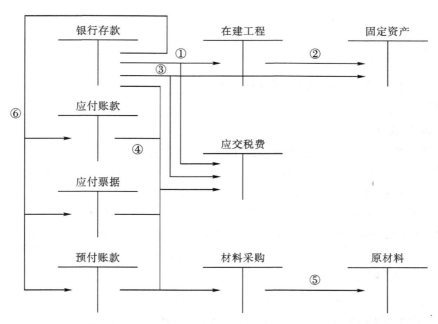

说明：①购进需要安装的固定资产；②固定资产安装完毕交付使用；③购进不需要安装的固定资产；④购进原材料；⑤材料验收入库；⑥货款的结算。

图 4-2 供应业务核算简图

第三节 生产过程的核算

工业企业的主要经济活动是生产符合社会需要的产品。产品的生产过程是指人们利用劳动资料把劳动对象加工成劳动产品的过程。在产品的生产过程中将发生各种消耗，包括生产过程中所消耗的原材料、燃料、动力、支付的工资、设备折旧费等支出，这些在一定时期内发生的各种耗费称为生产费用。这些费用最终都要归集、分配到一定种类的产品上去，从而形成各种产品的成本。生产费用和产品成本既有区别，又有联系。生产费用是企业在一定时期内生产过程中发生的各种耗费，产品成本则是生产费用的对象化。生产费用强调"期间"，而产品成本则强调"对象"。

生产费用按其计入产品成本的方式不同，可以分为直接费用和间接费用。直接费用是指企业可以直接计入产品生产成本的费用，如企业为生产某种产品耗用的材料费用（可称为直接材料）、发生的人工费用（可称为直接人工）等；间接费用是指企业须经过分配才能计入产品生产成本的费用，如企业制造单位（如车间、分厂等）管理人员和技术人员的人工费、办公费、固定资产的折旧费、水电费、机物料消耗、保险费等。这些费用发生的地点仅限于制造单位范围内，但又不能直接计入产品成本，需要先归集汇总，再按照一定的标准在生产的几种产品间进行分配，这些生产费用被叫作间接费用（也称为制造费用）。因此，可计入产品生产成本的费用主要包括直接材料、直接人工、制造费用等项目，这些项目称为产品成本项目。根据产品成本项目，可以了解产品成本的构成情况，便于相同成本项目计划与实际、本期与上期对比，以便发现差距，分析原因，从而寻求降低产品成本的途径。产品生产业务核算的主要内容是归集并按照有关标准分配生产费用,形成产品的生产成本。

一、设置账户

为了如实反映生产费用的发生情况,并正确归集、分配生产费用,计算产品生产成本,应设置如下账户。

(一)"生产成本"账户

该账户属于成本类账户,用于核算和监督产品生产过程中所发生的各项生产费用,以计算确定产品的实际生产成本。其借方登记在产品生产过程中发生的各项费用,包括直接计入产品生产成本的直接材料和直接人工,以及分配计入产品生产成本的制造费用;贷方登记转出的完工产品的实际生产成本,即对完工入库的产成品按其实际生产成本,从"生产成本"账户的贷方结转入"库存商品"账户的借方;期末如有余额在借方,表示尚未完工的在产品的实际成本。为了具体核算每一种产品的生产成本,该账户应按产品品种设置明细账,进行明细分类核算。

(二)"制造费用"账户

该账户属于成本类账户,用于归集和分配企业生产车间为生产产品而发生的各项间接生产费用,包括车间范围内发生的间接工资、折旧费、办公费、水电费、机物料消耗等。其借方登记月份内实际发生的各项制造费用,贷方登记月末经分配转入"生产成本"账户借方的制造费用,月末在费用结转后该账户没有余额。该账户应按不同车间设置明细账,进行明细分类核算。

(三)"应付职工薪酬"账户

该账户属于负债类账户,用于核算和监督企业根据有关规定应付给职工的各种薪酬。职工薪酬是企业为获得职工提供的服务而给予各种形式的报酬以及其他相关支出,包括职工工资、奖金、津贴、补贴和职工福利等。该账户贷方登记本月计算的应付职工工资等薪酬,同时对应付的工资额等薪酬额,应作为一项费用按其经济用途分配计入有关的成本费用账户;借方登记本月实际发放的薪酬数;期末贷方余额,反映企业应付未付的职工薪酬。"应付职工薪酬"账户可按照"工资"和"职工福利"等项目进行明细核算。

"应付职工薪酬——工资"账户用来核算和监督企业职工工资的实际支付情况。贷方登记本月计算的应付职工工资,同时对应付的工资额,应作为一项费用按其经济用途分别计入有关的成本费用账户;借方登记本月实际支付的工资数。月末如有余额表示应付工资与实付工资之间的差额;如为贷方余额,表示本月应付工资大于实付工资的差额,即未付的工资;如为借方余额,表示本月实付工资大于应付工资的差额,即为多付的工资。

"应付职工薪酬——职工福利"账户用来核算和监督企业职工福利费的提取和实际使用情况。其贷方登记月末企业根据自身实际情况确定的比例所提取的福利费;借方登记实际使用的福利费(包括职工生活困难补助、医务福利人员工资等)。平时期末余额在贷方时,表示福利费的提取数大于实际使用数;期末余额在借方时,表示福利费的实际使用数大于提取数。年末时,若为贷方余额(即多提的福利费),应全部予以冲回;若为借方余额(即少提的福利费),应当予以补提。经过冲回或补提后,该账户年末无余额。企业应根据实际情况修订福利费的提取比例,上年度福利费的提取和使用情况可作为修订下一年度福利费提取比例的参考。如果企业年福利费使用金额不大,也可以不预提,采用按实际情况列支的方式进行处理。

(四)"库存商品"账户

该账户属于资产类账户,用来核算和监督企业已生产完工并验收入库产成品的增减变动及结存情况。工业企业的库存商品主要指已经完成全部生产过程并已验收入库,可以作为商品对外销售的产成品。该账户借方登记已经完成全部生产过程并已验收入库的产成品的实际成本,贷方登记已销售产成品的实际成本;余额在借方,表示库存产成品的实际成本。该账户应按照产成品的种类、名称以及存放地点等设置明细账,进行明细分类核算。

二、发生直接材料、直接人工、制造费用的账务处理

(一)发生直接材料的账务处理

工业企业在生产准备阶段购入的各种原材料,验收入库之后,产品车间填制"领料单"向仓库领取所需材料,仓库发出材料后,将"领料单"送交会计部门。会计部门将"领料单"汇总编制"发料凭证汇总表",并根据本月发生的材料费用按其用途计入各成本费用中。材料是构成产品实体的一个重要组成部分。材料费用的归集与分配是产品生产业务的重要内容。

直接材料是指企业在产品生产过程中,直接用于产品生产、构成产品实体的材料,包括原料、外购半成品以及其他材料。企业生产中耗用的材料,按照用途,分别做以下处理:①直接计入各产品成本计算对象的"直接材料"成本项目;②车间的消耗性材料计入"制造费用"项目;③行政管理部门、销售部门等耗用的材料分别计入"管理费用""销售费用"等项目。

【例 4-22】ABC 公司生产甲、乙两种产品。本月生产车间领用材料及用途如表 4-3 所示。

表 4-3 发料凭证汇总表

材料	A 材料		B 材料		合计/元
	数量/千克	金额/元	数量/千克	金额/元	
生产领用材料	30 000	600 000	15 000	225 000	825 000
其中:甲产品	15 000	300 000	9 000	135 000	435 000
乙产品	15 000	300 000	6 000	90 000	390 000
车间一般耗用	0	0	750	11 250	11 250
合计	30 000	600 000	15 750	236 250	836 250

这项经济业务的发生,一方面使甲、乙产品成本分别增加 435 000 元和 390 000 元,同时还使制造费用增加 11 250 元;另一方面使 A、B 材料分别减少 600 000 元和 236 250 元。因此,这项业务涉及"生产成本""制造费用"账户的借方和"原材料"账户的贷方。应编制的会计分录如下。

借:生产成本——甲产品　　　　　435 000
　　　　　　——乙产品　　　　　390 000
　　制造费用　　　　　　　　　　 11 250
　贷:原材料——A 材料　　　　　600 000
　　　　　——B 材料　　　　　236 250

(二)发生直接人工的账务处理

直接人工是指直接从事产品生产的工人工资及福利费。企业发生的工资及福利费,应按其受益对象分配计入有关的成本费用中去。生产工人工资及福利费应计入各种产品的直接人工成本项目中,车间、管理部门的工资及福利费应分别计入"制造费用""管理费用"等账户。企业发生的直接人工费,在计件工资形式下,根据工资结算凭证,直接计入有关成本计算对象的"直接人工"成本项目。在计时工资形式下,如只生产一种产品,其生产人员工资及福利费,直接计入该种产品成本;如生产多种产品,则应采用一定的分配标准分配后再计入各种产品成本。其分配标准通常是按照各种产品的生产工时比例进行分配。

1. 计提应付职工薪酬的账务处理

【例 4-23】ABC 公司计提本月工资,其中甲产品生产工人工资 60 000 元,乙产品生产工人工资 45 000 元,车间管理人员工资 15 000 元,厂部管理人员工资 30 000 元。

这项经济业务的发生,一方面使甲、乙产品成本分别增加 60 000 元和 45 000 元,同时还使制造费用和管理费用分别增加 15 000 元和 30 000 元;另一方面使应付职工薪酬增加 150 000 元。因此,这项业务涉及"生产成本""制造费用""管理费用"账户的借方和"应付职工薪酬"账户的贷方。应编制的会计分录如下。

```
借:生产成本——甲产品         60 000
          ——乙产品         45 000
    制造费用                15 000
    管理费用                30 000
    贷:应付职工薪酬——工资      150 000
```

【例 4-24】ABC 公司下设一职工食堂,每月根据在岗职工数量及岗位分布情况、相关历史经验数据等计算需要补贴食堂的金额,从而确定企业每期因职工食堂而需要承担的福利金额。本月企业在岗职工共计 100 人,其中管理部门职工 20 人,车间管理人员 10 人,生产甲产品职工 40 人,生产乙产品职工 30 人。企业的历史经验数据表明,对于每个职工企业每月需要补贴食堂 120 元。

```
借:生产成本——甲产品         4 800
          ——乙产品         3 600
    制造费用                1 200
    管理费用                2 400
    贷:应付职工薪酬——职工福利    12 000
```

2. 发放应付职工薪酬的账务处理

【例 4-25】ABC 公司开出现金支票,从银行提取现金 150 000 元,准备发放工资。

这项经济业务的发生,一方面使库存现金增加 150 000 元,另一方面使银行存款减少 150 000 元。因此,这项业务涉及"库存现金"账户的借方和"银行存款"账户的贷方。应编制的会计分录如下。

```
借:库存现金   150 000
    贷:银行存款      150 000
```

【例 4-26】用现金 150 000 元发放工资。

这项经济业务的发生,一方面使应付职工薪酬减少150 000元,另一方面使现金减少150 000元。因此,这项业务涉及"应付职工薪酬"账户的借方和"库存现金"账户的贷方。应编制的会计分录如下。

  借:应付职工薪酬——工资　　150 000
   贷:库存现金　　　　　　　　　　150 000

(三)发生制造费用的账务处理

制造费用是指企业各个生产分厂、车间为组织和管理生产所发生的各项间接费用,包括分厂和车间管理人员的工资及职工福利、房屋建筑物和机器设备的折旧费、机物料消耗、低值易耗品摊销、水电费、办公费、差旅费、劳动保护费等。

【例4-27】ABC公司月末计提车间固定资产折旧额10 800元,厂部固定资产折旧额2 000元。

这项经济业务的发生,一方面使制造费用和管理费用分别增加10 800元和2 000元,另一方面使累计折旧增加12 800元。因此,这项业务涉及"制造费用""管理费用"账户的借方和"累计折旧"账户的贷方。应编制的会计分录如下。

  借:制造费用　　10 800
   管理费用　　 2 000
   贷:累计折旧　　12 800

【例4-28】用银行存款支付车间办公费2 800元。

这项经济业务的发生,一方面使制造费用增加2 800元,另一方面使银行存款减少2 800元。因此,这项业务涉及"制造费用"账户的借方和"银行存款"账户的贷方。应编制的会计分录如下。

  借:制造费用　　2 800
   贷:银行存款　　2 800

三、制造费用在不同产品之间分配的账务处理

制造费用是工业企业为生产产品而发生的各种间接费用,由于不能直接计入"生产成本"账户,对车间发生的各种间接费用均需要在"制造费用"账户中予以归集,月末,再将归集的制造费用按照产品生产工时、生产工人工资、产量等分配标准分配计入各种产品的生产成本中。制造费用的分配所选择的标准,应当与所分配的费用之间有较密切的关系,使分配的结果能体现受益原则,即受益大的产品多负担费用;反之,则少负担费用。其计算公式如下:

制造费用分配率=制造费用总额/产品生产工时(或生产工人工资、产量)总和
某产品应分配的制造费用=该产品生产工时(或生产工人工资、产量等)×制造费用分配率

上述计算公式也可以表述如下:

某产品生产工时(或生产工人工资、产量等)比率=某种产品生产工时
(或生产工人工资、产量等)/产品生产工时(或生产工人工资、产量等)总和
某产品应分配的制造费用=该产品生产工时(或生产工人工资、产量等)比率×制造费用总额

【例4-29】将例4-22至例4-28中发生的制造费用按照生产工时比例分配计入甲、乙产品的生产成本,其中甲产品生产工时400小时,乙产品生产工时600小时。

制造费用的归集和分配计算如下。

本月发生的制造费用＝11 250＋15 000＋1 200＋10 800＋2 800＝41 050(元)
甲产品应负担的制造费用＝41 050/(400＋600)×400＝16 420(元)
乙产品应负担的制造费用＝41 050/(400＋600)×600＝24 630(元)

这项经济业务的发生,一方面使甲、乙产品生产成本分别增加16 420元和24 630元,另一方面使制造费用减少41 050元。因此,这项业务涉及"生产成本"账户的借方和"制造费用"账户的贷方。应编制的会计分录如下。

借:生产成本——甲产品　　16 420
　　　　　　——乙产品　　24 630
　贷:制造费用　　　　　　　　　41 050

四、产品生产成本的计算与结转

成本计算是会计核算的主要内容之一。产品生产成本的计算,就是对企业产品生产过程中发生的直接材料、直接人工和制造费用等,按照生产产品的品种进行归集和分配,计算出各种产品的总成本和单位成本。产品生产成本计算的一般程序分为四步。

1. 确定成本计算对象

进行成本计算,首先要确定成本计算对象。所谓成本计算对象就是指生产费用归属的对象。如要计算各种产品的成本,那么产品品种就是成本计算对象。成本计算对象的确定是设置产品成本明细账,归集生产费用,正确计算产品生产成本的前提。成本计算对象的确定还要考虑企业的生产经营过程、产品生产类型和成本管理要求等方面,这些方面存在差异,就会使得成本计算对象不一样,而不同的成本计算对象又决定了不同的成本计算方法。但是,不论采用哪种方法最终都要按照产品品种计算出产品成本,因而按照产品品种计算产品成本是产品成本计算的最基本的方法。

2. 确定成本计算期

成本计算期是指每间隔多长时期计算一次成本。为了使产品生产成本的计算比较准确,成本计算期的确定最好同产品的生产周期一致。但由于企业的技术、组织和成本管理的特点,如果企业经常反复不断地生产同一种或几种产品,成本计算期一般确定为一个月。

3. 确定成本项目

成本是由生产费用构成的,而构成各种成本的生产费用的经济用途是不同的,将企业在生产经营过程中发生的生产费用按其经济用途进行分类即确定产品成本项目。产品生产成本的成本项目一般包括直接材料、直接人工和制造费用。也就是说计入产品成本的生产费用还应进一步按成本项目进行归集。

4. 计算完工产品的生产成本

经过生产费用的归集和分配,已将各种产品所发生的直接材料、直接人工和制造费用归集到了"生产成本"账户的借方,在此基础上就可以计算各种产品的总成本和单位成本。产品生产成本的计算一般在生产成本明细账中进行。如果月末某种产品全部完工,该种产品生产成本明细账所归集的费用总额就是这种完工产品的总成本,用完工产品总成本除以该种产品的完工总产量即可计算出该种产品的单位成本;如果月末某种产品全部未完工,该种产品生产成本明细账所归集的费用总额就是该种在产品的总成本;如果月末某种产品部分完工,部分未完工,这时归集在产品成本明细账中的费用总额还要采取适当的分配方法在完工产品和在产品之间进行分配,然后才能计算出完工产品的总成本和单位成本。关于最后一种情况的内容将在成本会计课程中详细讲述。

下面以本节 ABC 公司产品生产成本的归集为基础,说明产品生产成本的计算过程。

【例 4-30】本月发生的各项费用见例 4-22 至例 4-29,甲、乙产品本月初无余额。本月甲产品 40 件全部完工;乙产品 60 件,完工 40 件,在产品 20 件的直接材料为 120 000 元,直接人工为 7 000 元,制造费用为 5 630 元。

将上述有关内容在甲、乙产品生产成本明细账中登记(见表 4-4 和表 4-5),完工产品成本计算如表 4-6 所示。

表 4-4　产品成本明细账

产品名称:甲产品　　　　　　　　　　　　　　　　　　　　　　　　　　　　单位:元

年		凭证	摘要	借方			
月	日			直接材料	直接人工	制造费用	合计
略	略	略	领用材料	435 000			435 000
			计提工资		60 000		60 000
			分配福利费		4 800		4 800
			分配制造费用			16 420	16 420
			本期发生额	435 000	64 800	16 420	516 220
			结转完工产品成本	435 000	64 800	16 420	516 220

表 4-5　产品成本明细账

产品名称:乙产品　　　　　　　　　　　　　　　　　　　　　　　　　　　　单位:元

年		凭证	摘要	借方			
月	日			直接材料	直接人工	制造费用	合计
略	略	略	领用材料	390 000			390 000
			计提工资		45 000		45 000
			分配福利费		3 600		3 600
			分配制造费用			24 630	24 630
			本期发生额	390 000	48 600	24 630	463 230
			结转完工产品成本	270 000	41 600	19 000	330 600

表4-6 完工产品生产成本计算表

成本项目	甲产品(40件)		乙产品(40件)	
	总成本/元	单位成本/(元/件)	总成本/元	单位成本/(元/件)
直接材料	435 000	10 875	270 000	6 750
直接人工	64 800	1 620	41 600	1 040
制造费用	16 420	410.5	19 000	475
合计	516 220	12 905.5	330 600	8 265

【例4-31】根据甲、乙产品成本计算单,结转本月生产完工验收入库的甲、乙产品的生产成本。

这项经济业务的发生,一方面使企业的甲、乙两种库存产品分别增加516 220元和330 600元,另一方面使企业的甲、乙产品的生产成本分别减少516 220元和330 600元。因此,这项业务涉及"库存商品"账户的借方和"生产成本"账户的贷方。应编制的会计分录如下。

借:库存商品——甲产品　　516 220
　　　　　　——乙产品　　330 600
　贷:生产成本——甲产品　　516 220
　　　　　　——乙产品　　330 600

产品生产业务核算简图如图4-3所示。

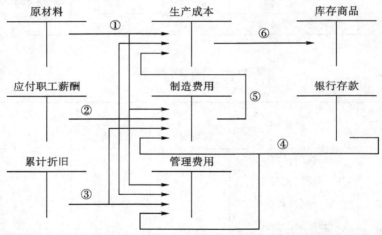

说明:①发生材料费用;②发生工资费用;③计提折旧费;④支付制造费用、管理费用;⑤分配制造费用;⑥完工产品入库。

图4-3 产品生产业务核算简图

第四节 销售过程的核算

产品销售过程是产品价值的实现过程。在产品的销售过程中,一方面,企业要确认产品销售收入的实现,与购买单位办理货款的结算;另一方面,在销售产品的过程中会发生运杂费、包装费、广告费等销售费用,要结转已销售产品的生产成本,同时还须按照国家税法的规定计算缴纳各种产品销售税金,最后确定产品销售损益。上述内容就是产品销售业务核算的主要内容。

一、主营业务收入的核算

主营业务收入是指企业为完成其经营目标而从事的日常活动中的主要经营活动取得的收入,包括销售产品、自制半成品和提供工业性劳务等取得的收入。进行主营业务收入核算的一个首要问题就是主营业务收入何时入账,按多少金额入账。企业销售产品所获得的收入应以权责发生制为基础。一般情况下,当产品已经发出,产品的所有权已经转移给购买方后,企业收到货款或取得收取货款的凭据,即可确认主营业务收入。

(一)设置账户

为了核算和监督企业销售产品和提供劳务所实现的收入以及因销售产品而与购买单位之间发生的货款结算业务,应设置下列账户。

1."主营业务收入"账户

该账户属于收入类账户,用于核算和监督企业销售产品和提供劳务所实现的收入。其贷方登记企业实现的主营业务收入,借方登记期末转入"本年利润"账户的主营业务收入,结转后该账户期末无余额。"主营业务收入"账户应按照产品的种类设置明细账,进行明细分类核算。

2."应收账款"账户

该账户属于资产类账户,核算企业因销售产品、商品或提供劳务等应向购货或接受劳务单位收取的款项。借方记增加,登记销售过程中发生的应收账款;贷方记减少,登记已收回的应收货款;期末余额在借方,表示尚未收回的应收货款。"应收账款"账户按不同购货单位设置明细账。

3."预收账款"账户

该账户属于负债类账户,用来核算和监督企业按照合同规定向购货单位预收的款项。其贷方登记预收购买单位的货款,借方登记用产品或劳务抵偿的预收货款。期末余额如在贷方,表示企业向购货单位预收的款项;期末余额如在借方,表示企业应收由购货单位补付的货款(债权)。该账户应按照购货单位设置明细账,进行明细分类核算。期末,根据该账户所属明细账余额的方向分析判断该账户余额的性质。

对于预收款业务不多的企业,也可不单独设置"预收账款"账户,而将预收款业务并入"应收账款"账户核算,此时的"应收账款"账户属于企业的债权债务结算账户,期末余额在借方时表示尚未收回的应收款(债权),期末余额在贷方时表示尚未结算的预收款(债务)。

(二)主营业务收入的账务处理

【例4-32】ABC公司销售甲产品20件给胜利公司,销售单价20 000元/件,计价款400 000元,增值税税率为13%,货款收到存入银行。

这项经济业务的发生,一方面使企业的银行存款增加452 000元;另一方面使主营业务收入增加400 000元,应交增值税增加52 000元。因此,这项业务涉及"银行存款"账户的借方以及"主营业务收入"和"应交税费"账户的贷方。应编制的会计分录如下。

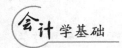

```
借：银行存款                           452 000
    贷：主营业务收入——甲产品              400 000
        应交税费——应交增值税（销项税额）   52 000
```

【例 4-33】ABC 公司按照销售合同规定预收长江公司订购甲产品的货款 150 000 元，已存入银行。

这项经济业务的发生，一方面使企业银行存款增加 150 000 元，另一方面使企业的预收账款增加 150 000 元。因此，这项业务涉及"银行存款"账户的借方和"预收账款"账户的贷方。应编制的会计分录如下。

```
借：银行存款                    150 000
    贷：预收账款——长江公司        150 000
```

【例 4-34】ABC 公司销售给黄河公司乙产品 20 件，销售单价 15 000 元/件，计价款 300 000 元，增值税税率为 13%，货款未收。

这项经济业务的发生，一方面使企业的应收账款增加 339 000 元；另一方面使企业的主营业务收入增加 300 000 元，应交增值税增加 39 000 元。因此，这项业务涉及"应收账款"账户的借方以及"主营业务收入"和"应交税费"账户的贷方。应编制的会计分录如下。

```
借：应收账款——黄河公司             339 000
    贷：主营业务收入——乙产品            300 000
        应交税费——应交增值税（销项税额）   39 000
```

【例 4-35】ABC 公司本月预收长江公司 150 000 元的货款，现已发出甲产品 10 件，销售单价 20 000 元/件，计价款 200 000 元，增值税税率为 13%，原预收款不足部分的差额 76 000 元已收存银行。

这项经济业务的发生，一方面使企业的预收账款减少 150 000 元，银行存款增加 76 000 元；另一方面使企业的主营业务收入增加 200 000 元，应交税费增加 26 000 元。因此，这项业务涉及"预收账款""银行存款"账户的借方和"主营业务收入""应交税费"账户的贷方。应编制的会计分录如下。

```
借：预收账款——长江公司           150 000
    银行存款                     76 000
    贷：主营业务收入——甲产品           200 000
        应交税费——应交增值税（销项税额）  26 000
```

【例 4-36】ABC 公司采用商业汇票结算方式向长城公司销售乙产品 18 件，销售单价 15 000 元/件，价款共计 270 000 元，应收增值税的销项税 35 100 元，收到该公司签发的 6 个月的商业承兑汇票。

这项经济业务的发生，一方面使企业的应收票据增加 305 100 元；另一方面使企业的主营业务收入增加 270 000 元，应交增值税增加 35 100 元。因此，这项业务涉及"应收票据"账户的借方以及"主营业务收入"和"应交税费"账户的贷方。应编制的会计分录如下。

```
借：应收票据——长城公司            305 100
    贷：主营业务收入——乙产品           270 000
        应交税费——应交增值税（销项税额）  35 100
```

二、主营业务成本的核算

企业销售产品后,从理论上讲,在确认产品销售收入的同时就应该确认产品销售成本。但在实际工作中,企业为了简化核算工作,通常在月份终了,汇总结转经计算确定的产品销售成本,即从"库存商品"账户结转到"主营业务成本"账户,以便与"主营业务收入"相配比。

(一)账户设置

"主营业务成本"账户:用来核算和监督企业确认销售商品、提供劳务等主营业务收入时应结转的成本(即产品销售成本)。其借方登记从"库存商品"账户结转的本期已销售产品的成本,贷方登记期末转入"本年利润"账户借方的已销售产品的成本,期末经过结转之后该账户没有余额。"主营业务成本"账户可按照主营业务的种类进行明细核算。

(二)主营业务成本的账务处理

【例4-37】ABC公司结转本月销售的30件甲产品、38件乙产品的生产成本。假设本月销售的甲、乙产品均为本月生产完工入库的产品。从表4-6可知甲产品生产成本每件12 905.5元,乙产品生产成本每件8 265元。按个别计价法计算本月销售产品成本如下。

本月销售甲产品的销售成本=30×12 905.5=387 165(元)
本月销售乙产品的销售成本=38×8 265=314 070(元)
合计:701 235(元)

这项经济业务的发生,一方面使企业甲、乙产品销售成本即主营业务成本分别增加387 165元和314 070元,另一方面使企业的甲、乙产品即库存商品分别减少387 165元和314 070元。因此,这项经济业务涉及"主营业务成本"账户的借方和"库存商品"账户的贷方。应编制的会计分录如下。

借:主营业务成本——甲产品　　387 165
　　　　　　　——乙产品　　314 070
　贷:库存商品——甲产品　　　　387 165
　　　　　　——乙产品　　　　314 070

三、税金及附加的核算

(一)税金及附加的计算

税金及附加是指企业经营活动应负担的相关税费,包括消费税、城市维护建设税、资源税、环境保护税、教育费附加、土地增值税、房产税、车船税、城镇土地使用税、印花税等。

应纳消费税=应税消费品的销售额×消费税税率
应纳城市维护建设税=当期的消费税和增值税的实际缴纳额×城市维护建设税税率
应纳教育费附加=当期的消费税和增值税的实际缴纳额×教育费附加税率
地方教育费附加=(增值税+消费税)×2%

现行制度规定,市区的城市维护建设税税率为7%,教育费附加的提取比例为3%。税金及附加通常是按月计算,从当月的销售收入中得到补偿,于次月15日前交纳。因而计算税金及附加时,一方面作为企业的一项负债(应交税费)入账,另一方面作为企业发生的一项费用支出(税金及附加)入账。

(二)账户设置

"税金及附加"是损益类账户。其借方登记按照有关规定计算出的各种税金及附加额,贷方登记期末转入"本年利润"账户借方的税金及附加;经过结转之后,该账户期末没有余额。

(三)账务处理

【例4-38】ABC公司经计算本月产品销售应交纳的城市维护建设税为1 200元,教育费附加为500元。

这项经济业务的发生,一方面使企业的税金及附加增加1 700元,另一方面使企业的应交税费增加1 700元。因此,这项业务涉及"税金及附加"账户的借方和"应交税费"账户的贷方。应编制的会计分录如下。

借:税金及附加　　　　　1 700
　贷:应交税费——应交城建税　　1 200
　　　　　——应交教育费附加　500

产品销售业务核算简图如图4-4所示。

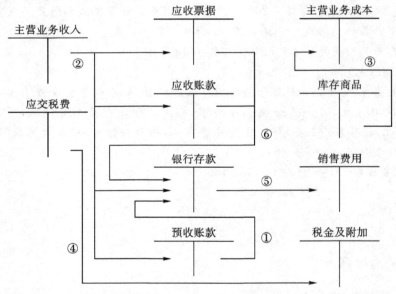

说明:①预收销货款;②确认产品销售收入;③结转产品销售成本;④计算产品销售应交税金及附加;⑤支付销售费用;⑥收到欠款或承兑的商业汇票。

图4-4　产品销售业务核算简图

第五节　财务成果的核算

利润是指企业一定会计期间的经营成果。对利润进行核算,可以及时反映企业的投入产出效果和经济效益,有助于企业投资者和债权人据此进行盈利预测,为经济决策提供重要依据。

一、企业利润构成

利润反映收入减去费用、直接计入当期损益的利得减去损失后的净额。通常情况下,如果企业实现了利润,表明企业的所有者权益将增加,业绩得到了提升;反之,如果企业发生了亏损(即利润为负数),表明企业的所有者权益将减少,业绩下降。根据我国企业会计准则的规定,企业的利润一般包括营业利润、利润总额和净利润。

(一)营业利润

营业利润是企业利润的主要来源。营业利润用公式表示如下:

营业利润＝营业收入－营业成本－税金及附加－管理费用－财务费用－销售费用－信用减值损失－资产减值损失＋公允价值变动收益(－公允价值变动损失)＋投资收益(－投资损失)＋其他收益＋资产处置收益(－资产处置损失)

营业收入＝主营业务收入＋其他业务收入

营业成本＝主营业务成本＋其他业务成本

(二)利润总额

企业的利润总额是指营业利润加上营业外收入,减去营业外支出后的金额。用公式表示如下:

利润总额＝营业利润＋营业外收入－营业外支出

(三)净利润

企业实现的利润总额要按照国家税法的规定计算缴纳所得税。所得税后的利润即为企业的净利润。用公式表示如下:

净利润＝利润总额－所得税费用

式中　　　　所得税费用＝利润总额(税前利润)×所得税税率

二、其他业务的核算

其他业务是指企业在经营过程中发生的除主营业务活动以外的其他经营活动,包括销售材料、出租包装物、出租固定资产等活动。主营业务与其他业务是按照企业从事日常活动的重要性来划分的。其他业务的确认原则和计量方法与主营业务相同。工业企业经营工业生产以外的业务所取得的收入,按规定应交的城市维护建设税及教育费附加等税费,仍通过"税金及附加"科目核算。

(一)设置账户

1."其他业务收入"账户

该账户用来核算和监督企业除主营业务活动以外的其他经营活动实现的收入。其贷方登记其他业务收入的增加,借方登记期末转入"本年利润"账户的其他业务收入。经过结转后,该账户期末没有余额。该账户应按照其他业务的种类设置明细账,进行明细分类核算。

2."其他业务成本"账户

该账户用来核算和监督企业除主营业务活动以外的其他经营活动所发生的成本,包括销售材料、出租包装物等发生的相关成本、费用。其借方登记发生的相关成本和费用等,贷方登记期末转入"本年利润"账户的其他业务成本。经过结转后,该账户期末没有余额。该账户应按照其他业务的种类设置明细账,进行明细分类核算。

(二)其他业务的账务处理

【例 4-39】ABC 公司出售不需用的原材料,不含税价款 80 000 元,增值税税率为 13%,款项已存入银行。该批原材料成本为 65 000 元。

这项经济业务的发生,一方面使企业的其他业务收入增加 80 000 元,应交增值税增加 10 400 元,银行存款增加 90 400 元;另一方面使企业的其他业务成本增加 65 000 元,企业的原材料减少 65 000 元。因此,这项业务涉及两笔会计分录:一是涉及"银行存款"账户的借方和"其他业务收入""应交税费"账户的贷方;二是涉及"其他业务成本"账户的借方和"原材料"账户的贷方。应编制的会计分录如下:

借:银行存款　　　　　　　　　　　90 400
　　贷:其他业务收入　　　　　　　　　　　80 000
　　　　应交税费——应交增值税(销项税额) 10 400

同时:
借:其他业务成本　　　65 000
　　贷:原材料　　　　　　　65 000

三、期间费用

期间费用是指不构成产品成本,而应直接计入当期损益的各种费用。期间费用包括企业行政管理部门为组织和管理生产经营活动而发生的管理费用,为筹集生产经营资金而发生的利息和手续费等财务费用,为销售产品而发生运输费、包装费、展览费、广告费等销售费用等。这些费用的发生与产品成本没有直接联系,因而不计入产品生产成本,但它们对企业取得收入有很大的影响,但又很难与各类收入直接配比,所以将其作为与某一期间的营业收入相关的期间费用计入当期损益。有关财务费用的核算已经在资金筹集业务做了介绍。

(一)设置账户

1."管理费用"账户

该账户用来核算和监督企业行政管理部门为组织和管理企业生产经营活动而发生的各项管理费用。其借方登记发生的各项管理费用;贷方登记期末转入"本年利润"账户的管理费用;经过结转后,期末没有余额。该账户应按照费用项目设置明细账,进行明细分类核算。

2."销售费用"账户

该账户用来核算和监督企业在销售产品过程中发生的各项销售费用,包括运输费、装卸费、包装费、保险费、展览费和广告费等。其借方登记发生的各项销售费用;贷方登记期末转入"本年利润"账户的销售费用;经结转后,期末没有余额。该账户应按照费用项目设置明细账,进行明细分类核算。

(二)期间费用的账务处理

【例 4-40】ABC 公司的李丽出差回来报销差旅费 2 000 元,原借款 1 500 元,不足部分用现金补足。

这项经济业务的发生,一方面使企业管理费用增加2 000元;另一方面使企业的其他应收款减少1 500元,库存现金减少500元。因此,这项业务涉及"管理费用"账户的借方以及"其他应收款"账户和"库存现金"账户的贷方。应编制的会计分录如下。

借:管理费用——差旅费　　2 000
　　贷:其他应收款——李丽　　1 500
　　　　库存现金　　　　　　　　500

【例4-41】ABC公司用现金2 500元支付本月行政管理部门的办公费。

这项经济业务的发生,一方面使企业管理费用增加2 500元,另一方面使企业的库存现金减少2 500元。因此,这项业务涉及"管理费用"账户的借方和"库存现金"账户的贷方。应编制的会计分录如下。

借:管理费用——办公费　　2 500
　　贷:库存现金　　　　　　2 500

【例4-42】ABC公司以存款支付本月行政管理部门负担的财产保险费3 000元。

这项经济业务的发生,一方面使企业管理费用增加3 000元,另一方面使企业银行存款减少3 000元。因此,这项业务涉及"管理费用"账户的借方和"银行存款"账户的贷方。应编制的会计分录如下。

借:管理费用——保险费　　3 000
　　贷:银行存款　　　　　　3 000

【例4-43】ABC公司用银行存款33 000元支付销售产品广告费。

这项经济业务的发生,一方面使企业销售费用增加33 000元,另一方面使企业银行存款减少33 000元。因此,这项业务涉及"销售费用"账户的借方和"银行存款"账户的贷方。应编制的会计分录如下。

借:销售费用　　33 000
　　贷:银行存款　　33 000

四、营业外收支的核算

营业外收支包括营业外收入和营业外支出,是指与企业正常的生产经营业务没有直接关系的各项收入和支出,如捐赠收入、罚款收入、固定资产的盘亏、捐赠支出、非常损失、罚款支出以及由于自然灾害造成的损失等。营业外收入并不是企业经营资金耗费所产生的,不需要企业付出代价,实际上是经济利益的净流入,不可能也不需要与有关的费用进行配比。由于营业外收支对利润或亏损总额会产生影响,因而必须正确地核算营业外收支。

(一)设置账户

1."营业外收入"账户

该账户用来核算和监督企业发生的与其生产经营无直接关系的各项收入,包括罚款收入、捐赠收入等。其贷方登记营业外收入的增加;借方登记会计期末转入"本年利润"账户的营业外收入;经过结转后,期末没有余额。该账户应按照营业外收入的项目设置明细账,进行明细分类核算。

2."营业外支出"账户

该账户用来核算和监督企业发生的与其生产经营无直接关系的各项支出,包括固定资产盘亏、罚款支出、捐赠支出和非常损失等。其借方登记营业外支出的增加；贷方登记会计期末转入"本年利润"账户的营业外支出额；经过结转之后，期末没有余额。该账户应按照营业外支出的项目设置明细账，进行明细分类核算。

（二）营业外收支的账务处理

【例4-44】 ABC公司取得罚款收入50 000元，按照规定转作营业外收入。

这项经济业务的发生，一方面使银行存款增加50 000元，另一方面使企业的营业外收入增加50 000元。因此，这项业务涉及"银行存款"账户的借方和"营业外收入"账户的贷方。应编制的会计分录如下。

借：银行存款　　　50 000
　　贷：营业外收入　　　50 000

【例4-45】 ABC公司将银行存款40 000元捐赠给希望小学。

这项经济业务的发生，一方面使企业的营业外支出增加40 000元，另一方面使企业的银行存款减少40 000元。因此，这项业务涉及"营业外支出"账户的借方和"银行存款"账户的贷方。应编制的会计分录如下。

借：营业外支出　　　40 000
　　贷：银行存款　　　40 000

五、企业利润总额形成的核算

根据本章所举ABC公司的具体经济业务计算本月的利润或亏损总额如下：
营业收入＝400 000＋300 000＋200 000＋270 000＋80 000＝1 250 000（元）
营业成本＝701 235＋65 000＝766 235（元）
税金及附加＝1 700（元）
管理费用＝30 000＋2 400＋2 000＋2 000＋2 500＋3 000＝41 900（元）
销售费用＝33 000（元）
财务费用＝1 500（元）
营业利润＝1 250 000－766 235－1 700－41 900－33 000－1 500＝405 665（元）
利润总额＝405 665＋50 000－40 000＝415 665（元）

在会计核算上，通过将所有的损益类账户结转"本年利润"账户，从"本年利润"账户的借、贷方发生额记录来计算确定企业的利润总额。

（一）设置账户

"本年利润"账户：用于核算和监督企业一定时期内实现的净利润或发生的净亏损。其贷方登记会计期末从各收入账户转入的各项收入，包括主营业务收入、其他业务收入、营业外收入；借方登记从各费用账户转入的本期发生的各种费用，包括主营业务成本、税金及附加、其他业务成本、管理费用、财务费用、销售费用、营业外支出和所得税费用等。年内期末余额如果在贷方，表示截至本期本年度累计实现的净利润；如果在借方，表示截至本期本年度累计发生的净亏损。年末应将该账户的余额转入"利润分配"账户，如果是净利润，应自该账户的借方转入"利润分配"账户的贷方；如果是净亏损，应自该账户的贷方转入"利润分配"账户的借方。经过结转之后，该账户年末没有余额。

(二)利润总额形成业务的账务处理

【例4-46】会计期末,ABC公司结转本月实现的各项收入,其中,主营业务收入1 170 000元、其他业务收入80 000元、营业外收入50 000元。

这项经济业务的发生,一方面使企业各损益类账户所记录的各种收入减少共计1 300 000元,另一方面使企业的本年利润增加1 300 000元。因此,这项业务涉及"主营业务收入""其他业务收入""营业外收入"账户的借方和"本年利润"账户的贷方。应编制的会计分录如下。

借:主营业务收入　　　1 170 000
　　其他业务收入　　　　 80 000
　　营业外收入　　　　　 50 000
　贷:本年利润　　　　　　　　1 300 000

【例4-47】会计期末,ABC公司结转本月发生的各项支出,其中主营业务成本701 235元、税金及附加1 700元、其他业务成本65 000元、管理费用41 900元、财务费用1 500元、销售费用33 000元、营业外支出40 000元。

这项经济业务的发生,一方面使企业各损益类账户所记录的各种费用成本减少共计884 335元,另一方面使企业的本年利润减少884 335元。因此,这项业务涉及"本年利润"账户的借方和"主营业务成本""税金及附加""其他业务成本""管理费用""财务费用""销售费用""营业外支出"账户的贷方。应编制的会计分录如下。

借:本年利润　　　　　　884 335
　贷:主营业务成本　　　　　　701 235
　　　税金及附加　　　　　　　　1 700
　　　其他业务成本　　　　　　65 000
　　　管理费用　　　　　　　　41 900
　　　财务费用　　　　　　　　　1 500
　　　销售费用　　　　　　　　33 000
　　　营业外支出　　　　　　　40 000

通过结转,本月的各项收入和支出全部都汇集于"本年利润"账户。将收入与费用进行对比后,根据"本年利润"账户的借、贷方的差额来确定本期的利润总额。本期的利润总额为415 665(1 300 000－884 335)元。

六、企业净利润的核算

对企业的经营所得,按国家税法的有关规定,应缴纳一定的所得税。对企业而言所得税是企业在生产经营过程中发生的一项费用支出,计算出来之后,一般在当月并不实际缴纳,所以在形成所得税费用的同时,也产生了企业的一项负债。缴纳的所得税应在净利润前予以扣除,缴纳所得税之后的剩余利润称为净利润。

(一)设置账户

"所得税费用"账户:用来核算和监督企业按照有关规定应在当期损益中扣除的所得税费用。其借方登记按照所得税法规定计算出的应计入当期损益的所得税费用,贷方登记期末转入"本年利润"账户的所得税费用,结转后期末无余额。

(二)所得税费用的账务处理

【例 4-48】ABC 公司本期实现的利润总额为 415 665 元,按照 25%的税率计算本期的所得税并予以结转(假设没有纳税调整项目)。

本期应纳所得税额＝415 665×25%＝103 916.25(元)

这项经济业务的发生,要同时从两个方面去反映:一方面要反映所得税费用增加 103 916.25元,同时使企业的应交税费增加 103 916.25 元;另一方面期末还须将所得税费用 103 916.25元结转至"本年利润"账户,使企业本年利润减少 103 916.25 元。因此,这项业务涉及两笔会计分录:一是涉及"所得税费用"账户的借方和"应交税费"账户的贷方;二是涉及"本年利润"账户的借方和"所得税费用"账户的贷方。应编制的会计分录如下。

借:所得税费用　　　　103 916.25
　　贷:应交税费——应交所得税　　103 916.25

同时:
借:本年利润　　　103 916.25
　　贷:所得税费用　　　103 916.25

所得税费用结转至"本年利润"账户之后,就可根据"本年利润"账户的记录计算确定企业的净利润。本期的净利润为 311 748.75(415 665－103 916.25)元。

七、利润分配业务的核算

企业在生产经营过程中取得各种收入,在补偿了各项耗费之后形成盈利,按照国家规定缴纳所得税后,形成企业的净利润。对于企业实现的净利润应按照国家有关规定进行合理的分配。

(一)利润分配的顺序

利润的分配过程和结果,不仅关系到所有者的合法权益是否得到保护,而且还关系到企业能否长期、稳定地发展。在对企业的净利润进行分配时,应从以下三方面考虑:一部分以公积金的形式留归企业,作为企业扩大生产经营的资金;一部分以红利(或现金股利)的形式分配给投资者(或股东);一部分以未分配利润的形式保留在账面上,作为增强企业抵御风险能力的资金。根据《中华人民共和国公司法》规定,企业对实现的净利润一般应按以下顺序进行分配。

1. 弥补以前年度亏损

对于以前年度的亏损,可以用以后年度实现的利润弥补。以前年度的亏损未弥补完的,不能提取法定盈余公积。

2. 提取法定盈余公积

法定盈余公积应按照本年实现净利润的一定比例提取。公司制企业根据公司法的规定按净利润的 10%提取。企业提取的法定盈余公积累计额超过注册资本 50%以上的,可以不再提取。

3. 提取任意盈余公积

公司从税后利润中提取法定盈余公积后,经股东会或股东大会决议,还可以从税后利润中提取任意盈余公积。任意盈余公积由企业自行提取。

4. 向投资者分配利润

公司弥补亏损和提取法定盈余公积及任意盈余公积后的剩余净利润,加上年初的未分配利润即为可供分配的利润,可以按照董事会的决议向投资者进行分配。有限责任公司按照股东实缴的出资比例向股东分配利润,但全体股东约定不按照出资比例分配的除外;股份有限公司按照股东持有的股份比例分配股利,但股份有限公司章程规定不按持股比例分配的除外。

企业的净利润除国家另有规定外,应严格按以上顺序分配。企业以前年度的亏损未弥补完,不得提取法定盈余公积;在提取法定盈余公积前不得向投资者分配利润。《中华人民共和国公司法》规定,股东会、股东大会或者董事会违反规定,在公司弥补亏损和提取法定盈余公积之前向股东分配利润的,股东必须将违反规定分配的利润退还公司。公司持有的本公司股份不得分配利润。

> **课程思政**
>
> 资本公积就如同个人价值溢价,固定资产的折旧就如同一个人的知识需要不断更新,应交税费反映了一个人的诚信,营业利润就如同对人生的盘点。
>
> 思考:
>
> 1. 个人成长教育,要不断学习、不断进步,实现人生增值。
> 2. 学海无涯,知识需要不断更新。
> 3. 思考人生,做人生的盘点,在得与失之间,得到的是哪些,失去的又是哪些。

(二)未分配利润的计算

未分配利润是指企业留于以后年度分配的利润或待分配利润。它是企业所有者权益的重要组成部分。

$$本期未分配利润=本期实现的净利润-本期已分配利润$$

$$期末未分配利润=期初未分配利润+本期未分配利润$$

式中   本期已分配利润=提取的盈余公积+向投资者分配的利润或股利

【**例 4-49**】假定某公司净利润为 75 000 元,按净利润的 10% 提取法定盈余公积,按 5% 提取任意盈余公积,按净利润的 40% 作为应付给投资者的利润,计算法定盈余公积、任意盈余公积、应付给投资者的利润以及未分配利润。

提取的法定盈余公积 = 75 000×10% = 7 500(元)

提取的任意盈余公积 = 75 000×5% = 3 750(元)

应付利润 = 75 000×40% = 30 000(元)

未分配利润 = 75 000-(7 500+3 750+30 000) = 33 750(元)

(三)利润分配业务的账务处理

1. 设置账户

(1)"利润分配"账户:企业进行利润分配,意味着企业实现的净利润的减少,本应借记"本年利润"账户,直接冲减本年实现的净利润,这样,"本年利润"账户的期末贷方余额只能是未分配利润,不能反映本年累计实现的净利润数额。而管理上既需要会计提供企业实现的全年累计净利润,又需要提供未分配利润数额。因此,设置"利润分配"账户,作为"本年利润"的备抵调整账户,用来核算和监督企业的利润分配和历年结存的未分配利润。其借方登记实际分配的利润额,如提取的盈余公积和分给投资者的利润;贷方平时一般不做登记;在年度内该账户的期末余额在借方,表示企业累计已分配利润。平时,将"本年利润"账户的贷方余额,即累计实现的净利润,与"利润分配"账户的借方余额,即累计已分配利润相减,即可求得未分配的利润数额。年度终了,企业将全年实现的净利润,自"本年利润"账户的借方结转记入"利润分配"账户的贷方。结转后,"利润分配"账户如为贷方余额,表示历年结存的未分配利润;如为借方余额,表示历年积存的未弥补亏损。

为了具体反映企业利润分配的去向和历年分配后的结余金额,该账户一般应设置"提取法定盈余公积""提取任意盈余公积""应付股利""未分配利润"等明细账户,进行明细分类核算。

(2)"盈余公积"账户:用来核算和监督企业从净利润中提取的盈余公积的增减变动及其结余情况。其贷方登记提取的盈余公积;借方登记实际使用的盈余公积;期末余额在贷方,表示结余的盈余公积。该账户应设置"法定盈余公积""任意盈余公积"等明细账户,进行明细核算。

(3)"应付股利"账户:用于核算和监督企业向股东和投资者分配利润的情况。其贷方登记应付给投资者的利润;借方登记实际支付给投资者的利润;期末余额在贷方,表示应付尚未支付的利润。

2. 账务处理

【例 4-50】假设上述 ABC 公司实现的净利润是企业全年实现的净利润,按年净利润 311 748.75 元的 10% 提取法定盈余公积,按净利润的 5% 提取任意盈余公积。

这项经济业务的发生,一方面使企业的利润分配增加 46 762.32 元;另一方面使企业的法定盈余公积增加 31 174.88 元,任意盈余公积增加 15 587.44 元。因此,这项业务涉及"利润分配"账户的借方和"盈余公积"账户的贷方。应编制的会计分录如下。

借:利润分配——提取法定盈余公积　　　31 174.88
　　　　　——提取任意盈余公积　　　15 587.44
　贷:盈余公积——法定盈余公积　　　31 174.88
　　　　　——任意盈余公积　　　15 587.44

【例 4-51】年末,ABC 公司决定按净利润的 40% 分配给投资者利润 124 699.5 元。

这项经济业务的发生,一方面使企业的利润分配增加 124 699.5 元,另一方面使企业的应付股利增加 124 699.5 元。因此,这项业务涉及"利润分配"账户的借方和"应付股利"账户的贷方。应编制的会计分录如下。

借:利润分配——应付股利　　　124 699.5
　贷:应付股利　　　　　　　　124 699.5

【例 4-52】年末,ABC 公司将"本年利润"账户的贷方余额结转至"利润分配——未分配利润"账户。

这项年终结账业务的发生,一方面使企业记录在"本年利润"账户的累计净利润减少 311 748.75 元,另一方面使企业"利润分配"中的未分配利润增加 311 748.75 元,因此,这项业务涉及"本年利润"账户的借方和"利润分配——未分配利润"账户的贷方。应编制的会计分录如下。

借:本年利润　　　311 748.75
　贷:利润分配——未分配利润　　　311 748.75

【例4-53】年末,企业将利润分配账户所属的各有关明细账户的借方余额结转至"利润分配——未分配利润"账户。

这项年终结账业务的发生,一方面使企业"利润分配"中的未分配利润减少171 461.82元;另一方面使企业的已分配数,即提取法定盈余公积、提取任意盈余公积和应付股利分别减少31 174.88元、15 587.44元和124 699.5元。因此,这项业务涉及"利润分配——未分配利润"账户的借方和"利润分配——提取法定盈余公积""利润分配——提取任意盈余公积""利润分配——应付股利"账户的贷方。应编制的会计分录如下。

借:利润分配——未分配利润　　　171 461.82
　　贷:利润分配——提取法定盈余公积　　31 174.88
　　　　　　　——提取任意盈余公积　　　15 587.44
　　　　　　　——应付股利　　　　　　　124 699.5

年末未分配利润数额为140 286.93(311 748.75－311 74.88－15 587.44－124 699.5),即"利润分配——未分配利润"账户的贷方余额。

利润形成及分配业务核算简图如图4-5所示。

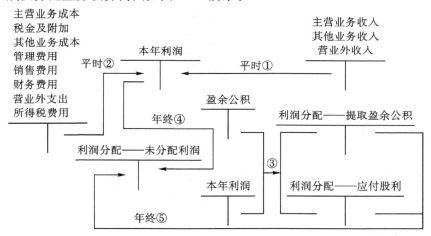

说明:①将所有收入类账户结转至"本年利润"账户贷方;②将所有费用成本类账户结转至"本年利润"账户借方;③提取盈余公积和向投资者分配利润;④年末,将"本年利润"账户贷方余额结转至"利润分配——未分配利润"账户;⑤年末,将"利润分配"其他明细账户借方余额结转至"利润分配——未分配利润"明细账户。

图4-5　利润形成及分配业务核算简图

综上所述,企业的主要经济业务可以概括为:筹集到货币资金之后,用货币资金购买原材料、固定资产等,然后将其投入生产领域,开始产品的生产,产品生产出来之后,将其销售出去实现其价值,在补偿了生产过程中的耗费之后,对其剩余部分要在各方之间进行合理的分配,进而产生企业的未分配利润。

 **本章小结**

本章在前述章节的基础上对复式记账法的运用进行详述。目前,我国企业记账采用国际

通用的借贷记账法。本章通过对筹资活动、供应过程、生产过程、销售过程、财务成果的核算，以巩固对复式记账法的运用，同时也加深对企业生产过程的了解。

 复习思考

1. 制造业企业的主要经济业务包括哪些？
2. 筹资业务包括哪些内容？其核算需要设置哪些账户？
3. 说明材料采购成本的构成，解释"在途材料""原材料"账户的作用。
4. 说明生产过程的内容，并解释产品生产成本的构成。
5. 企业销售阶段会计核算的内容主要有哪些？如何设置账户进行账务处理？
6. 如何进行企业利润形成与分配的会计核算？年终如何进行本年利润和利润分配的结转？

即测即评

即测即评

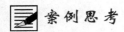 **案例思考**

海天公司属增值税一般纳税人，适用增值税税率为13%，存货按实际成本法进行核算。20×2年11月发生下列经济业务：

(1) 收到国家投入资金 1 500 000 元，存入银行。

(2) 向银行借入六个月借款 500 000 元，款项存入银行。

(3) 向大华工厂同时购入甲、乙两种材料。甲材料 400 千克，单价 198 元/千克，买价 79 200 元，增值税额是 10 296 元；乙材料 200 千克，单价 198 元/千克，买价 39 600 元，增值税额 5 148 元。以银行存款支付甲、乙两种材料的运杂费 1 200 元。材料均已验收入库，货款暂欠。（甲、乙两种材料共同负担的费用按质量比例分配。）

(4) 本月各车间领用材料及用途如下：

发出材料汇总表　　　　　　　　　　　　　　单位：元

项目	甲材料	乙材料	合计
生产产品耗用	50 000	42 000	92 000
其中：A 产品	28 000	22 000	50 000
B 产品	22 000	20 000	42 000
车间一般耗用	2 000	1 000	3 000
管理部门耗用	3 000	2 000	5 000
合计	55 000	45 000	100 000

(5)结转本月职工工资。

工资汇总表

项目	金额/元
生产工人工资	205 200
其中:A产品	114 000
B产品	91 200
车间管理人员工资	10 000
厂部管理人员工资	10 000
合　计	225 200

(6)收到美华有限责任公司作为投资投入的全新机器一台,投资协议中双方协商价值为500 000元。

(7)公司用银行存款支付税款滞纳金80 000元。

(8)计提固定资产折旧,其中,车间管理部门用7 000元,厂部管理部门用2 800元。

(9)以银行存款支付本月的利息费用744.40元。

(10)海天公司将自己持有的每股面值100元的股票(交易性金融资产)250股,按每股260元转让,收回的65 000元已存入银行账户。

(11)红旗厂因产品质量问题违反合同,赔偿损失10 000元,已转入海天公司的银行存款账户。

(12)按生产工时数分配制造费用,并结转制造费用(A产品工时300小时,B产品工时200小时)。

(13)假设A、B两种产品本月全部完工(完工A产品880件,完工B产品1 412件),并且"生产成本"账户期初无余额,计算A、B两种产品成本,并做相应的会计分录。

(14)销售给东方公司A产品800件,不含税销售额560 000元,增值税税率为13%;销售给光明厂B产品1 000件,不含税销售额440 000元,增值税税率为13%,货款及税款均未收到。

(15)月银行存款支付广告费80 000元。

(16)结转已销产品的生产成本。

(17)计算应交纳的城市维护建设税(7%)及教育费附加(3%)。

(18)结转本月的收入到"本年利润"账户。

(19)结转本月的费用到"本年利润"账户。

(20)计算企业本月应交所得税费用。

要求:根据以上经济业务编制相关会计分录。

第五章 会计循环(一)：会计凭证的填制与审核

学习目标

1. 理解会计凭证的概念；
2. 理解会计凭证的意义与作用；
3. 掌握会计凭证的内容和种类；
4. 掌握原始凭证、记账凭证的填制与审核；
5. 熟悉会计凭证的传递和保管。

思维导图

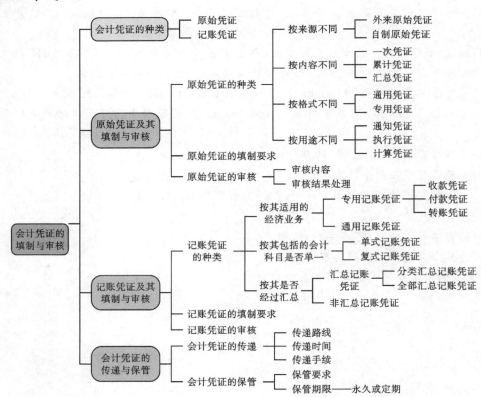

引导案例

八一经济合作社系原杨柳镇八一居委会群众选举产生的集体经济组织,于20×2年底成立,具体负责管理、处置八一居委会的财产,由刘某任会计。20×7年12月,八一经济合作社解散,所有会计资料均存放在杨柳社区城管办公室,由刘某及出纳李某保管。20×8年3月13日,李某提出封账,并通知原八一经济合作社管理人员曹某、赵某、张某到杨柳社区城管办公室。对原八一经济合作社账目进行封账后,曹某提出将会计文件柜卖掉,于是刘某喊来收废品的人,除保留账本及20×7年9月1日后的会计凭证外,其余会计凭证作价10元钱卖给收废品的人。当日,刘某将未卖的20×7年9月1日后的会计凭证带回家。20×8年3月19日,县纪检委、经管局、杨柳镇政府组成专门班子对原八一经济合作社财务资料进行封存。此时,刘某称会计凭证全部当作废纸卖给废品收购站了。然而,县公安局经侦大队侦查得知,原八一经济合作社20×7年9月1日后的会计凭证并未被卖掉,但刘某拒不交出。直至20×8年5月5日公安干警到刘某家中,其儿媳将该部分会计凭证找出来交给公安机关。经本省某司法鉴定所鉴定,刘某销毁会计凭证涉及20×7年前支出金额14 794 959.82元,隐匿会计凭证涉及20×7年9月1日以后支出金额3 803 122.04元。

结合上述材料请思考:会计凭证有哪些作用?应当如何保管?

课程思政

古人说:"欲知平直,则必准绳;欲知方圆,则必规矩。"会计档案为检查、监督经济活动提供原始依据,通过会计档案可以了解企业、行政事业单位的经济活动和财务收支情况。因此,会计档案管理是日常会计工作的重要内容。各单位需要依照《中华人民共和国档案法》《中华人民共和国会计法》《会计档案管理办法》等法律法规,建立健全会计档案的立卷、归档、调阅、保存和销毁等管理制度,切实管好、用好会计档案。

"天下从事者,不可以无法仪。无法仪而其事能成者,无有也。"在会计档案管理中,让"规矩意识"成为一种习惯,一种常态,尽力避免"随心所欲",才能时刻以"如履薄冰"的警醒和危机感面对工作,让会计发挥应有的作用,维护正常的市场经济秩序。

第一节 会计凭证的内容与意义

一、会计凭证概述

(一)会计凭证的概念

会计凭证是记录经济业务、明确经济责任、按一定格式编制的据以登记会计账簿的书面证明。

会计主体的所有经济业务都要办理相应的凭证手续,由执行或完成该项业务的有关人员填制或取得会计凭证,记录经济业务发生的日期,并反映经济业务的内容、数量和金额,还要在会计凭证上签名或盖章,以明确经济责任。此外,所有会计凭证在填制或取得后还必须经过审核。这是因为,经济越来越复杂化,利益相关者之间难免会有冲突,为了保证会计信息的真实、可靠,满足会计信息使用者的相关需求,审核是必须的途径。

(二)会计凭证的种类

会计凭证按其编制程序和用途的不同,分为原始凭证和记账凭证。

原始凭证是证明经济业务已经发生,明确经济责任,并用作记账原始依据的一种凭证。它是在经济业务最初发生之时即行填制的原始书面证明,如销货发票、款项收据等。原始凭证是会计核算的重要资料。

记账凭证又称记账凭单或分录凭单,以原始凭证为依据,作为记入账簿内各个分类账户的书面证明,如收款凭证、付款凭证、转账凭证等。记账凭证由会计人员根据审核无误的原始凭证按照经济业务事项的内容加以归类,并据以确定会计分录后填制。

二、会计凭证的意义

(一)记录经济业务的发生和完成情况,为会计核算提供原始依据

会计凭证是记录经济活动的最原始资料,是经济信息的载体。通过会计凭证的加工、整理和传递,会计主体可以直接取得和传导经济信息,既协调了会计主体内部各部门、各单位之间的经济活动,保证生产经营各个环节的正常运转,又为会计分析和会计检查提供了基础资料。

(二)检查经济业务的真实性、合法性和合理性,为会计监督提供重要依据

通过审核会计凭证,可以对经济业务发生的合理性、合法性进行监督,严格控制单位经济活动在国家法律法规的规范下运行,保护各会计主体所拥有资产的安全完整,维护投资者、债权人和有关各方的合法权益,充分发挥会计监督作用。

(三)明确经济责任,为落实岗位责任制提供重要文件

由于会计凭证记录了每项经济业务的内容,并要由有关部门和经办人员签名或盖章,这就要求有关部门和人员对经济活动的真实性、正确性、合法性负责。这样无疑会增强有关部门和有关人员的责任感,促使他们严格按照有关政策、法令、制度、计划或预算办事。如发生违法乱纪或经济纠纷事件,也可借助于会计凭证确定各经办部门和人员所负的经济责任,并据以进行正确的裁决和处理,从而加强经营管理的岗位责任制。

(四)监督经济活动,控制经济运行

利用会计凭证可以发挥会计的监督作用,保证单位财产的安全完整和有效运用。由于对一切经济业务、事项,如财产的收发、现金的收付、往来款项的结算以及费用的开支等,都要填制凭证,这样就可以通过凭证的审核,查明各项经济业务是否符合有关政策、制度、计划和预算的规定,有无铺张浪费和损害单位利益的行为,可以及时发现经济管理上存在的问题和管理制度上存在的漏洞,从而严肃财经纪律。

第二节 原始凭证及其填制与审核

一、原始凭证的基本内容

(一)原始凭证的概念

原始凭证又称单据,是在经济业务发生或完成时取得或填制的,用以记录或证明经济业务

的发生或完成情况的文字凭据。如出差乘坐的车船票、采购材料的发货票、到仓库领料的领料单等。原始凭证是在经济业务发生的过程中直接产生的,是经济业务发生的最初证明,也是会计账务处理的原始依据。凡不能证明经济业务已经发生或完成的有关文件,如材料请购单、生产通知单、派工单、购货合同等,以及不具备法律效力或不具备原始凭证基本内容的有关单据,都不能视同原始凭证,也就不能作为会计账务处理的依据。

(二)原始凭证的基本要素

由于原始凭证的来源和用途不同,各单位经济业务的复杂性及经济管理的要求不同,因此其名称、格式、内容等也不尽相同。但作为经济业务发生或完成的原始证明,不同原始凭证都应具备一些基本要素,主要有:①原始凭证名称;②填制凭证的日期和编号;③填制凭证单位名称或者填制人姓名;④对外凭证要有接收凭证单位的名称;⑤经济业务所涉及的数量、计量单位、单价和金额;⑥经济业务的内容摘要;⑦经办业务部门或人员的签章。

(三)原始凭证的种类

1. 按照来源不同可分为外来原始凭证、自制原始凭证

外来原始凭证,是单位与其他单位或个人发生经济往来关系时,从外单位或个人取得的凭证。例如,单位购买材料时,从供应单位取得的发票。外来原始凭证都是一次凭证。

自制原始凭证,是由本单位的部门或者人员,在执行或完成某项经济业务时填制的原始凭证。例如,领用材料时的领料单、限额领料单,材料验收入库时的收料单,职工出差填制的差旅费报销单,等等。以领料单为例,其格式如表5-1所示。

表5-1 领料单

材料批号:			发料仓库:				领料部门:	
编号	类别	材料名称	规格	单位	数量		价格	
					请领	实发	单价	金额
主管:			记账:		保管人:		领料人:	

2. 按照内容不同可分为一次凭证、累计凭证和汇总凭证

一次凭证是指只反映一项经济业务或同时记录若干项同类性质经济业务的原始凭证,其填制手续一次完成。各种外来原始凭证都是一次凭证,自制原始凭证中的领料单、职工借款单、购进材料入库单、材料费用分配表等也是一次凭证。

累计凭证是指在一定时期内(一般以一月为限)用以多次登记连续发生的同类经济业务的自制原始凭证,其填制手续随着经济业务事项的发生而分次进行。以限额领料单为例,其格式如表5-2所示。

表 5-2　限额领料单

材料批号：　　　　　　　　　发料仓库：　　　　　　　　　领料部门：

编号	类别	材料名称	规格	单位	领用限额	单价	金额

日期	请领数量	实发数量	发料人	领料人	限额结余	退库数量	退库单编号
合计							

主管：　　　　　　　　　记账：　　　　　　　　　保管人：

汇总凭证是指根据一定时期内反映相同经济业务的多张原始凭证，汇总编制而成的自制原始凭证，以集中反映某项经济业务的总括发生情况。汇总原始凭证既可以简化会计核算工作，又便于进行经济业务的分析比较。如工资汇总表、现金收入汇总表、发料凭证汇总表等都是汇总原始凭证。以发料凭证汇总表为例，其格式如表 5-3 所示。

表 5-3　发料凭证汇总表

材料类别：　　　　　　　　　年　　月　　日　　　　　　　　　附领料单　　份

用途	领料单位	第一仓库	第二仓库	第三仓库	合计
总计					

主管会计：　　　　　　　　　审核：　　　　　　　　　制表：

汇总原始凭证只能将同类内容的经济业务汇总填列在一张汇总凭证中。在一张汇总凭证中，不能将两类或两类以上的经济业务汇总填列。汇总原始凭证的优点有：简化核算手续，提高核算工作效率；使核算资料更为系统化，核算过程更为条理化；能够直接提供某些综合指标。因此，汇总原始凭证在大中型企业中使用非常广泛。

3. 按照格式不同可分为通用凭证、专用凭证

通用凭证是指由有关部门统一负责印制，在一定范围内使用的具有统一格式和使用方法的原始凭证，如某省（市）印制的在该省（市）通用的发货票、由中国人民银行制作的在全国通用的银行转账结算凭证、由国家税务总局统一印制的全国通用的增值税专用发票等。以增值税专用发票为例，其发票联格式如表 5-4 所示。

表 5－4　增值税专用发票　　　　　　　　　　No×××××××××

发票联　　　　　　　　　　　　开票日期：　　年　月　日

购买方	名　　称： 纳税人识别号： 地址、电话： 开户行及账号：	密码区	

货物或应税劳务、服务名称	规格型号	单位	数量	单价	金额	税率	税额
合　　计							

价税合计（大写）	（小写）

销售方	名　　称： 纳税人识别号： 地址、电话： 开户行及账号：	备注

收款人：　　　　　　　复核：　　　　　　　开票人：　　　　　　　销售方：（章）

专用凭证是指由单位自行印制，仅在本单位内部使用的原始凭证，如领料单、差旅费报销单、折旧计算表、工资费用分配表等。以差旅费报销单为例，其格式如表 5－5 所示。

表 5－5　差旅费报销单

部门：　　　　　　　　　　　　　　　　年　月　日

出差人						出差事由					
出发			到达			交通费		出差补贴		其他费用	
月	日	时	地点	月	日	时	地点	交通工具	金额	天数	金额	项目	金额
												住宿费	
												市内车费	
												餐饮费	
												其他	
				合计									
报销总额						预借差旅费				补领金额	
										退还金额	

主管：　　　　　　　出纳：　　　　　　　审核：　　　　　　　领款人：

4. 按照用途不同可分为通知凭证、执行凭证、计算凭证

通知凭证是指通知、要求、指示或命令单位进行某项经济业务的原始凭证，如缴、付款通知书,罚款通知书,等等。

执行凭证是用来证明某项经济业务已经完成的原始凭证,又称为证明凭证,如发货单、领料单、增值税专用发票等。

计算凭证是指根据其他原始凭证和有关会计核算资料进行相关计算而编制的原始凭证,又称为手续凭证。这类凭证有制造费用分配表、产品成本计算单、工资计算表等。

二、原始凭证的填制要求

(一)记录要真实

原始凭证所填列的经济业务内容和数字必须真实可靠,不得弄虚作假和涂改、挖补。

(二)内容要完整

原始凭证中规定的各项目,必须填写齐全,不能遗漏和简略;需要填一式数联的原始凭证,必须用复写纸套写,各联的内容必须完全相同,联次也不得缺少;业务经办人员必须在原始凭证上签名或盖章,对凭证的真实性和正确性负责。

(三)手续要完备

单位自制的原始凭证必须有经办单位领导或者其他指定的人员签名盖章;对外开出的原始凭证必须加盖本单位公章;从外部取得的原始凭证,必须盖有填制单位的公章;从个人取得的原始凭证,必须有填制人员的签名盖章。

(四)书写要清楚

原始凭证要用蓝色或黑色笔书写,字迹清楚、规范;填写支票必须使用碳素笔;属于需要套写的凭证,必须一次套写清楚;各种凭证不得随意涂改、刮擦、挖补,若填写错误,应采用规定方法予以更正。对于重要的原始凭证,如支票以及各种结算凭证,一律不得涂改。对于预先印有编号的各种凭证,在填写错误后,要加盖"作废"戳记,并单独保管。

(五)数字书写要规范

阿拉伯数字应一个一个地写,不得连笔写。合计的小写金额前应加注币值符号,如"¥""US$"等;币值符号与阿拉伯金额数字之间不得留有空白。所有以元为单位的阿拉伯金额数字,除表示单价等情况外,一律填写到角分,无角分的,角位和分位可写"00"或符号"—";有角无分的,分位应写"0",不得用符号"—"代替。凡阿拉伯数字前写有人民币符号"¥"的,数字后面不再写"元"字。汉字大写金额数字及单位,一律用正楷字或行书字书写,如壹、贰、叁、肆、伍、陆、柒、捌、玖、拾、佰、仟、万、亿、圆、角、分、零、整等易于辨认、不易涂改的字样。大写金额有分的,后面不加"整"(或"正")字,其余一律在末尾加"整"(或"正")字;大写金额前应加注币值单位,注明"人民币""美元"等字样,且币值单位与金额数字之间,以及各金额数字之间不得留有空隙。阿拉伯金额数字中间有"0"时,汉字大写金额要写"零"字,如101.50,汉字大写金额应写成"人民币壹佰零壹圆伍角整"。阿拉伯金额数字中间连续有几个"0"时,汉字大写金额中可以只写一个"零"字,如1004.56,汉字大写金额应写成"人民币壹仟零肆圆伍角陆分"。阿拉伯金额数字元位是"0",或数字中间连续有几个"0"、元位也是"0"但角位不是"0"时,汉字大写金额可只写一个"零"字,也可不写"零"字,如1320.56,汉字大写金额应写成"人民币壹仟叁佰贰拾圆零伍角陆分",或"人民币壹仟叁佰贰拾圆伍角陆分"。

(六)编号要连续

如果原始凭证已预先印定编号,在写坏作废时,应加盖"作废"戳记,妥善保管,不得撕毁。

(七)不得涂改、刮擦、挖补

原始凭证有错误的,应当由出具单位重开或更正,更正处应当加盖出具单位印章。原始凭证金额有错误的,应当由出具单位重开,不得在原始凭证上更正。

(八)填制要及时

每笔经济业务发生或完成后,经办业务的有关部门和人员必须及时填制原始凭证,做到不拖延、不积压,并按规定的程序将其送交会计部门。

(九)统一格式

一般情况下,诸如增值税专用发票之类的原始凭证由税务机关统一印制和监制,一般发票由财政部门统一印制和监制。

三、原始凭证的审核

(一)审核内容

1. 审核原始凭证的合法性

合法性审核包括原始凭证所记录经济业务是否有违反国家法律法规的情况,是否履行了规定的凭证传递和审核程序,是否有贪污腐化等行为。

2. 审核原始凭证的真实性

真实性审核包括原始凭证日期是否真实、业务内容是否真实、数据是否真实等内容的审查。此外,外来原始凭证必须有填制单位公章和填制员签章;自制原始凭证必须有经办部门和经办人员的签字或盖章;通用原始凭证还应审核凭证本身的真实性,以防假冒。

3. 审核原始凭证的合理性

合理性审核包括审核原始凭证所记录的经济内容是否符合单位生产经营的需要,是否符合有关的计划、预算,等等。

4. 审核原始凭证的完整性

完整性审核包括审核原始凭证所填写的项目是否齐全,是否有漏项情况,数字是否清晰,文字是否工整,手续是否完备,有关单位和人员是否盖章、签名,凭证联次是否正确,等等。

5. 审核原始凭证的正确性

正确性审核包括:审核原始凭证各项金额的计算及填写是否符合标准;凭证中有书写错误的,是否采用正确的方法更正。

6. 审核原始凭证的及时性

经济业务发生或完成时,应及时填制有关原始凭证。审核时应注意审查凭证的填制日期,尤其是支票、银行汇票、银行本票等时效性较强的原始凭证,更应仔细验证其签发日期。

(二)审核结果处理

(1)对于完全符合要求的原始凭证,应及时编制记账凭证入账。

(2)对于真实、合理、合法但记载不准确、不完整的原始凭证,应退回有关经办人,由其负责将有关凭证补充完整,更正错误或重开后,再办理会计手续。

(3)对于不真实、不合法的原始凭证,会计机构、会计人员有权不予接受,并向单位负责人报告。

第三节 记账凭证及其填制与审核

一、记账凭证的基本内容

(一)记账凭证的概念

记账凭证又称记账凭单或分录凭单,是会计人员根据审核无误的原始凭证按照经济业务事项的内容加以归类,并据以确定会计分录后所填制的会计凭证。

原始凭证来自不同的单位,种类繁多,数量庞大,格式不一,不能清楚地表明应记入的会计科目的名称和方向。为了便于登记账簿,需要根据原始凭证反映的不同经济业务,加以归类和整理,填制具有统一格式的记账凭证,确定会计分录,并将相关的原始凭证附在后面。这样不仅可以简化记账工作、减少差错,而且有利于原始凭证的保管,便于对账和查账,提高会计工作质量。

(二)记账凭证的基本要素

作为记账直接依据的记账凭证应当具备以下基本内容:
(1)记账凭证的名称;
(2)填制记账凭证的日期;
(3)记账凭证的编号;
(4)经济业务事项的内容摘要;
(5)经济业务事项所涉及的会计科目及其记账方向;
(6)经济业务事项的金额;
(7)记账标记;
(8)所附原始凭证张数;
(9)会计主管、记账、审核、出纳、制单等有关人员的签名或者盖章。

(三)记账凭证的种类

1. 按其适用的经济业务,记账凭证分为专用记账凭证和通用记账凭证

(1)专用记账凭证。专用记账凭证是用来专门记录某一类经济业务的记账凭证。按其所记录的经济业务是否与现金和银行存款的收付有无,专用记账凭证又分为收款凭证、付款凭证和转账凭证。

①收款凭证:用于记录库存现金和银行存款收款业务的会计凭证。它是根据有关现金和银行存款收入业务的原始凭证填制的,是登记现金日记账、银行存款日记账以及有关明细账和总账等账簿的依据,也是出纳人员收讫款项的依据。收款凭证格式如表5-6所示。

表 5-6　收款凭证

借方科目　　　　　　　　　　　　　　年　月　日　　　　　　　　　　　　____字第____号

摘要	贷方科目		记账	金额	附件张
	总账科目	明细科目			
合计					

会计主管：　　　　　记账：　　　　　稽核：　　　　　出纳：　　　　　制单：

②付款凭证：用于记录库存现金和银行存款付款业务的会计凭证。它是根据有关现金和银行存款支付业务的原始凭证填制的，是登记现金日记账、银行存款日记账以及有关明细账和总账等账簿的依据，也是出纳人员付讫款项的依据。付款凭证如表 5-7 所示。

表 5-7　付款凭证

贷方科目　　　　　　　　　　　　　　年　月　日　　　　　　　　　　　　____字第____号

摘要	借方科目		记账	金额	附件张
	总账科目	明细科目			
合计					

会计主管：　　　　　记账：　　　　　稽核：　　　　　出纳：　　　　　制单：

收款凭证和付款凭证是用来记录货币收付业务的凭证，既是登记现金日记账、银行存款日记账、明细分类账及总分类账等账簿的依据，也是出纳人员收、付款项的依据。出纳人员不能依据现金、银行存款收付业务的原始凭证收付款项，必须根据会计主管人员或指定人员审核批准的收款凭证和付款凭证收付款项，以加强对货币资金的管理，有效地监督货币资金的使用。

③转账凭证：用于记录不涉及库存现金和银行存款业务的会计凭证。它是根据有关转账业务的原始凭证填制的。转账凭证是登记总分类账及有关明细分类账的依据。转账凭证格式如表 5-8 所示。

表 5-8　转账凭证

年　月　日　　　　　　　　　　　　____字第____号

摘要	总账科目	明细科目	记账	借方金额	贷方金额	附件张
合计						

会计主管：　　　　　记账：　　　　　稽核：　　　　　出纳：　　　　　制单：

(2)通用记账凭证。通用记账凭证是一种适合所有经济业务的记账凭证。通用记账凭证没有将记账凭证按照内容进行分类,而是发生什么样的经济业务就直接做会计分录,不用再进行详细分类。采用通用记账凭证,将经济业务所涉及的会计科目全部填列在一张凭证内,借方在前,贷方在后,将各会计科目所记应借应贷的金额填列在"借方金额"和"贷方金额"栏内,借贷要相等。通用记账凭证一般适用于业务量少、凭证不多的小型企事业单位,其格式与转账凭证基本相同。

2. 按其包括的会计科目是否单一,记账凭证分为单式记账凭证和复式记账凭证两类

(1)单项记账凭证。单项记账凭证,也称单式凭证,是将一项经济业务涉及的各个会计科目分别填制凭证,即一张凭证中只填列经济业务事项所涉及的一个会计科目及其金额的记账凭证。对方科目只供参考,不据以记账。这也就是把某一项经济业务的会计分录,按其所涉及的会计科目,分散填制两张或两张以上记账凭证。单式记账凭证的格式如表 5-9 和表 5-10 所示。

表 5-9 借项记账凭证

对应科目:　　　　　　　　　　年　　月　　日　　　　　　　　编号

摘要	一级科目	二级或明细科目	金额	记账	附件
					张

会计主管:　　　记账:　　　审核:　　　出纳:　　　制单:

表 5-10 贷项记账凭证

对应科目:　　　　　　　　　　年　　月　　日　　　　　　　　编号

摘要	一级科目	二级或明细科目	金额	记账	附件
					张

会计主管:　　　记账:　　　审核:　　　出纳:　　　制单:

单式记账凭证的优点是内容单一,便于记账工作的分工,也便于按科目汇总;其缺点则是凭证张数多,填制工作量大,内容分散,在一张凭证上不能完整地反映一笔经济业务的来龙去脉。因此,在使用这种记账凭证的场合,需要加强凭证的复核、装订和保管工作。

(2)复式记账凭证。复式记账凭证是将一项经济业务所涉及的应借、应贷的各个会计科目,都集中填列在一张凭证中。复式记账凭证可以集中反映账户的对应关系,因而便于了解经济业务的全貌,了解资金的来龙去脉;便于查账,同时可以减少填制记账凭证的工作量,减少记账凭证的数量;但是不便于汇总计算每一会计科目的发生额,不便于分工记账。收款凭证、付款凭证和转账凭证都是复式记账凭证的格式。

3. 按其是否经过汇总,记账凭证可以分为汇总记账凭证和非汇总记账凭证

(1)非汇总记账凭证。非汇总记账凭证是指按照每项经济业务或按每项经济业务所涉及的每个会计科目填制的记账凭证。前述收款凭证、付款凭证和转账凭证都属于非汇总凭证,其特点是直接根据原始凭证逐笔编制,而不是定期汇总编制。

(2)汇总记账凭证。汇总记账凭证是指根据非汇总记账凭证定期加以汇总而重新编制的记账凭证。汇总记账凭证按汇总方法不同,可分为分类汇总记账凭证和全部汇总记账凭证两种。

①分类汇总记账凭证是定期按照记账凭证的种类分别汇总填制,并据以登记总账的特殊记账凭证。分类汇总的记账凭证可定期按现金、银行存款及转账业务等进行汇总,也可按科目进行汇总。如根据收款凭证汇总填制的"汇总收款凭证",根据付款凭证汇总填制的"汇总付款凭证",根据转账凭证汇总填制的"汇总转账凭证",等等。也可将汇总收款凭证进一步细分为"现金汇总收款凭证"和"银行存款汇总收款凭证",将汇总付款凭证进一步细分为"现金汇总付款凭证"和"银行存款汇总付款凭证"。汇总记账凭证的汇总时间一般不超过十天,每月在一张汇总凭证上汇总三次,月终结出各科目的累计汇总数,并据以登记总账。

汇总收款凭证按借方科目(库存现金或银行存款)设置,按其相对应的贷方科目汇总。汇总收款凭证格式如表 5-11 所示。

表 5-11 汇总收款凭证

借方科目:银行存款　　　　　　　　　××年×月

贷方科目	金额				总账页次	
	1 日至 10 日	11 日至 20 日	21 日至 31 日	合计	借方	贷方
主营业务收入	28 000	75 200	10 000	113 200		
应交税费	3 640	9 776	1 300	14 716		
其他应收款		2 000		2 000		
营业外收入	100		300	400		
合计	31 740	86 976	11 600	130 316		

会计主管:　　　　　　记账:　　　　　　审核:　　　　　　填制:

汇总付款凭证按贷方科目(库存现金或银行存款)设置,按其相对应的借方科目汇总。汇总付款凭证格式如表 5-12 所示。

表 5-12 汇总付款凭证

贷方科目:库存现金　　　　　　　　　××年×月

借方科目	金额				总账页次	
	1 日至 10 日	11 日至 20 日	21 日至 31 日	合计	借方	贷方
应付职工薪酬	140 000			140 000		
制造费用	5 800		6 200	12 000		
管理费用	3 300	1 700	1 000	6 000		
其他应付款	850	300		1 150		
合计	149 950	2 000	7 200	159 150		

会计主管:　　　　　　记账:　　　　　　审核:　　　　　　填制:

汇总转账凭证一律按贷方科目设置,按其相对应的借方科目汇总。因此,转账凭证上的分录一定要做成简单分录或一贷多借的复合分录。汇总转账凭证的格式如表 5-13 所示。

表 5-13　汇总转账凭证

贷方科目：原材料　　　　　　　　　　××年×月

借方科目	金　额				总账页次	
	1日至10日	11日至20日	21日至31日	合　计	借方	贷方
生产成本			79 000	79 000		
制造费用			2 800	2 800		
管理费用			4 500	4 500		
其他业务成本			1 730	1 730		
合计			88 030	88 030		

会计主管：　　　　　　记账：　　　　　　审核：　　　　　　填制：

②全部汇总记账凭证。全部汇总记账凭证是根据一定期间的记账凭证全部汇总填制的，如"科目汇总表"就是全部汇总记账凭证。其格式如表 5-14 所示。

表 5-14　科目汇总表

　　　　　　　　　　　年　月　日— 年　月　日　　　　　　　　　　　第　号

会计科目	总账页数	本期发生额		记账凭证起讫号数
		借方	贷方	
合计				

二、记账凭证的填制要求

（一）基本要求

（1）记账凭证应连续编号。填制记账凭证时，应当对记账凭证进行连续编号，即每月从第 1 号起编，按顺序编至月末，以分清会计业务处理的先后顺序，便于凭证与账簿的核对。使用不同种类的记账凭证，编号的方法有所不同。在使用单一记账凭证时，可将单位发生的经济业务按发生的顺序统一编号；采用收款凭证、付款凭证和转账凭证的，可进行分类编号，即按凭证类别顺序编号，如按收字第×号、付字第×号、转字第×号三类编号，或按现收字第×号、现付字第×号、银收字第×号、银付字第×号、转字第×号五类编号。无论使用哪种记账凭证，都应按月连续进行编号。一笔经济业务需要填制两张以上记账凭证的，可以采用"分数编号法"，例如企业发生的第 78 笔业务需要编制三张凭证，在编号时分别写成 78 1/3，78 2/3，78 3/3。

（2）记账凭证的书写应清楚、规范。特别是金额数字的书写要正确规范，与原始凭证相符，记账凭证上所填的金额应是所附原始凭证的合计金额。

（3）记账凭证应以原始凭证为依据。除结账和更正错误的记账凭证可以根据账簿记录填制、不附原始凭证外，其他记账凭证必须根据原始凭证填制。收款凭证和付款凭证是根据收、付款的原始凭证编制的。转账凭证是根据有关转账业务的原始凭证或者账簿记录编制的。记账凭证可以根据每一张原始凭证填制，也可以根据若干张同类原始凭证汇总编制，还可以根据原始凭证汇总表编制,但不得将不同内容和类别的原始凭证编制在一张记账凭证上。

(4)填制记账凭证时若发生错误应当重新填制。已登记入账的记账凭证在当年内发现填写错误时,可以用红字填写一张与原内容相同的记账凭证,在摘要栏注明"注销某月某日某号凭证"字样,同时再用蓝字重新填制一张正确的记账凭证,注明"订正某月某日某号凭证"字样。如果会计科目没有错误,只是金额错误,也可将正确数字与错误数字之间的差额,另编一张调整的记账凭证,调增金额用蓝字,调减金额用红字。发现以前年度记账凭证有错误的,应当用蓝字填制一张更正的记账凭证。

(5)摘要填写应简明扼要。记账凭证的摘要栏是填写经济业务简要说明的,摘要应与原始凭证内容相一致,正确反映经济业务的主要内容,既要防止简而不明,又要防止过于烦琐,应使阅读者通过摘要就能了解该项经济业务的性质、特征,判断出会计分录的正确与否,一般不需要再去翻阅原始凭证或询问有关人员。

(6)记账凭证中填制完经济业务事项后,如有空行,应当自金额栏最后一笔金额数字下的空行处至合计数上的空行处画线注销。

(7)记账凭证所附原始凭证的张数,一般应以原始凭证的自然张数为准。如果记账凭证附有原始凭证汇总表,应该把所附的原始凭证和原始凭证汇总表的张数一起计入附件张数之内。对于需要单独保管的原始凭证,应当在记账凭证上注明单独存放的地点。

(8)记账凭证填制完毕,有关人员应该签字或者盖章。

(二)收款凭证的编制要求

凡涉及现金或银行存款增加的业务(现金和银行收款之间划转业务除外),都必须填制收款凭证。收款凭证左上角的"借方科目"按收款的性质填写"现金"或"银行存款";日期填写的是编制本凭证的日期;右上角填写编制收款凭证的顺序号;"摘要"填写对所记录的经济业务的简要说明;"贷方科目"填写与收入现金或银行存款相对应的会计科目;"记账"是指该凭证已登记账簿的标记,防止经济业务事项重记或漏记;"金额"是指该项经济业务事项的发生额;该凭证右边"附件××张"是指本记账凭证所附原始凭证的张数;最下边分别由有关人员签章,以明确经济责任。

(三)付款凭证的编制要求

付款凭证是用来记录货币资金付款业务的记账凭证,是根据审核无误的有关现金和银行存款付款业务的原始凭证填制的。在借贷记账法下,付款凭证的设置科目是贷方科目,在付款凭证左上方所列的"贷方科目"应填列"库存现金"或"银行存款"科目;在付款凭证内所反映的借方科目,应填列与付出现金或银行存款相对应的一级科目和二级明细科目;其余各项目的填列方法与收款凭证基本相同。对于涉及"现金"和"银行存款"之间的经济业务,为避免重复一般只编制付款凭证,不编收款凭证。

(四)转账凭证的编制要求

转账凭证是根据转账业务的原始凭证填制的,其填制方法与收款凭证、付款凭证有所不同。转账凭证的科目栏应分别填列应借、应贷的一级账户和所属的明细账户。借方账户应记金额,在借方账户同一行的"借方金额"栏填列;贷方账户应记金额,在贷方账户同一行的"贷方金额"栏填列。借、贷方金额栏合计数应相等。

三、记账凭证的审核

为使记账凭证的填制符合记账要求,正确反映经济业务的内容,登记账簿前,必须由专人对记账凭证进行审核。记账凭证的审核是在对原始凭证审核的基础上所进行的再审核,着重审核记账凭证的填制是否正确、是否符合规定要求。审核的主要内容有以下几点:

(1)审核是否按已审核无误的原始凭证填制记账凭证。审核记账凭证是否附有原始凭证;记录的内容与所附原始凭证是否一致,金额是否相等;所附原始凭证的张数是否与记账凭证所列附件张数相符。审核记账凭证汇总表与记账凭证的内容是否一致。

(2)审核记账凭证所列会计科目(包括一级科目、明细科目)是否正确,应借、应贷方向和金额是否正确;借贷双方的金额是否平衡;明细科目金额之和与相应的总账科目的金额是否相等。

(3)审核记账凭证摘要是否填写清楚,日期、凭证编号、附件张数以及有关人员签章等各个项目填写是否齐全。若发现记账凭证的填制有差错或者填列不完整、签章不齐全,应查明原因,责令更正、补充或重填。只有经过审核无误的记账凭证,才能据以登记账簿。

四、原始凭证与记账凭证的关系

原始凭证与记账凭证之间存在着密切的联系。原始凭证是记账凭证的基础,记账凭证是根据原始凭证编制的。在实际工作中,原始凭证附在记账凭证后面,作为记账凭证的附件;记账凭证是对原始凭证内容的概括和说明;原始凭证有时是登记明细账户的依据。

记账凭证和原始凭证同属于会计凭证,但二者存在着以下差别:

(1)原始凭证是由经办人员填制的,记账凭证一律由会计人员填制。

(2)原始凭证是根据发生或完成的经济业务填制的,记账凭证是根据审核后的原始凭证填制的。

(3)原始凭证仅用以记录、证明经济业务已经发生或完成,记账凭证要依据会计科目对已经发生或完成的经济业务进行归类、整理。

(4)原始凭证是填制记账凭证的依据,记账凭证是登记账簿的依据。

第四节 会计凭证的传递与保管

一、会计凭证的传递

(一)会计凭证传递的概念

会计凭证的传递是指各种会计凭证从填制、取得到归档保管为止的全部过程,即在企业、事业和行政单位内部有关人员和部门之间传送、交接的过程。各单位要严格规定各种凭证的填写、传递单位与凭证份数,规定会计凭证传递的程序、移交的时间和接受与保管的部门。

会计凭证的传递主要包括凭证的传递路线、传递时间和传递手续三个方面的内容。

1. 传递路线

传递路线规定各种经济业务应填制何种会计凭证,经济业务发生时由谁填制或取得,交谁接办该项业务;当某项业务由两个以上部门共同办理时,还应规定凭证应传递到哪些环节及其先后顺序。如果一项经济业务需要填制或取得数联会计凭证时,还应为每一联会计凭证分别规定其用途和传递路线。各种会计凭证的传递路线应根据它所记录的经济业务的特点、本单位机构的设置、岗位分工以及经济管理的需要等情况具体规定,但要避免通过不必要的环节,防止公文旅行,以提高办事效率。

2. 传递时间

会计凭证的传递时间,应考虑各部门和有关人员的工作内容和工作量在正常情况下完成的时间,明确规定各种凭证在各个环节上停留的最长时间,不能拖延和积压会计凭证,以免影响会计工作的正常程序。一切会计凭证的传递和处理,都应在报告期内完成,不允许跨期,否则将影响会计核算的准确性和及时性。

3. 传递手续

会计凭证的传递手续是指在凭证传递过程中的衔接手续。传递手续应该做到既完备严密,又简便易行。凭证的收发、交接都应按一定的手续制度办理,以保证会计凭证的安全和完整。

(二)会计凭证传递的意义

正确组织会计凭证的传递,对于及时处理和登记经济业务,明确经济责任,实行会计监督,具有重要作用。会计凭证传递的实质是在单位内部经营管理各部门之间、各环节之间搭建桥梁,起着协调和组织的作用。会计凭证传递程序是单位管理规章制度重要的组成部分,传递程序的科学与否,反映一个单位管理的科学程度。会计凭证传递的意义如下:

(1)有利于及时反映各项经济业务的发生或完成情况。通过确定会计凭证传递程序和时间,能把有关经济业务的完成情况及时反映给有关部门和人员,以保证会计凭证按时送到财务会计部门,及时记账、结账,按规定编制会计报表。

(2)有利于正确组织经济活动,贯彻经济责任制。通过正确地组织会计凭证的传递,能把本单位各有关部门和人员的活动紧密联系起来,明确分工协作关系,强化各工作的监督和制约作用,体现经济责任制度的执行情况。

(3)有利于加强会计监督。会计凭证实际上起着相互牵制、监督的作用,可以督促各有关部门和人员及时正确地完成各项经济业务,并按规定办理好各种凭证手续,从而加强各部门岗位责任制,有助于发挥会计的监督作用。

(三)会计凭证传递的要求

(1)要根据经济业务的特点、单位内部机构的设置和人员分工情况,以及经营管理上的需要,恰当地规定各种会计凭证的联数和所流经的必要环节,做到既要使各有关部门和人员能利用凭证了解经济业务情况,并按照规定手续进行处理和审核,又要避免凭证传递通过不必要的环节,影响传递速度。

(2)要根据有关部门和人员对经济业务办理必要手续(如计量、检验、审核、登记等)的需要,确定凭证在各个环节停留的时间,保证业务手续的完成。但又要防止不必要的耽搁,从而使会计凭证以最快速度传递,以充分发挥它及时传递经济信息的作用。

(3)建立凭证交接的签收制度。为了确保会计凭证的安全和完整,在各个环节中都应指定专人办理交接手续,做到责任明确,手续完备、严密、简便易行。

二、会计凭证的保管

会计凭证是重要的经济资料和会计档案。任何单位在完成经济业务手续和记账之后,必须按规定的立卷归档制度形成会计档案资料。

(1)会计凭证应定期装订成册,防止散失。会计部门在依据会计凭证记账以后,应定期(每天、每旬或每月)对各种会计凭证进行分类整理,将各种记账凭证按照编号顺序,连同所附原始凭证一起加具封面、封底,装订成册,并在装订线上加贴封签,由装订人员在装订线封签外签名或盖章。

(2)从外单位取得的原始凭证如有遗失,应取得原开出单位盖有公章的证明,并注明原始凭证的号码、金额、内容等,由经办单位会计机构负责人、会计主管人员和单位领导人批准后,才能代作原始凭证。若确实无法取得证明的,如火车、轮船、飞机票等凭证,由当事人写出详细情况,由经办单位会计机构负责人、会计主管人员和单位领导人批准后,代作原始凭证。

(3)会计凭证封面应注明单位名称、凭证种类、凭证张数、起讫号数、年度、月份、会计主管人员、装订人员等有关事项,会计主管人员和会计保管人员应在封面上签章。

(4)会计凭证应加贴封条,防止抽换凭证。原始凭证不得外借,其他单位如有特殊原因确实需要使用时,经本单位会计机构负责人、会计主管人员批准,可以复制。向外单位提供的原始凭证复印件,应在专设的登记簿上登记,并由提供人员和收取人员共同签名或盖章。

(5)原始凭证较多时,可以单独装订,但应在会计凭证封面上注明所属记账凭证的日期、编号和种类,同时在所属的记账凭证上应注明"附件另订"及原始凭证的名称和编号,以便查阅。对各种重要的原始凭证,如各种经济合同、存出保证金收据及涉外文件等,以及各种需要随时查阅和退回的单据,应另编目录,单独登记保管,并在有关记账凭证和原始凭证上相互注明日期和编号。

(6)每年装订成册的会计凭证,在年度终了时可暂由单位会计机构保管一年,期满后应当移交本单位档案机构统一保管;未设立档案机构的,应当在会计机构内部指定专人保管。出纳人员不得兼管会计档案。

(7)严格遵守会计凭证的保管期限要求,期满前不得任意销毁。

为了延长会计档案的寿命,长远地利用会计档案,必须采取保护措施。首先,要严格执行安全和保密制度。安全是指档案完好无缺,做到不丢失、不破损、不霉烂、不被虫咬等;保密是指会计档案的信息不能超过规定传递的范围。其次,要严格执行检查、保管制度,要有专人负责保管,有关单位、人员要定期地检查会计档案的保存情况,要严格按规定的程序、技术方法处理档案保管中的问题。

各种会计档案的保管期限,根据其特点,分为永久、定期两类。定期保管期限一般分为 10 年和 30 年。会计档案的保管期限和销毁办法,由国务院财政部门会同有关部门制定。

会计档案保管期限如表 5-15 所示。

表 5-15　会计档案保管期限表

序号	档案名称	保管期限	备注
	一、会计凭证类		
1	原始凭证	30 年	
2	记账凭证	30 年	
3	汇总凭证	30 年	
	二、会计账簿类		
4	总账	30 年	包括日记总账
5	明细账	30 年	
6	日记账	30 年	现金和银行存款日记账保管 25 年
7	固定资产卡片		固定资产报废清理后保管 5 年
8	辅助账簿	30 年	
	三、财务报告类		包括各级主管部门汇总财务报告
9	月、季度财务报告	10 年	包括文字分析
10	年度财务报告（决算）	永久	包括文字分析
	四、其他类		
11	会计档案移交清册	30 年	
12	会计档案保管清册	永久	
13	会计档案销毁清册	永久	
14	银行余额调节表	10 年	
15	银行对账单	10 年	

本章小结

会计凭证是记录经济业务、明确经济责任、按一定格式编制的据以登记会计账簿的书面证明。会计凭证按其编制程序和用途的不同，分为原始凭证和记账凭证。原始凭证又称单据，是在经济业务发生或完成时取得或填制的，用以记录或证明经济业务的发生或完成情况的文字凭据。记账凭证又称记账凭单或分录凭单，是会计人员根据审核无误的原始凭证按照经济业务事项的内容加以归类，并据以确定会计分录后所填制的会计凭证。

会计凭证传递在单位内部经营管理各部门之间、各环节之间起着协调和组织作用。会计传递有利于及时反映各项经济业务的发生或完成情况，正确组织经济活动，贯彻经济责任制，加强会计监督。任何单位在完成经济业务手续和记账之后，必须按规定立卷归档，形成会计档案资料，妥善保管，以便日后随时查阅。

本章的引导案例中涉及对会计凭证的处理。会计凭证是重要的会计档案，即使在数据高度信息化的今天，会计凭证的归档与保管也是重要且必要的，需要严格按照会计法律制度，时刻彰显坚持准则的会计职业道德要求。

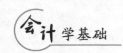

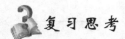 复习思考

一、简答题

1. 填制与审核会计凭证有何意义?
2. 会计凭证如何分类?各类凭证之间有着怎样的关系?
3. 原始凭证填制要求有哪些?
4. 记账凭证填制要求有哪些?
5. 什么是会计凭证传递?会计凭证传递有什么意义?
6. 会计凭证保管要求有哪些?

二、实务题

瑞海公司是增值税一般纳税人,适用增值税税率为13%,只生产A、B两种产品。20×2年11月1日有关账户余额如下。

有关账户余额

账户名称	金额		账户名称	金额	
	借方	贷方		借方	贷方
库存现金	50 000		短期借款		300 000
银行存款	280 000		应付账款		322 000
应收账款	190 000		应付职工薪酬		360 000
原材料	200 000		应交税费		118 000
库存商品	250 000		实收资本		500 000
生产成本	160 000		盈余公积		240 000
固定资产	880 000		利润分配(未分配利润)	10 000	
累计折旧		180 000			
合计	2 010 000	180 000	合计	10 000	1 840 000

其中,成产成本明细账期初余额如下:生产成本——A产品83 262元,生产成本——B产品76 738元。

瑞海公司20×2年11月发生如下经济业务:

(1)1日,向X公司购进下列材料:甲材料500千克,40元/千克,共计20 000元;乙材料1 500千克,20元/千克,共计30 000元;丙材料200件,50元/件,共计10 000元。上述材料买价合计60 000元,增值税专用发票列示增值税进项税额7 800元。材料尚未验收入库,款项尚未支付。

(2)3日,以银行存款支付1日购买原材料运费,其中甲、乙两种材料运费1 200元(按两种材料质量比例分配),丙材料运费300元。不考虑增值税。

(3)以银行存款归还前欠某单位购材料款5 000元。

(4)4日,向Y公司购入甲材料200千克,每千克40元,共计8 000元,增值税专用发票列示进项税额1 040元。全部款项以银行存款支付,材料尚在运输途中。

(5)5日,向Z公司购进下列材料:乙材料500千克,20元/千克,共计10 000元;丙材料300件,50元/件,共计15 000元;合计25 000元,增值税专用发票列示进项税额3 250元,款项尚未支付。

(6)6日,开出转账支票支付(4)、(5)业务中材料的运费和装卸费。其中,甲材料运费和装卸费200元,乙材料运费和装卸费500元,丙材料运费和装卸费500元。不考虑增值税。

(7)6日,上述所购所有材料验收入库,按其实际成本结转。(提示:甲材料700千克,28 500元;乙材料2 000千克,41 400元;丙材料500件,25 800元。合计95 700元。)

(8)7日,从银行提取现金360 000元,准备发放上月职工工资。

(9)8日,用现金360 000元发放上月职工工资。

(10)10日,以银行存款支付当月设备维修费3 000元。

(11)11日,李华预借差旅费,准备外出开会,出纳以现金支付2 200元。

(12)12日,以银行存款转账支付董事会会务费1 200元。

(13)13日,以现金900元购买办公用品。其中,车间领用办公用品400元,厂部管理部门领用办公用品500元。

(14)14日,员工李华出差返回,报销差旅费2 200元。

(15)15日,开出转账支票,向某会计师事务所支付业务咨询费8 000元。

(16)16日,向宏达公司出售商品A产品80件,单价2 300元/件,共计184 000元;B产品40件,单价3 200元/件,共计128 000元;合计金额312 000元。增值税专用发票列示增值税销项税额40 560元。货税款已收存银行。

(17)18日,以银行存款支付16日所出售A、B产品的运杂费5 160元。

(18)19日,向建兴公司销售B产品100件,单价3 200元/件,共计320 000元,销项税额41 600元,款项尚未收到。

(19)20日,向新华公司销售A产品100件,单价2 300元/件,共计230 000元,销项税额29 900元。新华公司签发商业承兑汇票一张,金额为259 900元。

(20)21日,通过银行转账支付产品展销费6 500元。

(21)22日,经公司主管部门批准,将无法支付的应付账款5 000元转作营业外收入。

(22)23日,开出转账支票向当地儿童福利院捐赠15 000元。经批准,做营业外支出。

(23)26日,出售库存戊材料一批,售价10 000元,开具增值税专用发票,列明增值税销项税额1 300元。货税款收存银行。

(24)26日,结转上述已出售戊材料的成本8 000元。

(25)30日,汇总本月发出材料。当月发出材料情况如下所示。

发出材料情况

用途	甲材料		乙材料		丙材料		合计/元
	数量/千克	金额/元	数量/千克	金额/元	数量/件	金额/元	
生产A产品	800	32 000	400	8 000	200	10 000	50 000
生产B产品	600	24 000	200	4 000	100	5 000	33 000
车间一般耗用			200	4 000			4 000
厂部管理耗用			160	3 200			3 200
合计	1 400	56 000	960	19 200	300	15 000	90 200

(26)30日，结算本月用电量。本月共用电12 000度，其中，生产A产品用电6 000度，生产B产品用电3 000度，车间照明用电2 000度，办公区管理部门用电1 000度。每度电0.5元，故本月电费共计6 000元。

(27)30日，结算本月发生的应付职工工资，按其用途汇总如下：

生产车间工人工资	296 400元
其中，A产品生产工人工资	156 000元
B产品生产工人工资	140 400元
车间管理人员工资	26 000元
厂部管理人员工资	52 000元
合计	374 400元

(28)30日，按当月工资总额的14%提取职工福利费。

(29)30日，计提当月固定资产折旧20 000元，其中生产车间应负担15 000元，厂部管理部门应负担5 000元。

(30)30日，结算并支付本月借款利息12 000元。银行直接从瑞海公司的银行存款中扣款。

要求：

(1)假设瑞海公司使用收款凭证、付款凭证和转账凭证，请说明上述业务分别填制哪种记账凭证，并为其编号。

(2)编制上述业务会计分录。

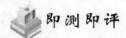

即测即评

即测即评

案例思考

王某是某公司的财务负责人。一次他在复核会计凭证时发现会计李某不小心丢了三张记账凭证。王某经过审核原始凭证后，批评李某工作太马虎，同时让他重新编制三张记账凭证。另一次王某在复核时发现陈某编制的银行存款付款凭证所附200 000元的现金支票存根丢失，同时有几张现金付款凭证所附原始凭证与记账凭证所注张数不符，王某马上让陈某停止工作，并且与他一起回忆、追查这张支票的去向。陈某对此非常不满，认为王某小题大做。

你如何看待这件事？

第六章

会计循环(二)：会计账簿的设置与登记

学习目标

1. 理解会计账簿的概念和设置意义；
2. 掌握日记账、分类账的设置和登记方法；
3. 理解会计账簿的启用和登记规则，熟悉错账更正的方法；
4. 理解对账的要求，掌握结账的方法；
5. 了解账簿的更换与保管要求。

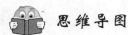

思维导图

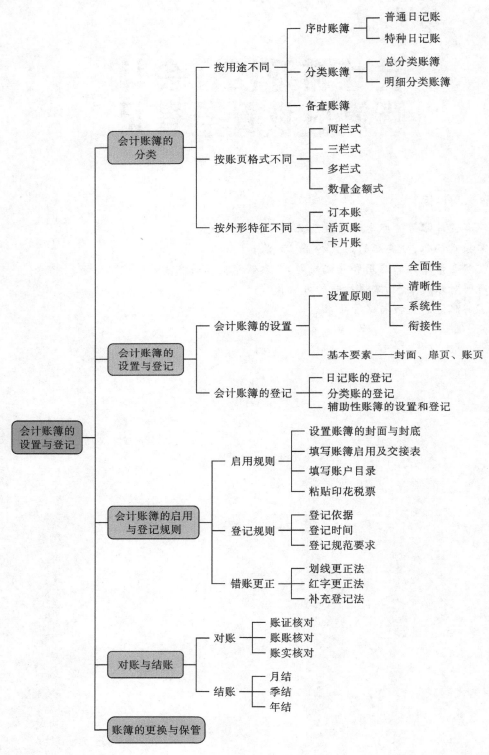

引导案例

A公司是一家主要生产和销售AH-15型车床和BH-16型车床的机械制造公司。20×2年11月,公司安排新入职员工的岗前培训。财务部副部长老吴向新入职会计人员介绍了公司的会计核算制度,通过演示文稿(PPT)向大家演示了公司会计机构设置、会计人员日常工作状态及部分重要会计资料。说到账簿时,老吴一脸严肃地说:"作为会计,你要把公司账簿看得像自己生命一样重要,做到'账在人在,账亡人亡'。"大家听后,顿时感觉肩上像有千斤重担。李小明提出能不能带大家去现场参观一下账簿,吴部长冷静答道"现在还不是时候"。但是,对于大家的好奇与热情,吴部长还是做了回应,他向大家进一步介绍了公司账簿体系以及登记账簿、结账、对账的各项要求。

课程思政

"不谋全局者,不足谋一域。"会计账簿是以会计凭证为依据,对全部经济业务进行全面、系统、连续、分类的记录和核算的簿籍。企业应根据管理需要,科学设置会计账簿,以反映企业完整、系统的经济信息。设置哪些账簿,各类账簿采用什么形式,账页格式如何设计,谁来登记,等等,这些问题需要通盘考虑,否则,可能降低会计工作的效率,更可能产生不当的会计信息,误导信息使用者。

以全局观、重点观看待问题,树立前瞻性思考、全局性谋划、战略性布局的观念,这是我们从会计账簿设置与登记的实践中得到的启示。

第一节 会计账簿的意义与分类

一、会计账簿的意义

从原始凭证到记账凭证,按照一定的会计科目和复式记账法,会计人员将大量的经济信息转化为会计信息记录在记账凭证上。但是,这些记录在会计凭证上的信息还是分散的,不系统的。为了把分散在会计凭证中的大量核算资料加以集中并分类反映,为经营管理提供系统、完整的核算资料,并为编报会计报表提供依据,就必须设置和登记账簿。设置和登记账簿是会计核算的专门方法之一。账簿的设置和登记,对于全面、系统、序时、分类反映各项经济业务,充分发挥会计在经济管理中的作用,具有重要意义。

(1)通过账簿的设置和登记,可以系统地归纳和积累会计核算资料,为改善企业经营管理、合理使用资金提供资料。通过账簿的序时核算和分类核算,可以把单位经营活动情况、收入的构成和支出情况,以及财物的购置、使用、保管情况,全面、系统地反映出来,用于监督计划和核算的执行情况及资金的合理有效使用,促使单位改善经营管理。

(2)通过设置和登记账簿,可以为计算财务成果、编制会计报表提供依据。根据账簿记录的费用、成本和收入、成果资料,可以计算一定时期的财务成果,检查费用、成本、利润计划的完成情况。经核对无误的账簿资料及其加工的数据为编制会计报表提供总括和具体的资料,是编制会计报表的主要依据。

（3）通过设置和登记账簿，为财产清查提供依据。通过设置和登记账簿，能够在账簿中连续反映各项生产物资的增减变动及结存情况，并通过财产清查等方法，确定财产物资的实际结存情况，通过账簿记录控制实存物资，以保证财产物资的安全完整。

（4）通过设置和登记账簿，为开展财务分析和会计检查提供依据。通过对账簿资料的检查、分析，可以了解单位贯彻有关方针、政策和制度的情况，可以考核各项计划的完成情况；另外，通过对账簿资料的检查、分析，能够对资金使用是否合理，费用开支是否符合标准，经济效益有无提高，利润的形成与分配是否符合规定等做出分析、评价，从而找出差距，挖掘潜力，提出改进措施。

二、会计账簿的分类

会计账簿简称账簿，是由具有一定格式、相互联系的账页所组成，用来序时、分类、全面地记录一个单位经济业务事项的会计簿籍。

填制会计凭证后之所以还要设置和登记账簿，是由于二者虽然都是用来记录经济业务的，但二者的作用不同。在会计核算中，对每一项经济业务，都必须取得和填制会计凭证，因而会计凭证数量很多，又很分散，而且每张凭证只能记载个别经济业务的内容，所提供的资料是零星的，不能全面、连续、系统地反映和监督一个单位在一定时期内某一类和全部经济业务活动情况，且不便于日后查阅。因此，为了给经济管理提供系统的会计核算资料，各单位都必须在凭证的基础上设置和运用登记账簿的方法，把分散在会计凭证上的大量核算资料，加以集中和归类整理，生成有用的会计信息，从而为编制会计报表、进行会计分析以及审计提供主要依据。

需要注意的是，账户存在于账簿之中，账簿中的每一账页是账户的存在形式和载体，没有账簿，账户就无法存在；账簿序时、分类地记载经济业务，是在个别账户中完成的。因此，账簿只是一个外在形式，账户才是它的真实内容。账簿与账户的关系是形式和内容的关系。

按照不同的依据，可以对会计账簿进行不同分类。

（一）按用途不同可分为序时账簿、分类账簿和备查账簿

1. 序时账簿

序时账簿又称日记账，是按照经济业务发生或完成时间的先后顺序逐日逐笔进行登记的账簿。在我国，大多数单位一般只设现金日记账和银行存款日记账。按其记录的内容不同，序时账簿分为普通日记账和特种日记账两种。

普通日记账是用来登记全部经济业务发生情况的日记账，通常把每天发生的经济业务按业务发生的先后顺序记入账簿中，以此作为登记分类账的依据，也称分录日记账。

特种日记账是专门用来记录某一特定项目经济业务发生情况的日记账。它将该类经济业务，按发生的先后顺序记入账簿中，反映这一特定项目的详细情况。特种日记账的设置，应根据业务特点和管理需要而定，特别是那些发生频繁、需严加控制的项目，应予以设置，如现金日记账、银行存款日记账。

2. 分类账簿

分类账簿是对全部经济业务事项按照会计要素的具体类别而设置的账簿，有总分类账簿和明细分类账簿两种。按照总分类账户分类登记经济业务事项的是总分类账簿，简称总账。

按照明细分类账户分类登记经济业务事项的是明细分类账簿,简称明细账。总分类账提供总括的会计信息,明细分类账提供详细的会计信息,两者相辅相成、互为补充。

3. 备查账簿

备查账簿又称辅助账簿,是对某些在序时账簿和分类账簿等主要账簿中都不予登记或登记不够详细的经济业务事项进行补充登记时使用的账簿。相对于序时账簿和分类账簿,备查账簿属于辅助性账簿,它可以为经营管理提供参考资料,如委托加工材料登记簿、租入固定资产登记簿等。

(二)按账页格式不同可分为两栏式账簿、三栏式账簿、多栏式账簿和数量金额式账簿

1. 两栏式账簿

两栏式账簿在账页中只设两个金额栏,即借方和贷方两个金额栏,不设余额栏。各种收入、费用类账户都可以采用两栏式账簿。

2. 三栏式账簿

三栏式账簿是设有借方、贷方和余额三个基本栏目的账簿。各种日记账、总分类账以及资本、债权、债务明细账都可采用三栏式账簿。三栏式账簿又分为设对方科目和不设对方科目两种,区别是在"摘要"栏和"借方科目"栏之间是否有一栏"对方科目"。有"对方科目"栏的,称为设对方科目的三栏式账簿;无"对方科目"栏的,称为不设对方科目的三栏式账簿。

3. 多栏式账簿

多栏式账簿是根据经济业务的特点和经营管理的需要,在一张账页的借方栏或贷方栏设置若干专栏,集中反映有关明细项目的核算资料。它主要适用于只记金额、不记数量,而且在管理上需要了解其构成的费用、成本、收入、利润等明细账户,如"生产成本""制造费用""管理费用""主营业务收入"。"本年利润""利润分配""应交税费——应交增值税"等账户所属明细账户则需采用借、贷方均设多栏的格式。

4. 数量金额式账簿

数量金额式账簿的借方、贷方和余额三个栏目内,分设数量、单价和金额栏,以反映财产物资的实物数量和价值量。原材料、库存商品等明细账一般都采用数量金额式账簿。

此外,实务中还有一种横线登记式账簿,在同一张账页的同一行,记录某一项经济业务从发生到结束的相关内容,即将每一相关的业务登记在一行,从而可依据每一行各个栏目的登记是否齐全来判断该项业务的进展情况。该明细分类账适用于登记材料采购业务、应收票据和一次性备用金业务。

(三)按外形特征不同可分为订本式账簿、活页式账簿和卡片式账簿

1. 订本式账簿

订本式账簿,简称订本账,是在启用之前就把编有顺序页码的具有专门格式的账页装订成册的账簿。这种账簿的主要优点是可以避免账页散失,防止随意抽换账页,比较安全。但是,由于账页已经固定,在使用时必须为每一账户预留账页,可能会出现某些账户预留账页不足,而有些账户预留账页过多,影响记账工作的连续性或造成浪费。另外,订本账在同一时间只能

由一人负责登记,不便于分工。订本账主要适用于总分类账和现金日记账、银行存款日记账。

2. 活页式账簿

活页式账簿,简称活页账,是把若干张零散的账页,根据业务需要,自行组合成的账簿。采用活页式账簿,账页不固定地装订在一起,财务人员可以根据实际需要,随时将空白账页加入账簿,在同一时间里,可由多人分工登录。但活页式账簿中的账页容易散失和被抽换,空白账页在使用时必须顺序编号并装置在账夹内,在更换新账后,要装订成册或予以封扎,并妥善保管。活页式账簿主要适用于各种明细账。

3. 卡片式账簿

卡片式账簿,简称卡片账,是将一定数量的卡片式账页存放于专设的卡片箱中,账页可以根据需要随时增添。在我国一般只对固定资产明细账采用卡片账形式。

第二节 会计账簿的设置与登记

一、会计账簿的设置

会计账簿的设置包括确定账簿的种类,设计账页的格式和内容,规定账簿登记的方法,等等。《中华人民共和国会计法》第十六条规定:"各单位发生的各项经济业务事项应当在依法设置的会计账簿上统一登记、核算,不得违反本法和国家统一的会计制度的规定私设会计账簿登记、核算。"

(一)账簿设置原则

任何单位都应当根据本单位经济业务的特点和经济管理的要求,设置相应的账簿。一般情况下,设置账簿应遵循以下基本原则。

1. 全面性

账簿设置应能保证全面地反映和监督经济活动情况,既要能为经济管理提供总括的数据信息资料,又要能提供一些详细具体的数据信息资料,满足单位管理部门和各方面信息使用者对各类经济技术指标的需求。

2. 清晰性

应结合各单位的经济活动特点,按所记录的经济业务内容和所提供的核算指标的要求设置账簿,明确账簿的种类、账页的格式和内容及登记方法;明确账簿体系中不同账户的特定的经济内容,明确账簿的登记责任。

3. 系统性

账簿设置必须做到组织严密、层次分明,账簿之间保持内在联系和勾稽关系,起到相互制约的作用。有关账簿应能科学地联系在一起,共同构成一个完整的账簿体系,全面、系统地反映生产经营活动,为经济管理提供全面系统、各种各样的经济活动信息,还应防止过分复杂或简化。

4. 衔接性

会计报表是根据会计账簿记录编制的,报表中的有关指标应能直接从有关总分类账户或明细分类账户中取得和填列,以加速会计报表的编制,而尽量避免从几个账户中取得资料进行加减运算来填报。

(二) 基本内容

各种账簿所记录的经济内容不同,账簿的格式又多种多样,不同账簿格式所包括的具体内容也不尽一致,但各种账簿应具备一些基本要素,如封面、扉页、账页。

1. 封面

封面主要标明账簿的名称,如总分类账簿、现金日记账、银行存款日记账。除订本账不另设封面以外,各种活页账都应设置封面和封底,并登记单位名称、账簿名称和所属会计年度。

2. 扉页

扉页主要列明账户目录和账簿启用及交接表(或经管人员一览表)。

3. 账页

账页是账簿用来记录经济业务事项的载体,其格式因反映经济业务内容的不同而有所不同。

二、会计账簿的登记

登记账簿简称记账或过账,是会计核算工作的一项重要内容。账簿是重要的会计档案资料和会计信息的主要储存工具。为保证账簿记录的正确、完整和及时,账簿的登记必须遵循一定的规则来进行。

(一) 日记账的登记

日记账可以用来连续记录全部经济业务的完成情况,也可以用来连续记录某类经济业务的完成情况。为了逐日反映现金和银行存款的收付情况,各单位一般应设置特种日记账,通过现金日记账和银行存款日记账分别记录现金和银行存款的收入、支出及结存情况。有条件的单位还可以采用普通日记账形式登记全部经济业务的完成情况。

1. 普通日记账的登记

普通日记账一般只设借方和贷方两个金额栏,以便分别记入各项经济业务所确定的账户名称及借方和贷方的金额,也称为两栏式日记账,或叫分录簿。

普通日记账由记账员根据原始凭证按照经济业务发生的时间顺序逐日逐笔序时进行登记。日期栏填写经济业务发生的时间,"凭证"栏填写登记账簿的依据,"会计科目"栏按照先借后贷的顺序填写该笔经济业务应借或应贷的账户名称,"摘要"栏对经济业务进行简要说明,"借方金额"栏填写相应账户的借方金额,"贷方金额"栏填写相应账户的贷方金额,"过账页码"栏填写根据普通日记账中应借或应贷的账户名称和金额过入对应账簿的页次。普通日记账格式如表 6-1 所示。

表 6-1 普通日记账

年		凭证		会计科目	摘要	借方金额	贷方金额	过账页码
月	日	字	号					

2. 特种日记账的登记

常见的特种日记账有现金日记账和银行存款日记账,专门用于记录货币资金收支情况。其账页格式一般采用三栏式,在同一张账页分设"借方""贷方""余额"三栏。为了清晰地反映现金和银行存款收付业务的具体内容,在"摘要"栏后,还专设"对方科目"栏,登记对方科目名称。为了便于与银行对账,也便于反映银行存款收付所采用的结算方式,并突出各单位支票的管理,银行存款日记账还专设了"结算凭证种类和号数"栏或专设"现金支票号数及转账支票号数"。

(1)现金日记账的登记。现金日记账是用来核算和监督库存现金每天的收入、支出和结存情况的账簿。其格式有三栏式和多栏式两种。无论采用三栏式还是多栏式现金日记账,都必须使用订本账,均应根据与现金收支有关的记账凭证来登记现金日记账,并在每日业务终了,结计出现金日记账的余额,与库存现金实有额进行核对,发生差错,应该及时查明原因,做出处理。对于超出库存现金限额的现金应该按照规定送存银行。三栏式现金日记账格式如表6-2所示。

表6-2 现金日记账

年		凭证		摘要	对方科目	借方金额	贷方金额	余额	√
月	日	字	号						

日期栏登记记账凭证日期,通常应与现金实际收付日期一致。"凭证"栏登记收、付款凭证的种类和编号,如"现金收款凭证"简写为"现收"。"摘要"栏根据收付款凭证的摘要,简明地记入经济业务的内容。根据收付款凭证上所列的对方科目,在"对方科目"栏填写上对应账户的名称,目的在于了解经济业务的来龙去脉。"借方金额"栏(或"收入"栏)、"贷方金额"栏(或"支出"栏)登记现金实际收付的金额。每日终了,应分别计算现金收入和支出的合计数,根据"上日余额+本日收入-本日支出=本日余额"的公式,逐日结出现金余额,并与库存现金实存数核对,以检查每日现金收付是否有误,通常称为"日清"。月末时,在本月末最后一行记载内容下面的"摘要"栏里写上"本月发生额及月末余额","收入"栏数额为本月收入的合计数,"支出"栏数额为本月支出的合计数,用月初余额加本月收入合计减去本月支出合计为本月末结存现金余额,即"月结"。

现金日记账也可以在"收入""支出"栏下再按与其"收入""支出"相对应的账户分设若干专栏,形成多栏式现金日记账。多栏式现金日记账格式见表6-3。

表 6-3 现金日记账(多栏式)

年		凭证号数	摘要	收入(贷记下列科目)				支出(借记下列科目)					结余
月	日			银行存款	主营业务收入	……	收入合计	银行存款	生产成本	管理费用	……	支出合计	

(2)银行存款日记账的登记。由于银行存款的业务都是根据特定的银行结算凭证进行的,因此,为了便于和银行对账,应根据银行存款收付所依据的结算凭证的种类和号数登记"结算凭证种类和编号"栏,如根据转账支票、现金支票、信汇、电汇、银行汇票、银行本票等结算凭证的号数后四位数字填写。银行存款日记账通常由出纳员根据审核无误的银行存款收款凭证、银行存款付款凭证或通用凭证逐日逐笔顺序登记。三栏式银行存款日记账格式如表 6-4 所示。

表 6-4 银行存款日记账

年		凭证		结算凭证种类和编号	摘要	对方科目	借方金额	贷方金额	余额	√
月	日	字	号							

日期栏,按记账凭证所记的银行存款实际收付的日期登记;"凭证"栏,按入账的收付款凭证的分类及编号或通用凭证"字""号"填列,如"银行存款收(付)款凭证",简写为"银收(付)",并标明号数。对于将现金存入银行的业务,根据现金付款凭证登记银行存款日记账。"摘要"栏,简要说明入账的经济业务的内容,文字要简练。"借方金额"栏(或"收入"栏)一般根据银行存款收款凭证登记,"贷方金额"栏(或"支出"栏)一般根据银行存款付款凭证登记。

多栏式银行存款日记账格式如表 6-5 所示。

表 6-5 银行存款日记账(多栏式)

存款种类:

年		凭证号数	结算凭证种类和编号	摘要	收入(贷记下列科目)				支出(借记下列科目)				结余
月	日				实收资本	应收账款	……	合计	材料采购	库存现金	……	合计	

无论采用何种格式的银行存款日记账,均应该根据与银行存款收支有关的记账凭证来登记,每日业务终了,应结计出余额,并定期与银行核对账目。对于有外币收支业务的涉外企业,银行存款日记账可以按照种类设置,在设计格式时,应加入币种、汇率、外币金额栏。

需要说明的是,对于将现金存入银行的业务,为了避免重复,一般只填制现金付款凭证,不再填制银行存款收款凭证。因此,这种业务应根据现金付款凭证登记银行存款日记账的借方栏。每日银行存款收付款项逐笔登记完毕后,应分别计算银行存款增加和银行存款减少的合计数并结出账面余额,以便定期与银行存款对账单核对。

(二)分类账的登记

分类账是按类别登记全部经济业务或某类经济业务的概括或明细资料的账簿。在会计核算中,为了适应经营管理上的需要,既要求会计提供概括的核算指标,又需要提供详细具体的核算指标。因此,一切经济业务发生以后,一方面要按类别进行总括登记,为编制会计报表提供依据,另一方面又要在每一类中按层次进行明细登记,以补充反映总分类账各构成要素的增减变化和结果。

1. 总分类账的登记

总分类账是按照总分类账户分类登记以提供总括会计信息的账簿。总分类账一般采用订本式账簿。总分类账的账页,一般采用"借方""贷方""余额"三栏式,根据实际需要,也可以在"借方""贷方"两栏内增设"对方科目"栏。总分类账也可以采用多栏式格式,如把序时记录和总分类记录结合在一起形成联合账簿,即日记总账。总分类账的登记依据和方法,主要取决于所采用的会计核算形式。总分类账格式如表6-6所示。

表6-6　总分类账

第___页

会计科目或编号：

年		凭证		摘要	对方科目	借方金额	核对	贷方金额	核对	借或贷	余额	核对
月	日	字	号									

总分类账可以根据记账凭证逐笔登记,也可以根据经过汇总的科目汇总表或汇总记账凭证等登记。登记总账的基本方法是逐笔过账法,即依据记账凭证,把经济业务逐笔从记账凭证转记到总分类账的各个账户之中去。过账内容包括将记账凭证所记载的每笔经济业务的日期、凭证的种类、号数、摘要、借方金额和贷方金额分别过入总分类账的各有关账户的有关各栏,并结出余额。"摘要"栏的登记原则上应按记账凭证摘要栏的内容照抄,但记账凭证的摘要栏主要是说明该项经济业务的内容和性质,而账户的摘要栏则主要是说明有关账户的金额增减变动情况,因而可以有较细微的差别。在每一笔经济业务过入分类账后,要检查过账有无错误,复核无误后,在记账凭证上注明分类账页码、账户编号或做"√"过账标记。每一账户应在每一行计算出一个账户余额,或者同一天的账项计算出余额。如账户余额为"0"应在"借或贷"栏填写"平"字,并在余额栏记入"0"。

2. 明细分类账的登记

明细分类账是根据二级账户或明细账户开设账页,分类、连续地登记经济业务以提供明细核算资料的账簿。其格式有三栏式、多栏式、数量金额式和横线登记式(或称平行式)等多种。

(1)三栏式明细分类账。三栏式明细分类账是设有借方、贷方和余额三个栏目,用以分类核算各项经济业务,提供详细核算资料的账簿。其格式与三栏式总账格式相同,适用于只进行金额核算的账户,如短期借款、实收资本等账户。三栏式明细分类账格式如表6-7所示。

表6-7　明细分类账

____级科目编号及名称_____　　　　　　　　　　　　　　　　　　　　　　　总第__页　分第__页

年		凭证		摘要	借方金额	贷方金额	借或贷	余额	√
月	日	字	号						

(2)多栏式明细分类账。多栏式明细分类账是根据经济业务的特点和经营管理的需要,在一张账页的借方栏或贷方栏设置若干专栏,集中反映有关明细项目的核算资料。它主要适用于只记金额、不记数量,而且在管理上需要了解其构成内容的费用、成本、收入、利润账户,如"生产成本""制造费用""管理费用""主营业务收入"等账户的明细分类账。"本年利润""利润分配""应交税费——应交增值税"等科目所属明细科目则需采用借、贷方均为多栏式明细账格式。多栏式明细分类账格式如表6-8所示。

表6-8　明细分类账

____级科目编号及名称_____　　　　　　　　　　　　　　　　　　　　　　　总第__页　分第__页

年		凭证		摘要	合计				
月	日	字	号						

多栏式明细账的格式视管理需要而呈多种多样。它在一张账页上,按明细科目分设若专栏,集中反映有关明细项目的核算资料。如"制造费用明细账",它在借方栏下,可分若干专栏,如工资和福利费、折旧费、修理费、办公费等。多栏式明细分类账是由会计人员根据审核无误的记账凭证或原始凭证,按照经济业务发生的时间先后顺序逐日逐笔进行登记的。对于成本费用类账户,只在借方设专栏,平时在借方登记费用、成本发生额,贷方登记月末将借方发生额一次转出的数额;平时如发生贷方发生额,应用"红字"在借方有关栏内登记,表示应从借方发生额中冲减。同样,对于收入、成果类账户,只在贷方设专栏,平时在贷方登记收入的发生额,借方登记月末将贷方发生额一次转让"本年利润"的数额;若平时发生退货,应用"红字"在贷方有关栏内登记。

(3)数量金额式明细分类账。数量金额式明细分类账其借方(收入)、贷方(发出)和余额(结存)都分别设有数量、单价和金额三个专栏,以分别登记实物的数量和金额,适用于既要进行金额核算又要进行数量核算的账户。如"原材料""产成品"等账户的明细核算。它能提供各种财产物资收入、发出、结存等的数量和金额资料,便于开展业务和加强管理的需要。数量金额式明细分类账格式如表6-9所示。

表6-9 明细分类账

____级科目编号及名称_____ 总第__页 分第__页

年		凭证		摘要	借方			贷方			余额		
月	日	字	号		数量	单价	金额	数量	单价	金额	数量	单价	金额

不同类型经济业务的明细分类账可根据管理需要,依据记账凭证、原始凭证或汇总原始凭证逐日逐笔或定期汇总登记。固定资产、债权、债务等明细账应逐日逐笔登记;库存商品、原材料、产成品收发明细账以及收入、费用明细账可以逐笔登记,也可定期汇总登记。

(三)辅助性账簿的设置和登记

辅助性账簿一般没有固定的格式,其登记依据应视具体业务而定,如租入的固定资产,由于其产权并不属于企业,但它又参加了企业的生产经营活动,为了核算租金的需要,同时保证租入固定资产的安全,有必要设置"租入固定资产登记簿"进行核算。"租入固定资产登记簿"格式见表6-10。

表6-10 租入固定资产登记簿

固定资产名称及规格	租约号数	出租单位	租入日期	使用部门		归还日期	租金	备注
				日期	单位			

第三节 会计账簿的启用与登记规则

一、会计账簿的启用规则

为了保证账簿记录的合法性和账簿所记录资料的完整性,保证会计核算工作的质量,明确记账责任,必须按照一定的规则启用账簿。

启用新的会计账簿时,应当在账簿封面上写明单位名称和账簿名称,并填写账簿扉页上的

"启用表",注明启用日期、账簿起止页数(活页式账簿,可于装订时填写起止页数)、记账人员和会计机构负责人、会计主管人员姓名等,并加盖名章和单位公章。当记账人员或者会计机构负责人、会计主管人员调动工作时,也要在"启用表"上注明交接日期、接办人员和监交人员姓名,并由交接双方签字或者盖章。这样做是为了明确有关人员的责任,增强有关人员的责任感,维护会计账簿记录的严肃性。具体要求如下。

(一)设置账簿的封面与封底

除订本账不另设封面以外,各种活页账都应设置封面和封底,并登记单位名称、账簿名称和所属会计年度。

(二)填写账簿启用及交接表

在启用新会计账簿时,应首先填写在扉页上印制的"账簿启用及交接表"中的启用说明,其中包括单位名称、账簿名称、账簿编号、启用日期、单位负责人、主管会计、审核人员和记账人员等项目,并加盖单位公章。会计人员发生变更时,应办理交接手续并填写"账簿启用及交接表"中的交接说明。账簿启用及交接表格式如表6-11所示。

表6-11 账簿启用及交接表

单位名称			公章							
账簿名称		(第 册)								
账簿编号										
账簿页数		本账簿共计 页								
启用日期		公元 年 月 日								

经管人员	单位主管		财务主管		复核		记账			
	姓名	盖章	姓名	盖章	姓名	盖章	姓名	盖章		

交接记录	经管人员		接管				交出			
	职位	姓名	年	月	日	盖章	年	月	日	盖章

备注	

(三)填写账户目录

总账应按照会计科目顺序填写科目名称及启用页号。在启用活页式明细分类账时,会计人员应按照所属会计科目填写科目名称和页码,在年度结账后,撤去空白账页,填写使用页码。

(四)粘贴印花税票

印花税票应粘贴在账簿的右上角,并且画线注销;使用缴款书缴纳印花税时,会计人员应在右上角注明"印花税已缴"及缴款金额。

二、会计账簿的登记规则

(一)登记账簿的依据

为了保证账簿记录的真实、正确,必须根据审核无误的会计凭证登账。各单位每天发生的各种经济业务,都要记账,记账的依据是会计凭证。

(二)登记账簿的时间

各种账簿应当每隔多长时间登记一次,没有统一规定。但是,一般的原则是:总分类账要按照单位所采用的会计核算形式及时登账;各种明细分类账,要根据原始凭证、原始凭证汇总表和记账凭证每天进行登记,也可以定期(三天或五天)登记。但是现金日记账和银行存款日记账,应当根据办理完毕的收付款凭证,随时逐笔顺序进行登记,最少每天登记一次。

(三)登记账簿的规范要求

(1)登记账簿时,应当将会计凭证日期、编号、业务内容摘要、金额和其他有关资料逐项记入账内,同时记账人员要在记账凭证上签名或者盖章,并注明已经登账的符号(如打"√"),防止漏记、重记和错记情况的发生。

(2)各种账簿要按账页顺序连续登记,不得跳行、隔页。如发生跳行、隔页,应将空行、空页画线注销,或注明"此行空白"或"此页空白"字样,并由记账人员签名或盖章。

(3)登记账簿时,要用蓝黑墨水或者碳素墨水书写,不得用圆珠笔(银行的复写账簿除外)或者铅笔书写。红色墨水只能用于下列情况:按红字冲账的记账凭证,冲销错误记录;在不设借贷等栏的多栏式账页中,登记减少数;在三栏式账户的余额栏前,如未印明余额方向的,在余额栏内登记负数金额;根据国家统一会计制度的规定可以用红字登记的其他会计记录。

(4)记账要保持清晰、整洁,记账文字和数字要端正、清楚、书写规范,一般应占账簿格距的二分之一,以便留有改错的空间。

(5)凡需结出余额的账户,应当定期结出余额。现金日记账和银行存款日记账必须每天结出余额。结出余额后,应在"借或贷"栏内写明"借"或"贷"的字样。没有余额的账户,应在该栏内写"平"字并在余额栏内用"Q"表示。

(6)每登记满一张账页结转下页时,应当结出本页合计数和余额,写在本页最后一行和下页第一行有关栏内,并在"摘要"栏内注明"过次页"和"承前页"字样;也可以将本页合计数及金额只写在下页第一行有关栏内,并在"摘要"栏内注明"承前页"字样。

三、错账更正方法

账簿记录应做到整洁,记账应力求正确,如果账簿记录发生错误,应按规定的方法进行更正。更正错账的方法有划线更正法、红字更正法、补充登记法。

(一)划线更正法

在结账以前,如果发现账簿记录有错误,而记账凭证没有错误,仅属于记账时文字或数字上的笔误,应采用划线更正法。更正的方法是:先将错误的文字或数字用一条红色横线划去,表示注销;再在划线的上方用蓝字写上正确的文字或数字,并在划线处加盖更正人名章,以明确责任。但要注意划掉错误数字时,应将整笔数字划掉,不能只划掉其中一个或几个写错的数字,并保持被划去的字迹仍可清晰辨认。如将"2015"写成"2051",不应该只划去"15",应该将"2015"全划去,然后在划线的上方写上"2051"。

(二)红字更正法

红字更正法是指由于记账凭证错误而使账簿记录发生错误,而用红字冲销原记账凭证,以更正账簿记录的一种方法。红字更正法适用于两种情况。

(1)记账以后,如果发现账簿记录错误,是因记账凭证中的应借、应贷会计科目或记账方向有错误而引起的,应用红字更正法进行更正。更正的方法是:先用红字金额填写一张会计科目与原错误记账凭证完全相同的记账凭证,在"摘要"栏中写明"冲销错账"以及错误凭证的号数和日期,并据以用红字登记入账,以冲销原来错误的账簿记录;然后,再用蓝字或黑字填写一张正确的记账凭证,在"摘要"栏中写明"更正错账"以及冲账凭证的号数和日期,并据以用蓝字或黑字登记入账。

【例6-1】某单位以转账支票支付水电费5 000元。会计人员在填制记账凭证时误记入"销售费用"科目,并据以登记入账,其错误记账凭证所反映的会计分录为

借:销售费用　　5 000
　　贷:银行存款　　5 000

该项分录应借记"管理费用"科目。按如下步骤进行更正:

第一步,用红字编制一张与原错误记账凭证一样的凭证,然后用红字据此入账,冲销原来的错误记录(注:方框内的数字代表红字)。

借:销售费用　|5 000|
　　贷:银行存款　　|5 000|

第二步,用蓝字编制一张正确的记账凭证:

借:管理费用　　5 000
　　贷:银行存款　　5 000

(2)记账以后,如果发现记账凭证和账簿记录的金额有错误(所记金额大于应记的正确金额),而应借、应贷的会计科目没有错误,用红字更正法进行更正。更正的方法是:将多记的金额用红字填制一张记账凭证,而应借、应贷会计科目与原错误记账凭证相同,在"摘要"栏写明"冲销多记金额"以及原错误记账凭证的号数和日期,并据以登记入账,以冲销多记的金额。

【例6-2】某单位以现金2 260元存入银行,在填制记账凭证时,误将金额填写为2 620元,并已登记入账。编制的原记账凭证如下:

借:银行存款　　2 620
　　贷:库存现金　　2 620

更正时,应将多记的金额360元用红字编制一张与原记账凭证内容相同的记账凭证并登记入账,以冲减多记金额。

借:银行存款　|360|
　　贷:库存现金　|360|

(三)补充登记法

记账以后,如果发现记账凭证和账簿记录的金额有错误(所记金额小于应记的正确金额),而应借、应贷的会计科目没有错误,应用补充登记法进行更正。更正的方法是:将少记的金额用蓝字或黑字填制一张应借、应贷会计科目与原错误记账凭证相同的记账凭证,在"摘要"栏中写明"补充少记金额"以及原错误记账凭证的号数和日期,并据以登记入账,以补充登记少额。

【**例 6-3**】某公司由于短期经营需求,于20×2年11月1日向银行借入短期借款200 000元,在填制记账凭证时,误做了如下会计分录,并已登记入账。

借:银行存款   20 000
　贷:短期借款   20 000

更正时,将少记的金额用蓝字重新填制一张与原错误记账凭证账户名称相同、记账方向一致的记账凭证,并据以登记入账,补记少记的金额:

借:银行存款   180 000
　贷:短期借款   180 000

第四节　对账与结账

登记账簿作为会计核算的方法之一,除了包括记账外,还包括对账和结账两项工作。

一、对账

在会计工作中,由于主客观因素影响,难免会发生一些差错和账实不符情况。例如,填制记账凭证的差错,记账或过账的差错,以及财产物资的盘盈盘亏,等等。而发生的这些差错,有的是可以避免的,如工作疏忽或存在不正常行为的原因而引起的;有的却是不可避免的,如财产物资本身的性质或自然原因所造成的。因此,从单位来讲,为了保证账簿记录的正确与完整,如实反映和监督单位经济活动,为编制财务报告提供真实可靠的数据资料,在结账前有必要核对各种账簿记录,做好对账工作。

对账就是指在本期内对账簿记录所进行的核对。为了保证各种账簿记录的完整和正确,为编制会计报表提供真实可靠的数据资料,必须做好对账工作。

(一)对账的基本内容

对账包括账证核对、账账核对、账实核对。

1. 账证核对

月终要对账簿记录和会计凭证进行核对,以发现错误之处,并进行更正,这也是保证账账、账实相符的基础。核对账证是否相符的主要方法如下:

(1)看总账与记账凭证汇总表是否相符。
(2)看记账凭证汇总表与记账凭证是否相符。
(3)看明细账与记账凭证与所涉及的支票号码及其他结算票据种类等是否相符。

具体做法是将原始凭证、记账凭证与账簿记录中的各项经济业务进行核对,核对其时间、凭证字号、内容、数量、金额和会计账户是否相符,记账方向是否相符。可根据业务量的大小,或者逐笔核对,或者抽查核对。如发现有差错应逐步查到最初的根据,直至查出差错的原因为止。

2. 账账核对

账账核对是指对各种账簿之间的有关数字进行核对。

(1)总分类账簿有关账户的余额核对。核对总分类账各账户本月借方发生额合计数与贷方发生额合计数是否相等,期末借方余额合计数与贷方余额合计数是否相等,以检查总分类账户的登记是否正确。

(2)总分类账簿与所属明细分类账簿核对。核对各明细分类账的本期借、贷方发生额合计数及期末余额合计数与总分类账是否分别相符,以检查各明细分类账的登记是否正确。

(3)总分类账簿与序时账簿核对。核对现金日记账和银行存款日记账的本期借、贷方发生额合计数及期末余额合计数与总分类账是否分别相符,以检查日记账的登记是否正确。

(4)会计部门的总账、明细账与有关职能部门的账、卡核对。会计部门有关财产物资的明细分类账结存数,应该与财产物资保管或使用部门的有关保管账的账存数核对相符。

3. 账实核对

账实核对是指各种财产物资的账面余额与实存数额相核对,具体内容包括:

(1)现金日记账账面余额与实地盘点的库存现金实有数相核对;

(2)银行存款日记账账面余额与开户银行账目(银行对账单)相核对;

(3)各种财产物资明细分类账账面余额与清查盘点后的实存数相核对;

(4)各种应收、应付款明细分类账账面余额与有关债务、债权单位的账目相核对。

账实核对一般是通过财产清查进行的。对此,将在下一章财产清查部分做详细说明。

二、结账

结账是指在将本期内所发生的经济业务全部登记入账的基础上,于会计期末按照规定的方法结算账目,包括结算出本期发生额和期末余额。为了定期总结某一会计期间(月份、季度、年度)的经济活动情况,考核经营成果,使各种账簿记录保持完整与正确,为编制财务报告做好准备,各单位应当按照规定定期进行结账工作。另外,单位因撤销、合并而办理账务交接时,也需要办理结账。

(一)结账的要求

(1)结账前,必须将本期内发生的各项经济业务全部登记入账,不得把将要发生的经济业务提前入账,也不得把已经在本期发生的经济业务延至下期入账。为了确保结账的正确,在本期发生的各项经济业务全部入账的基础上,按照会计核算原则的要求,将有关的转账事项编制记账凭证,并据以记入有关账簿。

(2)实行权责发生制的单位,按照权责发生制的要求,进行账项调整的账务处理,并在此基础上,进行其他有关转账业务的账务处理,以计算确定本期的成本、费用、收入和利润。

①收入和费用的调整。本期已经发生但尚未收到相应款项的收入,应确认为本期的收入;已经在本期发生但未实际支付的费用,应确认为本期的费用。

②收入分摊和成本分摊的调整。收入分摊是指单位未完成全部商品的销售,但是已经收取相关全部款项,因而需要在期末按照已完成销售的比例,分摊确认本期收入的金额。成本分摊是指单位已经发生支出,且该支出能使若干个会计期间受益,因此要将这些支出在其受益的会计期间进行分摊。

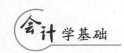

需要说明的是,不能为了赶编报表而提前结账,也不能先编会计报表后结账。

(3)将损益类科目转入"本年利润"科目,结平所有损益类科目。

(4)结账时,应结出现金日记账、银行存款日记账以及总分类账和明细分类账各账户的本期发生额和期末余额,并将期末余额结转下期。

(二)结账的方法

在我国,会计分期实行日历制,月末进行计算,季末进行结算,年末进行决算。结账于各会计期末进行,所以,可以分为月结、季结和年结。

1. 月结

其方法是计算出"本月发生额"和"月末余额",即在账簿中最后一笔经济业务记录的下一行,在"摘要"栏中注明"本月合计"字样,并在下面画一条通栏单红线。需要结出本年累计发生额的,在月结的下一行进行,在"摘要"栏内注明"本年累计"字样,并算出本年累计发生额,分别记入借方和贷方,并于该行下画一条红线。对于本月份未发生金额变化的账户,不进行月结。

2. 季结

季结的结账方法与月结基本相同,通常在每季度的最后一个月月结的下一行,在"摘要"栏内注明"本季合计"或"本季度发生额及余额",同时结出借、贷方发生总额及季末余额。然后,在这一行下面画一条通栏单红线,表示季结的结束。需要结出本年累计发生额的,在季结的下一行进行。

3. 年结

办理年结时,首先应在12月份月结下面(需办理季结的,应在第四季度的季结下面)结算填列全年12个月的月结发生额和年末余额,如果没有余额,在"余额"栏内写上"平"或"0"符号,并在"摘要"栏内注明"本年合计"或"年度发生额及余额"字样;其次,将年初借(贷)方余额抄列于下一行的借(贷)方栏内,并在"摘要"栏内注明"年初余额"字样,同时将年末借(贷)方余额再列入下一行的贷(借)方栏内,在"摘要"栏内注明"结转下年"字样;最后,分别加计借贷方合计数,并在合计数下面画通栏双红线表示封账,完成年结工作。需要更换新账的,应在新账有关账户的第一行"摘要"栏内注明"上年结转"或"年初余额"字样,并将上年的年末余额以相同方向记入新账中的余额栏内。

年度结账后总账和日记账应当更换新账,明细账一般也应更换。但有些明细账,如固定资产明细账等可以连续使用,不必每年更换。

(三)结账注意事项

(1)对于需按月统计发生额的账户,在期末结账时,要在最后一笔业务记录下面的"借方"栏开始到"余额"栏为止画通栏单红线,结出本月发生额和余额,在"摘要"栏内盖"本月合计"戳记,在"本月合计"栏下面再画一条同样的通栏红线。

(2)对于需要结计本年累计发生额的账户每月结账时,应在"本月合计"栏下结出自年初至本月末止的累计发生额,登记在月份发生额下面,在"摘要"栏写明"本年累计"字样,在栏下再画一条通栏红线,12月末的"本年累计"就是全年累计发生额,应在全年累计发生额下面画通栏双红线。

(3)对于不需按月结计发生额的账户,如应收应付、财产物资明细账,每登记一次,就要随时结出余额,每月最后一笔余额就是月末余额,月末结账时,只需在最后一笔业务记录下面自"借方"栏至"余额"栏画通栏红线即可。

(4)对于总账账户只需结出月末金额即可,但在年终结账时,为了总括反映单位财务状况和经营成果全貌,核对账目,需将所有总账账户结出全年发生额和年末余额,在"摘要"栏内注明"本年合计"字样,并在"合计"栏下画通栏红线。

(5)单位在年度终了,会计人员需要结账。凡有余额的账户,应将其余额结转下年,即将所有有余额的账户余额直接过入新账"余额"栏内,而不需专门编制记账凭证,也不需要将余额再记入各账户的借方,使本年余额为零。

第五节 账簿的更换与保管

一、会计账簿的更换

会计账簿的更换是在会计年度末,将本年度旧账更换为下年度新账,并将上年度的会计账簿归档保管。这是为了保持会计资料的连续性。总账、日记账、明细账在年度终了时应更换新账簿,并将各账户的"余额"结转到新的年度。对于个别采用卡片式的明细账,如固定资产卡片明细账,可以跨年度使用,不必每年更换新账。备查账簿可以连续使用。

需要注意的是,在更换会计账簿时,会计人员需要将上年度各账户的余额直接过入新年度会计账簿相应的账户中,并在旧账簿中各账户"余额"栏加盖"结转下年"戳记。与此同时,在新账簿中相应账户的第一行"摘要"栏加盖"结转上年"戳记。进行年度结转时,会计人员不必依据记账凭证,即不用编制记账凭证。

二、会计账簿的保管

会计账簿是会计工作的重要历史资料,也是重要的经济档案,在经营管理中具有重要作用,因此,每一个会计主体都应按照国家有关规定,加强对会计账簿的管理,做好会计账簿的管理工作。会计账簿在更换新账后除跨年使用的账簿外,其他账簿应按时整理归入会计档案保管。对账簿的管理包括日常管理和归档保管。

在日常管理中,各种账簿要分工明确,指定专人管理。账簿经管人员既要负责记账、对账、结账等工作,又要负责保证账簿的安全、完整,防止任意涂改、毁坏账簿等问题的发生。会计账簿未经领导和会计负责人或者有关人员批准,不能随意交给其他人员管理,非批准不能随意翻阅查看、摘抄和复制等。会计账簿除需要与外单位核对外,一般不能携带外出,对需要携带外出的账簿,通常由单位负责人或会计主管人员指定专人负责。

会计人员应在年度终了,将各种账户在结转下年、建立新账后,装订成册,加上封面,统一编号,归档保管。会计账簿暂由本单位财务会计部门保管一年,期满之后,由财务会计部门编造清册移交本单位的档案部门保管。会计账簿的保管期限见表5-15。

保管期满后,会计主体要按照《会计档案管理办法》的规定,由财会部门和档案部门共同鉴定,报经批准后进行处理。合并、撤销单位的会计账簿,要根据不同情况,分别移交给并入、撤销单位、上级主管部门或主管部门指定的其他单位接受保管,并由交接双方在移交清册上签名或盖章。

 本章小结

会计账簿是由具有一定格式、相互联系的账页所组成,用来序时、分类、全面记录一个单位经济业务事项的会计簿籍。通过账簿的设置和登记,可以系统地归纳和积累会计核算资料,为改善企业经营管理、合理使用资金提供资料,为计算财务成果、编制会计报表提供依据,为财产清查提供依据,为开展财务分析和会计检查提供依据。

登记账簿是会计核算工作的一项重要内容,为了保证账簿记录的正确、完整和及时,账簿的登记必须遵循一定的规则。

会计账簿启用包括设置账簿的封面与封底,填写账簿启用及经管人员一览表,填写账户目录,以及粘贴印花税票。各种账簿应由记账人员按规定的记账方法,根据审核无误的记账凭证进行登记。错账更正方法主要有划线更正法、红字更正法和补充登记法。

对账的基本内容包括账证核对、账账核对、账实核对。结账是指在将本期内所发生的经济业务全部登记入账的基础上,于会计期末按照规定的方法结算账目,包括结算出本期发生额和期末余额。

在会计年度末,将本年度旧账更换为下年度新账,并将上年度的会计账簿归档保管。会计账簿在更换新账后除跨年使用的账簿外,其他账簿应按时整理归入会计档案保管。对账簿的管理包括日常管理和归档保管。

 复习思考

一、简答题

1. 设置账簿有什么意义?
2. 记账应遵循哪些原则?
3. 结账有哪些内容?
4. 总分类账簿与明细分类账簿有什么关系?
5. 账簿更换和保管需要注意哪些问题?

二、实务题

沿用第五章实务题资料,月末公司进行以下业务核算。

(31)30 日,将本月发生的制造费用分配并转入"生产成本"账户,按 A、B 两种产品生产工时比例分配(A 产品 12 000 工时,B 产品 8 000 工时)。

制造费用明细账

总第____页　　分第____页

题号	摘要	物料费	职工薪酬	折旧费	办公费	水电费	其他	合计

续表

题号	摘要	物料费	职工薪酬	折旧费	办公费	水电费	其他	合计

制造费用分配表

编制单位：瑞海公司　　　　　　　　20×2年11月30日

产品名称	分配标准（生产工时）/小时	分配率	分配金额/元
A产品			
B产品			
合计			

(32) 30日，A产品投产200件，月末已经全部完工；B产品投产150件，完工100件。经过测算，剩余50件B产品在产品的成本占全部150件B产品总成本的20%。计算并结转瑞海公司完工A、B产品的制造成本。

产品生产成本明细账

完工日期：20×2年11月30日　　实际工时：＿＿＿＿　　　　　　　　　产品名称：A产品
完成数量：＿＿＿＿＿＿　　投产数量：＿＿＿＿　　　　　　　　　　　　单位：元

题号	凭证	摘要	借方				
			直接材料	直接人工	其他	制造费用	合计
		月初余额					83 262

产品生产成本明细账

完工日期:20×2年11月30日　　实际工时:_____　　　　　　　　产品名称:B产品
完成数量:_____　　　　　　投产数量:_____　　　　　　　　　单位:元

题号	凭证	摘要	借方				
			直接材料	直接人工	其他	制造费用	合计

完工产品生产成本计算表

编制单位:瑞海公司　　　　　　20×2年11月30日

成本项目	A产品(200件)		B产品(100件)	
	总成本/元	单位成本/(元/件)	总成本/元	单位成本/(元/件)
直接材料		—		—
直接人工	—	—	—	—
制造费用		—		—
合计				

(33)月末,结转已售A、B两种产品的销售成本(按照A、B两种产品的单位生产成本结转。提示:本月销售A产品180件,销售B产品140件)。

(34)月终,汇总当月增值税的销项税额和进项税额,并按应缴纳增值税税额的7%提取城市维护建设税,按3%提取教育费附加。

应交税费——应交增值税明细账

总第____页　　分第____页

题号	凭证	摘要	借方发生额			贷方发生额		借或贷	余额
			进项税额	已交税金	合计	销项税额	合计		

(35)30日,将损益类账户发生额转入"本年利润"账户:①将主营业务收入、其他业务收入、营业外收入转入"本年利润"账户;②将主营业务成本、其他业务成本、税金及附加、销售费用、管理费用、财务费用、营业外支出转入"本年利润"账户。

管理费用明细账

总第____页 分第____页

题号	摘要	设备维修费	职工薪酬	折旧费	办公费	水电费	差旅费	其他	合计

提示:本月销售产品情况如下。

销售A产品:80件,184 000元;100件,230 000元;合计414 000元。

销售B产品:40件,128 000元;100件,320 000元;合计448 000元。

(36)根据当月实现的利润总额,按25%的税率计算企业所得税费用,并编制会计分录(不考虑纳税调整因素)。

(37)将所得税费用转至"本年利润",编制会计分录。

(38)计算当期营业利润、利润总额和净利润。

要求:

(1)填制瑞海公司20×2年11月制造费用分配表、完工产品生产成本计算表,登记制造费用明细账、产品生产成本明细账、应交税费——应交增值税明细账、管理费用明细账。

(2)编制上述业务会计分录,并说明使用哪种记账凭证,为其编号。

(3)设置并登记瑞海公司20×2年11月现金日记账、银行存款日记账、总账。

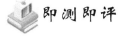
即测即评

即测即评

案例思考

刘某应聘一家公司的会计,发现这家公司与其他公司不同,具体表现为:①公司的所有账簿均采用活页式账簿,理由是活页式账簿便于改错;②在记账发生错误时允许使用涂改液,但是强调必须由有关责任人签字;③经理要求刘某在登记现金总分类账的同时负责出纳工作。

思考:

该公司在会计管理方面是否妥当?为什么?

第七章

会计循环(三):财产清查

学习目标

1. 了解财产清查的目的、意义和种类;
2. 理解财产清查的具体内容及基本程序;
3. 掌握实物资产、货币资金的清查方法;
4. 掌握财产清查结果的账务处理程序。

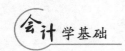

思维导图

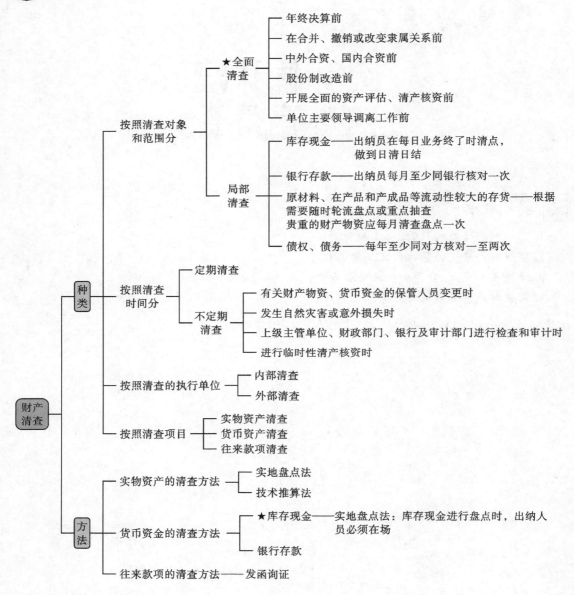

引导案例

美华公司新任出纳员小李难忘的三件事情：

（1）由于刚参加工作不久，小李对于货币资金业务管理和核算的相关规定不甚了解。在20×2年11月9日和12日两天的现金业务结束后例行的现金清查中，分别发现现金短缺50元和现金溢余20元的情况，对此小李经过反复思考也弄不明白原因。为保全自己的面子和息事宁人，同时又考虑到两次账实不符的金额很小，他决定采取下列办法进行处理：现金短款50元，自掏腰包补齐；现金长款20元，自己暂时收起。

(2)每次编制余额调节表时,根据公司存款日记账加减对账单中企业未入账款项来确定银行存款实有数,且编完后将未入账款项登记入账。

(3)20×2年11月20日,公司经理以个人名义向公司借款3 000元,并签订借条,随即,经理让小李将其借条抵充库存现金。

分析与思考:

现金清查的目的是什么?小李对于现金长款和短款的上述处理方法是否恰当?编制银行存款余额调节表的方法是否正确?是否符合会计人员的职业道德中的"诚实守信"和社会主义核心价值观的公民的基本道德规范"诚信"?"白条"抵冲现金是一种什么行为?作为会计人员在工作中遇到这种情况应该如何办?

第一节 财产清查的意义与种类

单位发生的日常经济业务都要相应填制或者取得原始凭证、编制记账凭证、登记账簿,所以,账簿记录会反映出各种财产物资的增减及结存情况。但在实际工作中,可能会有种种原因使各项财产物资的账面结存数与实际结存数之间出现差异,造成账实不符。因此,运用财产清查的手段对各种财产物资进行定期或不定期的核对和盘点,具有十分重要的意义。

一、财产清查的概念

财产清查也叫财产检查,是通过盘点实物、核对账目等方法对货币资金、实物资产和往来款项进行盘点或核对,确定各项财产物资、货币资金和往来款项的实际结存数和账面结存数是否相符的一种专门方法。

单位通过填制与审核会计凭证、登记与核对会计账簿,将各种资产的增减变动和结存情况反映在账簿体系中。准确反映财产物资和债权、债务的真实情况,既是会计核算的基本原则,也是经济管理的客观要求。但在具体会计工作中,即使是在账证相符、账账相符的情况下,资产的账面结存数与实际结存数仍然可能不相一致,具体原因主要包括:

(1)在财产收发时,由于制度不健全、计量检验不准确而发生了品种、数量或质量上的差错。

(2)在财产增减变动时没有及时填制凭证、登记入账;或者在填制财产收、发凭证,登记财产账目时,发生了计算上或登记上的错误。

(3)在运输、保管过程中,由于受到各种自然条件(如霉烂、干耗等)和一些其他因素(如毁损、泼洒等)的影响,发生了数量上或质量上的差异。

(4)由于管理不善或工作失职而发生的财产损坏、变质或短缺,以及其他原因使账存数或实存数产生的差异或混乱。

(5)由于不法分子的营私舞弊、贪污盗窃而发生财产的数量上或质量上的损失。

(6)由于自然灾害和意外事故发生,如火灾、水灾、风灾和地震等造成财产物资的破坏或损失。

(7)未达账项引起的账账、账实不符等。

因此,为了正确掌握各项财产物资的真实情况,保证会计资料的准确可靠,有必要在账簿记录的基础上,对各项财产物资进行定期或不定期的盘点和核对,做到账实相符。

二、财产清查的意义

为了保证会计账簿记录真实、可靠,单位在编制会计报表以前,会对各项财产物资进行清查。特别是在编制年度会计报表之前必须进行财产清查,对账实不符的问题根据有关规定进行会计处理。财产清查作为一项专门的会计核算方法,在会计核算过程中具有重要意义。

(一)保证会计核算资料的真实性

通过财产清查,确定各项财产物资的实有数,并将实存数与账存数进行对比,确定各项财产的盘盈、盘亏,及时调整账簿记录,做到账实相符,以保证账簿记录的真实、可靠,提高会计信息的质量。

(二)挖掘财产潜力,加速资金周转

通过财产清查,揭示各项财产物资的储备和使用情况,改善经营管理,挖掘各项财产物资的潜力。对储备不足的,应及时补充,以保证生产的需要;对超储、积压呆滞和不配套的,应及时进行处理,避免损失浪费,以充分挖掘财产物资潜力,加速资金周转,提高经济效益。

(三)改进保管工作,维护财经纪律

通过财产清查,查明各项财产物资的储备和保管情况以及各种责任制度的建立和执行情况,揭示各项财经制度和结算纪律的遵守情况,促使财产物资保管人员增强责任感,保证各项财产物资的安全完整,促使经办人员自觉遵守财经制度和结算纪律,及时结清债权债务,避免发生坏账损失。

(四)保护财产的安全和完整

通过财产清查,查明各项财产物资的保管情况,有无因管理不善造成的短缺、霉烂变质、损失浪费以及贪污盗窃等情况,以便堵塞漏洞,改进工作,建立和健全各项责任制度,以确保财产的安全和完整。

三、财产清查的种类

(一)按清查对象和范围分为全面清查和局部清查

1. 全面清查

全面清查是指对全部财产进行盘点和核对。其清查对象主要包括原材料、在产品、自制半成品、库存商品、现金、短期存(借)款、有价证券及外币、在途物资、委托加工物资、往来款项、固定资产等。全面清查的内容全面,清查的范围广泛,能够全面核实会计主体所有的财产物资、货币资金和债权债务的情况。但全面清查需要投入的人力多,花费时间长,一般只在以下几种情况下进行:①年终决算前;②企业合并、撤销或改变隶属关系前;③中外合资、国内合资前;④企业股份制改造前;⑤开展全面的资产评估、清产核资前;⑥单位主要领导调离工作前。

2. 局部清查

局部清查是指根据需要对一部分财产进行的清查,其清查的主要对象是流动性较大的财产。虽然局部清查范围小、内容少、工作量小,但专用性较强。如现金应在每日业务终了时清点,做到日清日结;银行存款每月至少同银行核对一次;原材料、在产品和产成品等流动性较大的存货根据需要随时轮流盘点或重点抽查;对于贵重的财产物资,每月都要进行清查盘点;债

权、债务应每年至少同债权人、债务人核对一至两次。相对于全面清查而言,局部清查的范围较小,需要投入的人力比较少,花费的时间也较短,但清查结果不能反映会计主体整体的情况。

(二)按清查时间分为定期清查和不定期清查

1. 定期清查

定期清查是指按照预先计划安排的时间对财产物资、货币资金、往来款项进行的清查。定期清查一般在月末、季末、半年末、年末结账前进行。它既可以是对财产物资、货币资金、往来账款进行的全面清查,也可以是只对其中某些部分进行的局部清查。如每天营业终了时对库存现金的清点,每月按规定时间对原材料、库存商品等的清查,都属于定期清查。

2. 不定期清查

不定期清查是指根据实际需要对财产所进行的临时清查,一般适用于以下几种情况:

(1)有关财产物资、货币资金的保管人员变更时,要对其负责保管的财产物资、货币资金进行清查、核对,以明确各自的责任;

(2)发生自然损失和意外损失后,要对受损财产进行清查,以查明损失情况;

(3)上级主管单位、财政部门、银行及审计部门进行检查和审计时,应根据需要,依检查的要求进行清查,以验证会计核算资料的可靠性情况;

(4)进行临时性清产核资时,要对本单位的财产物资、债权债务、货币资金进行清查,以摸清家底。

(三)按清查的执行单位分为内部清查和外部清查

1. 内部清查

内部清查是指由本单位有关领导和职工组成清查小组,对本单位的财产物资、货币资金及债权债务所进行的清查。

2. 外部清查

外部清查是指由上级主管部门、审计机关、司法部门、注册会计师等单位外部的有关部门或人员根据有关规定对本单位财产所进行的清查。一般来讲,进行外部清查时应有本单位相关人员参加。

(四)按清查项目分为实物资产清查、货币资金清查和往来款项清查

1. 实物资产清查

实物资产清查主要是对各项实物资产,包括原材料、包装物、产成品、库存商品、固定资产等的清查。由于实物的形态、体积、质量、码放方式等不同,采用的清查方法也不同,主要有实地盘点法和技术推算法。

2. 货币资金清查

货币资金的清查主要是对库存现金和银行存款的清查。其中对于库存现金采用实地盘点的方法进行清查,对于银行存款则采用与银行核对账目的方法进行清查。

3. 往来款项清查

往来款项是指各种债权债务结算款项,主要包括应收款项、应付款项和预收、预付款项等。往来款项的清查一般采用发函询证的方法进行核对。

第二节 财产清查的内容及方法

一、财产清查的具体内容和基本程序

(一)具体内容

财产清查不仅包括实物的清点,而且也包括各种债权、债务等往来款项的查询核对。另外,财产清查范围不仅包括存放于本单位的各项财产物资,也包括属于但未存放于本单位的财产物资(也可以包括存放但不属于本单位的财产物资)。

财产清查的具体内容主要包括如下:
(1)货币资金的清查,包括现金、银行存款、其他货币资金的清查;
(2)存货的清查,包括各种原材料、在产品、半成品、库存商品等的清查;
(3)固定资产的清查,包括房屋、建筑物、机器设备、工器具、运输工具等的清查;
(4)在建工程的清查,包括自营工程和出包工程的清查;
(5)对金融资产投资的清查,包括交易性金融资产、可供出售金融资产、持有至到期投资、长期股权投资等的清查;
(6)无形资产和其他资产的清查;
(7)应收、应付款项的清查,包括应收账款、其他应收款、应付账款和其他应付款等的清查。

(二)基本程序

1. 组织准备

单位成立财产清查领导小组,在单位负责人的领导下,由相关部门的主管人员、会计人员、专业技术人员以及保管人员等组成。它的主要任务是:制定财产清查步骤,确定财产清查的对象、范围和进度,配备具体工作人员,检查财产清查工作的质量,研究和解决财产清查中出现的问题,提出财产清查工作的处理意见,等等。

2. 业务准备

(1)会计人员应将有关账目结算清楚,做到账证、账账相符,为清查工作提供可靠依据;
(2)财产物资保管人员和有关部门在清查截止日,应将全部业务填好凭证,登记入账并结出余额,对所保管的财产物资进行整理以便盘点查对;
(3)清查人员应准备好各种计量器具,并准备好清查盘点用的单据和表格。

3. 实施财产清查

在财产清查过程中,实物保管人员必须在场并参加盘点工作,盘点结果由清查人员填写盘存单,详细说明各项财产物资的编号、名称、规格、计量单位、数量、单价、金额等,并由盘点人员和实物保管人员分别签字或盖章。

4. 财产清查结果的处理

盘点完毕,会计部门应根据盘存单上所列物资的实际结存数与账面结存记录进行核对,对于账实不符的,编制实存账存对比表,确定财产物资盘盈或盘亏的数量,并进行账务处理。

二、财产清查的方法

(一)基本方法

由于不同种类的财产物资的实物形态、用途、性能、存放方式各不相同,在财产清查时应选择不同的清查方法。基本的清查方法如下。

1. 实地盘点法

实地盘点法就是运用度、量、衡等工具,通过点数,逐一确定被清查实物实有数的一种方法。这种方法数字准确可靠,适应范围较广,大多数财产物资都可采取这种方法,但这种方法工作量较大。实地盘点法的局限性是只适用于能直接查清数量的财产,对于应收账款等项目则不适用。

2. 核对法

核对法是指将两种或两种以上的书面资料相互对照,以验证其内容是否一致的方法。银行存款的清查即可用此法。

3. 查询法

查询法是指通过调查征询的方式,取得必要资料,以查明其实际情况。它适用于往来账的清查,具体又有函询法和面询法两种。函询法就是发函给有关单位或个人,让对方通过函件来说明经济业务的实际情况,作为判断问题的依据;面询法是直接找有关个人进行面谈。

(二)实物资产的清查方法

1. 实物资产的盘存制度

财产物资的盘存制度有永续盘存制和实地盘存制两种。各单位可根据经营管理的需要和财产物资品种的不同,分别采用不同的方法。

永续盘存制,亦称账面盘存制,是根据会计凭证在账簿中连续记录存货的增加和减少,并随时根据账簿记录结出账面结存数量的一种存货核算方法。它要求对存货的日常记录既登记收入数,又登记发出数。计算公式如下:

期末存货结存数量 = 期初存货结存数量 + 本期增加存货数量 - 本期发出存货数量

期末存货结存金额 = 期初存货结存金额 + 本期增加存货金额 - 本期发出存货金额

采用永续盘存制,能从账簿资料中及时了解企业各项财产物资的收发和结存状况,以便加强财务管理,且核算手续严格,因此,永续盘存制是各企业普遍采用的一种盘存制度。

实地盘存制,亦称以存计销制或定期盘存制,是指对于各实物资产的增减变化,平时在账簿上只登记其增加数,而不记其减少数,期末通过实地盘点确定财产物资的结存数后,倒算出本期减少数并登记入账的一种方法。计算公式如下:

本期减少数 = 账面期初余额 + 本期增加数 - 期末实际结存数

期初存货 + 本期购货 - 期末存货 = 本期销货

采用实地盘存制,平时核算工作比较简便,但不能及时反映财产物资的发出和结存情况,手续也不够严密,不利于加强核算和管理。所以,除了品种杂、价值低的商品和损耗大的鲜活商品外,一般不宜采用实地盘制。

综上所述,由于客观上存在着账实不符的情况,无论采用哪种盘存制度,对财产物资都必须定期或不定期地进行清查。

2. 实物资产清查的具体方法

不同类的实物资产,由于其实物形态、质量、体积等方面不同,所采用的清查方法也有所不同。常用的几种实物资产清查方法如下:

(1)实地盘点法,指通过点数、过磅、量尺等方式,确定财产物资的实有数量。该方法适用范围较广且易于操作,大部分实物资产均可采用。

(2)技术推算法,指通过技术推算(如量方、计尺等)测定财产物资实有数量的方法。该方法从本质上讲,是实地盘点法的一种补充方法。

为了明确经济责任和便于查阅,进行财产物资的盘点时,有关实物保管人员与盘点人员必须同时在场清查。清查盘点的结果,应及时登记在盘存单上,由盘点人和实物保管人同时签章。盘存单既是记录实物盘点结果的书面文件,也是反映资产实有数的原始凭证。盘存单的格式如表7-1所示。

表7-1 盘存单

单位名称:　　　　　　　盘点时间:　　　　　　　编号:
财产类别:　　　　　　　存放地点:

编号	名称	计量单位	实存数量	单价	金额	备注

盘点人:　　　　　　　　　　　　　　保管人:

为了进一步查明账存实存是否相符,确定盘盈或盘亏情况,还应根据盘存单和有关账簿记录,编制实存账存对比表(又称盘盈盘亏报告表)。该表是一种非常重要的原始凭证,既是经批示后调整账簿记录的依据,也是分析差异原因、明确经济责任的依据。实存账存对比表格式如表7-2所示。

表7-2 实存账存对比表

单位名称:　　　　　　　　　　　　年　月　日

编号	类别	名称	计量单位	单价	实存		账存		对比结果			
									盘盈		盘亏	
					数量	金额	数量	金额	数量	金额	数量	金额

会计:　　　　　　　主管会计:　　　　　　　单位负责人:

(三)货币资金的清查方法

货币资金的清查包括库存现金的清查和银行存款的清查。

1. 库存现金的清查方法

库存现金的清查是通过实地盘点的方法,确定库存现金的实存数,再与现金日记账的账面余额进行核对,以查明盈亏情况。库存现金的盘点,应由清查人员会同现金出纳人员共同负责。

盘点前,出纳人员应先将现金收、付款凭证全部登记入账,并结出余额。盘点时,出纳人员必须在场。现金应逐张清点,如发现盘盈、盘亏,清查人员必须会同出纳人员核实清楚。

盘点时,除查明账实是否相符外,还要查明有无违反现金管理制度规定,有无以"白条"抵充现金,现金库存有无超过银行核定的限额,有无坐支现金等。

盘点结束后,应根据盘点结果,填制库存现金盘点表,并由清查人员和出纳人员签名或盖章。此表具有双重性质,既是盘存单,又是账存实存对比表;既是反映现金实存数、调整账簿记录的重要原始凭证,也是分析账实发生差异原因、明确经济责任的依据。库存现金盘点表格式如表7-3所示。

表7-3 库存现金盘点表

单位名称：　　　　　　　　　　　　年　月　日

实存金额			账存金额	
面值	张数/张	金额/元	项目	金额/元
100			现金余额	
50			加:收入未记账	
20			减:支出未记账	
10			加:未填凭证收款	
5			减:未填凭证付款	
1			调整后现金余额	
0.5				
0.1				
实存金额合计			账存金额合计	
对比结果				
差异原因				

盘点人：　　　　　　　　　　　　　　出纳：

2. 银行存款的清查方法

银行存款的清查,是采用与开户银行核对账目的方法来进行的。即将单位的银行存款日记账与从开户银行取得的对账单逐笔核对,以查明银行存款的收入、支出和结余的记录是否正确。

银行对账单是开户银行记录存款单位一定时期内在该行存款的增减和结存情况的记录单。存款单位收到对账单后,应与银行存款日记账逐笔核对其发生额和余额,如果双方账目的结存余额不一致,除某一方(尤其是存款单位)账簿登记发生差错外,大多情况是由未达账项所造成的。银行对账单格式如表7-4所示。

表 7-4　××银行对账单

户名：
账号：

日期	交易类型	账单号	摘要	借方	贷方	余额	方向
×年×月1日	期初余额						
×年×月×日							
×年×月31日	期末余额						

所谓未达账项，主要是指存款单位与开户银行之间因结算凭证传递时间的差别，发生的一方已经记账，而另一方尚未接到有关凭证没有记账的款项。

未达账项有以下四种情况：

(1) 单位已记收款而银行未记收款的账项。这是指单位根据有关收款的原始凭证编制了记账凭证，并据以登记了银行存款日记账，此时单位的银行存款增加，而银行由于没有收到有关原始凭证，因此没有进行登记而形成了银行未达账项。此项未达账项使单位银行存款日记账上的金额大于银行对账单上的金额。

(2) 单位已记付款而银行未记付款的账项。这是指单位根据有关付款的原始凭证编制了记账凭证，并据以登记了银行存款日记账，此时单位的银行存款减少，而银行由于没收到有关原始凭证，因此没有进行登记而形成了银行未达账项。此项未达账项使单位银行存款日记账的金额小于银行对账单的金额。

(3) 银行已记收款而单位未记收款的账项。这是指银行已根据有关收款的原始凭证进行了登记，但由于单位没有收到有关原始的凭证，因此单位没有进行登记而形成了单位未达账项。此项未达账项使单位银行存款日记账的金额小于银行对账单上的金额。

(4) 银行已记付款而单位未记付款的账项。这是指银行已根据有关付款凭证进行了登记，由于单位没有收到有关的原始凭证，因此单位没有进行登记而形成了单位未达账项。此项未达账项使单位银行存款日记账金额大于银行对账单上的金额。

为了查明银行存款的实有数，检查双方有无差错，首先应该根据资料编制银行存款余额调节表以消除未达账项的影响。如果双方都没有错漏情况，记载准确，则调节后的单位银行存款余额会等于开户银行对账单的余额。需要注意的是，银行存款余额调节表只是一种对账工具，并不能作为调整单位银行存款账面记录的记账依据。对于银行已经入账而单位未入账的未达账项，单位不能根据银行存款余额调节表来编制会计分录、登记入账，必须在有关凭证收到后才能登记入账。

银行存款余额调节表的编制，其计算公式如下：

单位银行存款日记账余额＋银行已收单位未收款－银行已付单位未付款＝
银行对账单余额＋单位已收银行未收款－单位已付银行未付款

下面举例说明银行存款余额调节表的编制方法。

【例 7-1】20×2 年 11 月 30 日，某企业银行存款日记账的账面余额为 276 000 元，银行对账单余额为 318 000 元，经逐笔核对，查明有下列未达账项：①企业收到转账支票 60 000 元已入账，银行尚未转账；②企业开出转账支票 42 000 元已入账，持票人尚未到银行办理转账手续；③银行收到外地托收货款 63 200 元已入账，而企业尚未收到收款通知；④银行代付企业电费 3 200 元已入账,而企业尚未收到付款通知。

根据上述未达账项,调节双方账面余额,编制银行存款余额调节表,如表 7-5 所示。

表 7-5 银行存款余额调节表

编制单位:××企业　　　　　20×2 年 11 月 30 日　　　　　　　　　　　　　单位:元

项目	金额	项目	金额
单位账面存款余额	276 000	银行对账单的存款余额	318 000
加:银行已收、单位未收	63 200	加:单位已收、银行未收	60 000
减:银行已付、单位未付	3 200	减:单位已付、银行未付	42 000
调节后的存款余额	336 000	调节后的存款余额	336 000

(四)往来款项的清查方法

往来款项主要包括应收、应付款项和预收、预付款项等。其一般采用发函询证的方法来进行清查。发送函件前,本单位应检查各往来款项账目记录是否正确、完整,经确认无误后再填制对账单,分送有关单位进行核对。清查单位按每一个经济往来单位编制往来款项对账单(一式两份,其中一份作为回联单)送往各经济往来单位,对方经过核对相符后,在回联单上加盖公章退回,表示已核对;如果经核对数字不相符,对方应在回联单上注明情况,或另抄对账单退回本单位,进一步查明原因,再行核对,直到相符为止。往来款项对账单格式如表 7-6 所示。

表 7-6 往来款项对账单

××单位:

你单位于×年×月×日从我单位购入 A 产品 2000 台,已付货款 4000 元,尚有 6000 元货款尚未支付,请核对后将回联单寄回。

　　　　　　　　　　　　　　　　　　　　　　　清查单位:(盖章)
　　　　　　　　　　　　　　　　　　　　　　　×年×月×日

沿此虚线剪下,将回联单寄回!

往来款项对账单(回联单)

××清查单位:

你单位寄来的"往来款项对账单"已收到,经核对相符无误。

或者

经核对,我单位的往来款项与你单位送达的对账单金额不符,我单位账面金额如下:

　　　　　　　　　　　　　　　　　　　　　　　××单位(盖章)
　　　　　　　　　　　　　　　　　　　　　　　×年×月×日

往来款项核对以后,应根据核对结果编制往来款项清查报告单,对有争议的款项以及无法收回或者无须支付的款项等,都应填列在报告单上,并详细说明核对情况。往来款项清查报告单的一般格式如表 7-7 所示。

表7-7 往来款项清查报告单

单位名称： 年 月 日

总分类账户		明细分类账户		清查结果		核对不符款项原因分析				备注
名称	金额	名称	金额	核对相符金额	核对不符金额	未达账项金额	争执账项金额	无法收回（支付）的金额	其他	

清查人： 经管人：

通过往来款项的清查，要及时催收该收回的款款，偿还该偿付的款款，坏账和有争执的问题也应及时研究处理。

第三节 财产清查结果的处理

财产清查后，实存数与账存数如果不一致，表现为三种情况：①实存数大于账存数，称为盘盈；②实存数小于账存数，称为盘亏；③实存数与账存数一致，但实存的财产物资存在质量问题，不能按正常的财产物资使用，称为毁损。不论是盘盈还是盘亏、毁损，都需要进行账务处理。

一、财产清查结果的处理程序

（一）调整账簿记录，使账存数与实存数一致，保证账实相符

在核准数字、查明原因的基础上，根据实存账存对比表编制记账凭证，并据以登记账簿，使各项财产物资做到账实相符。盘盈时，调增账存数，使其与实存数一致；盘亏或毁损时，调减账存数，使其与实存数一致。

（二）报批处理

盘盈、盘亏或毁损等都说明单位在经营管理、财产物资的保管中存在着一定的问题。因此，一旦发现账存数与实存数不一致，应进一步分析形成差异的原因，明确经济责任，并提出相应的处理意见。有关领导对所呈报的财产清查结果签字并提出处理意见后，应根据会计制度的要求，编制会计凭证，登记有关账簿。

二、财产清查结果的账务处理

（一）账户设置

为了全面反映财产的盈亏和处理情况，会计核算中需要设置"待处理财产损溢"账户。"待处理财产损溢"是资产类账户，专门用来核算企业单位在财产清查过程中查明的各种财产物资的盘盈、盘亏和毁损的价值。该账户借方登记待处理的盘亏、毁损数，以及经批准后待处理财产盘盈的转销数；贷方登记待处理的盘盈数，以及经批准后的待处理财产盘亏、毁损的转销数。在对待处理财产损溢报经批准后，该账户一般无月末余额。其账户内容、结构可如表7-8表示。

表 7-8 待处理财产损溢

借方	贷方
资产盘亏、毁损数	资产盘盈数
转销已核批的盘盈数	转销已核批的盘亏、毁损数

该账户按资产类别设置"待处理固定资产损溢"和"待处理流动资产损溢"两个明细账户，进行明细分类核算。

(二)账务处理

1. 库存现金清查结果的账务处理

财产清查中，发现现金短缺，应按实际短缺的金额，借记"待处理财产损溢"，贷记"库存现金"；属于现金溢余，按实际溢余的金额，借记"库存现金"，贷记"待处理财产损溢"。待查明原因后做出如下处理：

(1)如为现金短缺，属于应由责任人赔偿或保险公司赔偿的部分，计入其他应收款；属于无法查明的其他原因，计入管理费用。

(2)如为现金溢余，属于应支付给有关人员或单位的，计入其他应付款；属于无法查明原因的，计入营业外收入。

【例 7-2】20×2 年 11 月 A 公司清查库存现金发现短缺 500 元。

(1)根据库存现金盘点报告单，做如下会计分录：

借：待处理财产损溢——待处理流动资产损溢　　500
　　贷：库存现金　　　　　　　　　　　　　　　500

(2)经查，上述库存现金短缺原因不明，经批准计入当期管理费用，做如下会计分录：

借：管理费用　　　　　　　　　　　　　　　　500
　　贷：待处理财产损溢——待处理流动资产损溢　500

【例 7-3】某单位于 20×2 年 11 月进行财产清查时，发现库存现金比账面余额多 700 元，经查，其中 300 元属于应付给李某的差旅费，其余 400 元无法查明原因。

(1)根据库存现金盘点报告单，做如下会计分录：

借：库存现金　　　　　　　　　　　　　　　　700
　　贷：待处理财产损溢——待处理流动资产损溢　700

(2)经上级批示，400 元无法查明原因的现金溢余作为营业外收入处理，编制如下会计分录：

借：待处理财产损溢——待处理流动资产损溢　　700
　　贷：其他应付款——李某　　　　　　　　　　300
　　　　营业外收入——现金溢余　　　　　　　　400

2. 存货清查结果的账务处理

(1)存货盘盈的账务处理。首先，应将已查明的存货盘盈数，根据存货盘点报告等，按照实际成本或估计价值，借记"原材料""库存商品"等科目，贷记"待处理财产损溢——待处理流动资产损溢"科目，以保证账实相符。其次，在月末结算前查明原因，在按规定手续报经批准后，冲减当期的管理费用,借记"待处理财产损溢——待处理流动资产损溢"科目,贷记"管理费用"科目。造成存货盘盈的原因主要有:在保管过程可能发生的自然增量,记录时可能发生的错记、漏记或计算上的错误,在收发领退过程中发生的计量、检验不准确,等等。

【例7-4】A公司在财产清查中盘盈甲材料10吨,价值20 000元。经查,这项盘盈材料是因计量仪器不准造成生产领用少付多算。

(1)报经批准前,根据实存账存对比表的记录,编制如下会计记录:

借:原材料——甲材料　　　　　　　　　　　　　20 000
　　贷:待处理财产损溢——待处理流动资产损溢　　　20 000

(2)经批准,收发计量方面的错误冲减本月管理费用,编制会计分录如下:

借:待处理财产损溢——待处理流动资产损溢　　　20 000
　　贷:管理费用　　　　　　　　　　　　　　　　20 000

(2)存货盘亏、毁损的账务处理。首先,应将已查明的存货盘亏或毁损数,根据存货盘点报告等,按照实际成本或估计价值,借记"待处理财产损溢——待处理流动资产损溢"科目,贷记"原材料""库存商品"等科目。管理不善等原因造成的一般经营损失,需要转出进项税额,贷记"应交税费——应交增值税(进项税额转出)"科目;不可抗力因素导致的自然灾害等非常损失(如地震、洪涝等)不需要转出进项税额。

其次,按盘亏、毁损产生的原因和报经批准的结果,根据不同的情况分别进行处理:属于计量收发差错和管理不善等原因造成的一般经营损失,应先扣除残料价值、可以收回的保险赔款和过失人的赔偿,然后将净损失计入"管理费用"科目;属于自然灾害或意外事故等非常原因造成的非常损失,应先扣除残料价值、可以收回的保险赔款和过失人的赔偿,然后将净损失计入"营业外支出"科目;属于由过失人造成,或保险公司同意赔款的,计入"其他应收款"科目。

【例7-5】某企业为增值税一般纳税人,因管理不善造成一批原材料毁损,该材料实际成本为60 000元,增值税进项税额为7 800元,预计收回残料价值3 000元,经核查,应由负责人赔偿8 000元,假设不考虑其他因素。

(1)报经批准前,根据实存账存对比表的记录,编制如下会计记录:

借:待处理财产损溢——待处理流动资产损溢　　　67 800
　　贷:原材料　　　　　　　　　　　　　　　　　60 000
　　　　应交税费——应交增值税(进项税额转出)　　7 800

(2)报批后,做如下分录:

借:其他应收款　　　　　　　　　　　　　　　　8 000
　　原材料　　　　　　　　　　　　　　　　　　3 000
　　管理费用　　　　　　　　　　　　　　　　　56 800
　　贷:待处理财产损溢——待处理流动资产损溢　　67 800

【例7-6】某企业为增值税一般纳税人,因洪涝造成一批原材料毁损,该批材料实际成本为30 000元,相关增值税专用发票上注明的增值税税额为3 900元,根据保险合同约定,应由保险公司赔偿18 000元。

(1)报经批准前,根据实存账存对比表的记录,编制如下会计记录:

借:待处理财产损溢——待处理流动资产损溢　　　30 000
　　贷:原材料　　　　　　　　　　　　　　　　　30 000

(2)报批后,做如下分录:

借:其他应收款　　　　　　　　　　　　　　　　　　18 000
　　营业外支出——非常损失　　　　　　　　　　　　12 000
　　贷:待处理财产损溢——待处理流动资产损溢　　　　　　30 000

3. 固定资产清查结果的账务处理

(1)固定资产盘盈的账务处理。盘盈的固定资产,应作为前期差错进行账务处理。在按管理权限报经批准处理前,通过"以前年度损益调整"科目核算。通常按其重置成本作为入账价值,借记"固定资产"科目,贷记"以前年度损益调整"科目;由于以前年度损益调整而增加的所得税费用,借记"以前年度损益调整"科目,贷记"应交税费——应交所得税"科目;报批后,将以前年度损益调整科目余额转入留存收益时,借记"以前年度损益调整"科目,贷记"盈余公积""利润分配——未分配利润"科目。

【例 7-7】某企业为增值税一般纳税人,在固定资产清查过程中,发现没有入账的设备一台,其重置成本为 50 000 元,该企业按净利润的 10% 提取法定盈余公积,假设不考虑税费及其他因素的影响。

(1)报经批准前,根据实存账存对比表的记录,编制如下会计记录:

借:固定资产　　　　　　　　　　　　　　　　　　50 000
　　贷:以前年度损益调整　　　　　　　　　　　　　50 000

(2)报批后,做如下分录:

借:以前年度损益调整　　　　　　　　　　　　　　50 000
　　贷:盈余公积——法定盈余公积　　　　　　　　　5 000
　　　　利润分配——未分配利润　　　　　　　　　45 000

(2)固定资产盘亏的账务处理。盘亏的固定资产,按其账面价值,借记"待处理财产损溢"科目;按已计提的累计折旧,借记"累计折旧"科目;按已计提的减值准备,借记"固定资产减值准备"科目;除自然灾害导致的固定资产盘亏外,其余情况下需要转出进项税额,借记"待处理财产损溢"科目,贷记"应交税费——应交增值税(进项税额转出)"科目;按固定资产原价,贷记"固定资产"科目。在报批后,按照可回收的保险赔偿或者过失人赔偿,借记"其他应收款"科目;按应计入营业外支出的金额,借记"营业外支出——盘亏损失"科目;贷记"待处理财产损溢"科目。

【例 7-8】A 公司为增值税一般纳税人,20×2 年 11 月 30 日进行财产清查时发现盘亏设备一台,初始价值为 200 000 元,已提折旧 80 000 元,并已计提减值准备 30 000 元,购入时增值税税额为 26 000 元,经与保险公司协商,保险公司答应赔付 63 000 元。

(1)报经批准前,根据实存账存对比表的记录,编制如下会计记录:

借:待处理财产损溢——待处理固定资产损溢　　　　90 000
　　累计折旧　　　　　　　　　　　　　　　　　　80 000
　　固定资产减值准备　　　　　　　　　　　　　　30 000
　　贷:固定资产　　　　　　　　　　　　　　　　200 000

(2)转出不可抵扣的进项税额:

借:待处理财产损溢——待处理固定资产损溢　　　　26 000
　　贷:应交税费——应交增值税(进项税额转出)　　26 000

(3)报批后,做如下分录:

借：营业外支出——盘亏损失　　　　　　　　　　53 000
　　其他应收款　　　　　　　　　　　　　　　　63 000
　　贷：待处理财产损溢——待处理固定资产损溢　　　　116 000

4. 往来款项清查结果的账务处理

在对往来款项进行清查时，往来款项若出现无法支付或无法收到相关款项时，无须通过"待处理财产损溢"科目核算，而可以根据具体情况做出相应处理。

（1）应付款项。对于经查明确实无法支付的应付款项可按规定程序经报批准后，转作营业外收入，借记"应付账款"科目，贷记"营业外收入"科目。

【例7-9】某企业长期无法支付的应付账款为20 000元，经查实对方单位已经宣告破产解散，经批准予以转销。

编制如下会计记录：
借：应付账款　　　　　　　　　　　　　　　　20 000
　　贷：营业外收入　　　　　　　　　　　　　　　20 000

（2）应收款项。单位的各项应收款项，可能会因债务人拒付、破产、死亡等信用缺失原因而使部分或全部无法收回。这类无法收回的应收款项通常称为坏账。单位因坏账而遭受的损失称为坏账损失。坏账损失的核算方法有两种，即直接转销法和备抵法。

①直接转销法。采用直接转销法时，日常核算中应收款项可能发生的坏账损失不进行会计处理，只有在实际发生坏账时，才作为坏账损失计入当期损益。

企业单位应收款项符合下列条件之一的，减除可收回的金额后确认的无法收回的应收款项，作为坏账损失：

A. 债务人依法宣告破产、关闭、解散、被撤销，或者被依法注销、吊销营业执照，其清算财产不足清偿的；

B. 债务人死亡，或者依法被宣告失踪、死亡，其财产或者遗产不足清偿的；

C. 债务人逾期3年以上未清偿，且有确凿证据证明已无力清偿债务的；

D. 与债务人达成债务重组协议或法院批准破产重整计划后，无法追偿的；

E. 因自然灾害、战争等不可抗力导致无法收回的；

F. 国务院财政、税务主管部门规定的其他条件。

按照《小企业会计准则》规定确认应收账款实际发生的坏账损失，应当按照可收回的金额，借记"银行存款"科目；按照其账面余额，贷记"应收账款"科目；按照其差额，借记"营业外支出——坏账损失"科目。

【例7-10】某小企业2018年发生一笔30 000元的应收账款，因债务人财务状况原因长期未能收回，于2022年末经催收收回5 000元，其余款项确实无法收回确认为坏账。

该小企业在2022年末应编制如下会计分录：
借：银行存款　　　　　　　　　　　　　　　　5 000
　　营业外支出——坏账损失　　　　　　　　　25 000
　　贷：应收账款　　　　　　　　　　　　　　　30 000

②备抵法。备抵法是指在坏账损失实际发生前，就依据权责发生制原则估计损失，并同时形成坏账准备，待坏账损失实际发生，冲销已计提的坏账准备和相应的应收款项。单位应设置"坏账准备"科目，核算应收款项的坏账准备计提、转销等事项。

计提坏账准备时,按照应收款项应减记的金额,借记"信用减值损失——计提的坏账准备"科目,贷记"坏账准备"科目。冲减多计提的坏账准备时,借记"坏账准备"科目,贷记"信用减值损失——计提的坏账准备"科目。

确实无法收回的应收款项按管理权限经报批准后作为坏账转销时,应当冲减已计提的坏账准备。企业实际发生坏账损失时,借记"坏账准备"科目,贷记"应收账款"科目。

已确认并转销的应收款项以后又收回的,应当按照实际收到的金额增加坏账准备的账面余额。借记"应收账款"科目,贷记"坏账准备"科目;同时,借记"银行存款"科目,贷记"应收账款"科目。

【例 7-11】 2020 年 12 月 31 日,甲公司应收乙公司的账款余额为 980 000 元,甲公司根据乙公司的资信情况确定计提坏账准备 98 000 元。2022 年 8 月,甲公司应收乙公司的销货款实际发生坏账损失 30 000 元。2022 年 11 月 30 日,甲公司收回 8 月已作坏账转销的应收款项 10 000 元,存入银行。

①计提坏账准备时,编制如下分录:

借:信用减值损失——计提的坏账准备　　98 000
　　贷:坏账准备　　　　　　　　　　　　　　　98 000

②转销坏账时,编制如下分录:

借:坏账准备　　　　　　　　　　　　　30 000
　　贷:应收账款　　　　　　　　　　　　　　　30 000

③收回已确认坏账并转销应收款项时,编制如下分录:

借:应收账款　　　　　　　　　　　　　10 000
　　贷:坏账准备　　　　　　　　　　　　　　　10 000
借:银行存款　　　　　　　　　　　　　10 000
　　贷:应收账款　　　　　　　　　　　　　　　10 000

课程思政

为确保财产清查的有效实施,保护财产物资安全完整、会计信息真实可靠,需要会计人员秉持严谨认真、精益求精、追求完美的"工匠精神",勇于创新。在工作中的具体呈现则为认真细致、规范严谨、实事求是、客观公正,不掺杂个人主观意愿,不被个别领导意见所左右,坚持准则,坚守职业道德与规范。例如,对货币资金清查时,清查人员要认真审核收付凭证和账簿记录,检查经济业务的合理性和合法性;此外,还要检查企业是否以"白条"抵冲现金等,杜绝违法违纪的现象发生。

会计是一门讲求逻辑的学科,其勾稽关系环环相扣,一旦某个环节出现问题,直接导致编制的会计报表不准确,对外提供信息不真实,最终影响会计信息使用者的决策。财产清查就像会计环节的第一粒扣子,保证账簿的数据及时准确,是编制一份完整的财务报告不可或缺的要素。

《朱子语类》第 40 卷写道:"曾子一日三省,则随事用力。"春秋时期,孔子的学生曾参勤奋好学,深得孔子的喜爱,同学问他为什么进步那么快。曾参说:"我每天都要多次问自己:替别人办事是否尽力?与朋友交往有没有不诚实的地方?先生教的学生是否学好?如果发现做得不妥就立即改正。"人生如同财产清查,需要不断反思,照镜子,正衣冠,及时纠正缺点。我们在生活中亦要养成日清日结的好习惯,要学会在生活、学习中不断复盘,不断总结,以将学习、工作做得更好,从而使自己成为一个更加优秀的人。

本章小结

财产清查是指通过对货币资金、实物资产和往来款项的盘点或核对,确定其实存数,查明账存数与实存数是否相符的一种专门方法。财产清查作为一项专门的会计核算方法,在会计核算过程中具有重要意义:保证会计核算资料的真实性;挖掘财产潜力,加速资金周转;改进保管工作,维护财经纪律;保护财产的安全和完整。

财产清查不仅包括实物的清点,而且也包括各种债权、债务等往来款项的查询核对。另外,财产清查范围不仅包括存放于本单位的各项财产物资,也包括属于但未存放于本单位的财产物资(也可以包括存放但不属于本单位的财产物资)。基本的清查方法主要包括实地盘点法、核对法和查询法。

财产清查后,如果实存数与账存数一致,账实相符,不必进行账务处理。当实存数大于账存数时,称为盘盈;当实存数小于账存数时,称为盘亏。对于盘盈、盘亏的财产要查明原因,分清责任,并进行账务处理。

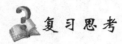 **复习思考**

一、简答题

1. 财产清查的意义是什么?
2. 造成单位财产账实不符的主要原因是什么?
3. 永续盘存制与实地盘存制有什么区别?
4. 什么是未达账项?单位与开户银行之间的未达账项主要有哪几种?
5. 盘盈、盘亏的资产如何处理?

二、实务题

1. 练习银行存款余额调节表的编制。

大华公司 20×2 年 11 月银行存款日记账和银行送来的对账单的内容如下:

银行存款日记账

20×2年		凭证		摘要	结算凭证		收入	支出	结余
月	日	字	号		种类	号数			
12	1			余额					34 000
12	26	银付	215	付购料款	转支	486013		27 520	
	26	银付	216	付运杂费	转支	486014		1 640	
	28	银收	102	收销货款	转支		31 200		
	29	银付	217	归还应付款	转支	486015		18 800	
	31	银收	103	收销货款	转支		23 700		
	31	银付	218	付修理费	转支	486016		400	40 540

银行对账单

20×2年		摘要	结算凭证		存入	支出	余额
月	日		种类	号数			
12	1	余额					34 000
12	28	支付购料款	转支	486013		27 520	
	29	转收销货款			31 200		
	29	代付电费				2 140	
	29	付运杂费	转支	486014		1 640	
	30	存款利息			580		
	30	代收销货款			11 500		
	31	归还应付款	转支	486015		18 800	27 180

要求：①根据上述资料核对银行存款日记账和银行对账单，确定未达账项；②编制大华公司20×2年11月30日银行存款余额调节表。

2.A公司为增值税一般纳税人，增值税税率为13％，20×2年11月25日，财务总监提出需要进行财产清查，为编制会计报表做准备。经过管理层审议通过，财务部会同物资保管部门、生产部门一起组织了财产清查，在清查过程中发现如下情况：

(1)发现账外设备一台，其重置成本为80 000元，估计已提折旧额20 000元，该企业按净利润的10％提取法定盈余公积。

(2)发现因自然损耗导致的盘亏设备一台，其原价为180 000元，已计提折旧50 000元，已计提减值准备20 000元。

(3)库存现金比账面余额多570元，经查实，其中370元属于应付给李某的差旅费，其余200元无法查明原因，经上级批准，作为营业外收入处理。

(4)应收B公司货款50 000元，经查，确属无法收回，经批准转作坏账损失。

(5)在财产清查中，公司将无法支付的应付账款30 000元经批准予以转销。

要求：对清查结果进行有关账务处理。

即测即评

即测即评

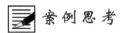案例思考

案例1

友信公司是一家食品生产企业。为了加强对企业财产物资的管理，掌握各财产物资的真实情况，保证会计信息的真实可靠，公司在年终之前对企业财产物资进行了一次全面清查。在公司副经理的带领下，成立了财产清查领导小组，成员包括部门主管、会计人员以及仓库管理

员等。小组制定了财产清查步骤,确定了财产清查的对象、范围及进度,部署了小组成员的工作任务,确定了各类财产物资的清查方法;同时,配备具体工作人员,检查财产清查工作的质量,研究和解决财产清查中出现的问题,提出财产清查工作的处理意见。

分析:
1. 会计人员在财产清查前应做好哪些准备工作?
2. 库存现金、银行存款以及往来款项分别采用什么清查方法?
3. 存货、固定资产清查的程序和方法是什么?

案例2

大华公司的李经理将公司正在使用的一台设备借给其朋友使用,未办理任何手续,清查人员在年底盘点发现盘亏了一台设备,原值为 400 000 元,已计提折旧 150 000 元,净值为 250 000 元。经查,属李经理所为。于是派人向借方追索,但借方表示该设备已被偷走。当问及李经理意见时,李经理建议按正常报废进行处理。

分析:
1. 盘亏的设备按正常报废处理是否符合会计制度要求?
2. 企业中资产盘亏的原因有哪些?企业应该怎样正确处理盘亏的固定资产?
3. 如果你是清查人员,面对李经理的意见,你会如何做?

第八章 财务报告

学习目标

1. 理解财务报告的概念及分类；
2. 了解财务报告的意义及作用；
3. 掌握资产负债表、利润表、现金流量表的结构及编制方法；
4. 了解财务报告的报送、汇总和审核。

思维导图

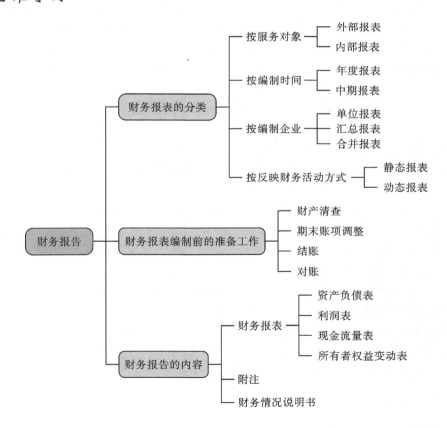

 **引导案例**

2022年4月1日,证监会公布了2021年证监稽查20起典型违法案例,其中ST集团信息披露违法违规案,是一起债券市场财务造假的典型案例。证监会调查发现,2013年至2017年,ST集团通过虚构购销业务、编制虚假财务账套等方式,连续5年将亏损披露为盈利,累计虚增收入615亿元,虚增利润119亿元。

ST集团是通过什么手段造出了如此天价收入的呢?ST集团的主要造假手段有两点:一是ST集团以三家子公司为造假实体,通过复制真实账套后增加虚假记账凭证生成虚假账套及虚构购销业务等方式实施财务造假;二是ST集团为了让公司的财务数据报表更好看一些,还将虚假账套数据提供给审计机构,在审计机构已经对ST集团的虚假财务报表出具审计意见之后,又修改了审计机构出具的合并财务报表,在修改后的财务报表上加盖虚假的印章后将报表对外披露。

证监会向评级机构DG国际下发行政处罚决定书,DG国际在为ST集团2016年至2018年发行的公司债券,以及2016年至2017年发行的银行间债务融资工具出具的评级报告存在虚假记载,证监会责令整改,没收业务收入165.09万元,并处以330.19万元罚款。证监会已对为ST集团提供中介服务的四家中介机构做出行政处罚。ZTY会计师事务所被没收业务收入575万元,并处以1 150万元罚款;主承销商YK证券被没收违法所得660万元,被罚款60万元;承销商GH证券被没收违法所得1 798万元,并被处以60万元罚款。

请结合案例思考:财务报告有什么重要意义?编制财务报告应当注意哪些事项?

第一节 财务报告概述

财务会计报告(又称财务报告),是财务报表、财务报表附注和财务情况说明书等文件的统称。财务报告至少应当包括四表一注,四表是指资产负债表、利润表、现金流量表和所有者权益变动表,一注是指附注。

财务报表是对企业财务状况、经营成果和现金流量的结构性表述。财务报表由企业会计部门根据经过审核的会计账簿记录和有关资料编制并对外提供,反映企业某一特定日期财务状况和某一会计期间经营成果、现金流量及所有者权益变动情况等信息。

附注是对在财务报表中列示项目所做的进一步说明,以及对未能在这些报表中列示项目的说明(包含对财务报表的编制基础、编制依据、编制原则和方法及主要项目等所做的解释),以帮助报表使用者理解报表项目的内容和计量方法。

财务情况说明书是对财务报表反映出的经营情况,采用文字或者图表的方式对其做进一步的解释和说明。它重点解释财务报表数据背后的市场环境、业务背景、主客观原因以及合理化的建议等。比如,企业亏损的主客观原因分析、收支的详细对比以及扭亏为盈的对策等。

一、财务报告的意义

《企业会计准则——基本准则》第四条规定:"企业应当编制财务会计报告(又称财务报告,下同)。财务会计报告的目标是向财务会计报告使用者提供与企业财务状况、经营成果和现金流量等有关的会计信息,反映企业管理层受托责任履行情况,有助于财务会计报告使用者作出经济决策。"

(一)为投资者和债权人的投资、贷款决策提供必要的信息资料

各企业的投资者包括国家、法人、职工个人、其他经营单位等。投资者关心投资报酬和投资风险,财务报告可以全面、系统地向投资者提供其所需要的信息资料,投资者根据财务报告可以了解企业的资金状况和经济活动情况,也可以了解企业的经营成果、资金使用状况以及支付资金报酬的情况等资料。企业潜在的投资者也可以通过财务报告对企业经营状况及盈利能力,进行相关财务数据的比较和评估以便做出是否投资的决策。

贷款人是商品经济条件下企业的重要债权人,包括银行、非银行金融机构、债券购买者等,他们需要获取企业关于贷款本金偿还及利息支付等财务数据信息。商业债权人是商品经济条件下企业又一重要的债权人,他们在购置环节中企业赊购的情况下,通过供应材料、设备及劳务等交易成为企业的债权人。商业债权人更关注企业具体运营状况及偿债能力。

财务报告可以较完整地为投资者和债权人提供企业的信用基础、财务状况及偿债能力等信息,便于投资者综合分析和权衡并做出是否向企业投资或是否撤回投资等决策,债权人根据企业提供的偿债能力和偿债保证程度等信息做出是否向企业贷款、贷款多少或是否收回贷款等决策。

(二)为企业加强经济管理提供必要的信息资料

各企业的经营管理者,需要经常不断考核、分析企业财务成本状况,评价企业的经济工作,发现问题、分析问题,同时结合企业实际状况给出解决问题的对策,总结经验不断改进经营管理工作,优化各运营环节的管理水平,基于财务报告反馈数据进行经营预测和决策。财务报告可以提供运营活动中全面、完整、系统的数据资料,以便企业的经营管理者做出正确的结论,使企业的生产经营活动良性发展。

此外,企业内部职工、职工代表大会及工会组织也可以利用会计报告提供的资料,了解企业的盈利情况和稳定性,从而评估企业可能提供的劳动报酬、福利待遇和就业机会以及发展空间,更好地服务企业的经营管理活动。

(三)为有关行政管理部门实施管理和监督提供各项信息资料

企业主管部门利用财务报告,考核所属企业的业绩以及各项经济政策贯彻执行情况,并通过各企业同类指标的对比分析,及时总结成绩,推广先进经验;对所发现的问题分析原因,采取措施,克服薄弱环节。财政、税务部门可以利用财务报告所提供的资料,了解企业资金的筹集运用是否合理,检查企业税收、利润计划的完成与解缴情况,以及有无违反税法和财经纪律的现象,更好地发挥财政、税收的监督职能。银行可以利用财务报告考察企业流动资金的利用情况,分析企业银行借款的物资保证程度,研究企业流动资金的正常需要量,了解银行贷款的归还以及信贷纪律的执行情况,充分发挥银行经济监督和经济杠杆作用。逐级汇总财务报表,也可以为国家提供全面、综合的会计信息,为进行国民经济核算和宏观经济管理提供基础资料,便于国家了解、控制和调整国民经济的发展速度,进行重大的经济决策,从而保障社会主义经济健康有效地运行。

(四)为审计机关检查、监督各企业的生产经营活动提供必要的信息资料

审计机关的审计工作是从财务报告审计开始的,财务报告为财务审计和经济效益审计工作提供详尽、全面的数据资料,审计部门可以利用财务报告了解企业财务状况和经营情况及财经政策、法令和纪律的执行情况。

二、财务报告的组成

企业对外提供的财务报告至少应当包括下列组成部分：①资产负债表；②利润（损益）表；③现金流量表；④所有者权益（或股东权益，下同）变动表；⑤附注。

资产负债表是反映企业在某一特定日期财务状况的会计报表。利润表是反映企业在一定会计期间经营成果的会计报表。现金流量表是反映企业在一定会计期间的现金和现金等价物流入和流出的会计报表。所有者权益变动表是反映企业本期（年度或中期）内至期末所有者权益变动情况的报表。企业对外提供的财务报表的编号、编报期如表 8-1 所示。

表 8-1　财务报表编号、名称及编报期

编号	财务报表名称	编报期
会企 01 表	资产负债表	中期报告、年度报告
会企 02 表	利润表	中期报告、年度报告
会企 03 表	现金流量表	中期报告、年度报告
会企 04 表	所有者权益变动表	年度报告

此外，企业在编制年度财务报表时，还要编制一些附表，如资产负债表的附表有应交增值税明细表、资产减值准备明细表等。

附注是对在资产负债表、利润表、现金流量表和所有者权益变动表等报表中列示项目的文字描述或明细资料，以及对未能在这些报表中列示项目的进一步说明。附注应当披露财务报表的编制基础，相关信息应当与资产负债表、利润表、现金流量表和所有者权益变动表等财务报表中列示的项目数据相互参照。

附注披露的结构和顺序的设计应遵循重要的信息先披露、次要的信息后披露的原则。附注一般应当按照下列顺序披露：

(1)企业的基本情况。
(2)财务报表的编制基础。
(3)遵循企业会计准则的声明。
(4)重要会议政策和会计估计。重要会计政策的说明，包括财务报表项目的计量基础和在运用会计政策过程中所做的重要判断等；重要会计估计的说明，包括可能导致下一个会计期间内资产、负债账面价值重大调整的会计估计的确定依据等。
(5)会计政策和会计估计变更以及差错更正的说明。
(6)报表重要项目的说明。
(7)或有和承诺事项、资产负债表日后非调整事项、关联方关系及其交易等需要说明的事项。
(8)有助于财务报表使用者评价企业管理资本的目标、政策及程序的信息。

三、财务报告的分类

财务报告可以按其编报期间不同分为中期财务报告和年度财务报告。会计学中将会计期间短于一个完整会计年度的财务报告统称为中期财务报告，如半年度报告、季度报告、月度报告等。年度财务报告应当包括四表一注,中期财务报告除所有者权益变动表可以选择披露、附注可以简化外,其格式和内容应当与年度财务报告相一致。

财务报表作为财务报告的重要组成部分,可以根据需要,按照不同的标准进行分类。

1. 财务报表按其服务对象,分为外部报表和内部报表

外部报表是指企业对外报送的报表,包括报送财税部门、开户银行、主管部门、其他企业和个人的报表,如资产负债表、利润表、现金流量表等。内部报表是用来反映经济活动和财务收支的具体情况,为管理者进行决策提供信息而不对外公开的财务报表。内部报表作为信息反馈过程中的载体,在管理控制系统中使企业能够更好地进行沟通、控制决策以及业绩评价。这类报表一般不需要统一规定的格式,也没有统一的指标体系。相较外部报表,内部报表具有灵活性和针对性。

2. 财务报表按其编制时间,分为年度报表和中期报表

年度报表是年度终了以后编制的,全面反映企业财务状况、经营成果、现金流量、所有者权益变动情况等的报表。年度报表要求揭示完整,反映全面。中期报表是指按短于一年的会计期间编制的财务报表,如半年度报表、季度报表、月度报表。其中,月度报表要求简明扼要、及时反映,季度报表、半年度报表在会计信息的详细程度方面介于月度报表和年度报表之间。

3. 财务报表按其编制企业,分为单位报表、汇总报表和合并报表

单位报表是由独立核算的会计主体在自身会计核算的基础上,对账簿记录进行加工而编制的财务报表,用以反映该主体的财务状况和经营成果。汇总报表是由上级主管部门、专业公司根据基层所属单位报送的财务报表,连同本单位财务报表汇总编制的综合性报表。合并报表是反映一个集团对外业务形成的财务状况、经营成果和现金流量信息的由母公司编制的财务报表。集团包括母公司及其纳入合并范围的子公司。

4. 财务报表按其反映财务活动方式,分为静态财务报表和动态财务报表

静态财务报表是指反映一个企业在某一时点的资产总额、负债总额和所有者权益总额的报表。例如,资产负债表反映企业在某个特定日期的资产总额和权益总额,从资产总量方面反映企业的财务状况,从而反映资产的变现能力和偿债能力。动态财务报表是指反映一个企业在某个期间的资金耗费和资金收回情况的报表。例如,利润表反映的是企业在一定时期的经营成果,现金流量表反映的是企业在一定时期的现金流入和流出情况。

四、财务报告的编制要求

编制和提供财务报告的最终目的,是达到社会资源的合理配置,因此,财务报告所提供的信息应能真实、公允地反映企业的财务状况、经营成果和现金流量。财务报告的真实可靠、相关可比、客观有效和便于理解,是会计信息的质量要求;财务报告及时提供给使用者是会计信息的基本要求。为了保证财务报告的质量,实现财务报告的目标,充分发挥其作用,企业编制的财务报告应当真实完整、相关可比、编报及时、便于理解。

(一)应以持续经营为基础编制

企业应当以持续经营为基础,根据实际发生的交易和事项,按照《企业会计准则——基本准则》和其他各项会计准则的规定进行确认和计量,在此基础上编制财务报表。持续经营是会计的基本前提,是会计确认、计量及编制财务报表的基础。一般而言,企业如果存在以下情况之一,通常表明其处于非持续经营状态:①企业已在当期进行清算或停止营业;②企业已经正式决定在下一个会计期间进行清算或停止营业;③企业已确定在当期或下一个会计期间没有其他可供选择的方案而将被迫进行清算或停止营业。此时,企业应当按照其他基础编制财务报表。

(二)采用正确的会计基础

除现金流量表按照收付实现制原则编制外,企业应当按照权责发生制原则编制财务报表。

(三)相关可比

财务报告提供的信息必须与财务报告使用者的决策相关,同时便于同一时期不同企业及不同时期同一企业之间进行横向和纵向的比较。只有提供相关可比的信息,财务报告使用者才能分析企业在同行业中的地位,分析和判断企业过去、现在的情况,预测其未来的发展趋势,为决策提供更精准的服务。

(四)客观真实

会计信息真实完整是使用者对财务报告的基本要求,也是其他信息质量要求的前提。财务报告提供的信息应能如实反映企业的经营情况及其结果。要保证财务报表提供真实信息,就要做到经济业务记录全流程准确、完整。在编制报表前要进行账证核对、账账核对、账实核对,不得任意以估计数或计划数甚至编造的数字来编制报表,也不得为赶制报表提前结账,影响本期及以后期间的信息真实性。内容真实还要求财务报表提供的资料内容完整,故意或无意的漏编、漏报都会影响报表信息的真实性。财务报表中各项指标和数据是相互联系、相互补充的,必须按规定填列完整。财务报告中不论主表、附表或补充资料,都应准确、完整,规避人为因素导致的数据缺失或疏漏,各财务报表之间、项目之间数据符合逻辑对应关系,数据保持口径一致。

(五)重要性

企业提供的会计信息应当反映与企业财务状况、经营成果和现金流量有关的所有重要交易或者事项。重要性的应用需要依赖职业判断,企业应当根据其所处环境和实际情况,从项目的性质(质)和金额大小(量)两方面加以判断。其中:项目的性质应当考虑该项目是否属于企业日常活动、是否对企业的财务状况和经营成果具有较大影响等因素;项目金额大小的重要性,应当通过单项金额占资产总额、负债总额、所有者权益总额、营业收入总额、净利润等直接相关项目金额的比重进行判定。性质或功能类似的项目,其所属类别具有重要性的,应当按其类别在财务报表中单独列报;性质或功能不同的项目,应当在财务报表中单独列报,但不具有重要性的项目除外。

(六)及时有效

企业财务报告所提供的信息资料具有很强的时效性,会计信息收集、处理和传递如果有所拖延,将导致会计报告的效用大打折扣,所以,财务报告必须按规定的期限和程序,及时编制,及时报送,以便报告使用者及时了解编报企业的财务状况和经营成果等关键信息。月度财务报告应当于月度终了后6天内对外提供,季度财务报告应当于季度终了后15天内对外提供,半年度财务报告应当于年度中期结束后60天内对外提供,年度财务报告应当于年度终了后4个月内对外提供。纳税人经批准延期办理纳税申报的,其财务报告报送期限可以顺延。

(七)便于理解

便于理解是指财务报告所提供的会计信息应当清晰明了,便于使用者理解和利用,便于使

五、财务报告编制前的准备工作

（一）财产清查

年度末，需要对企业所有财产物资、债权债务进行盘点和核对。如果发现有问题，应及时查明原因，按规定程序报批后，进行相应的会计处理，以保证账面数据与实际数据一致，达到账实相符的要求。

（二）期末账项调整

按照权责发生制的要求，将已支付或已收到的款项，按照受益期进行调整，以严格区分本期和非本期的收入和费用，以正确计算本期的损益。

除了按照权责发生制进行调整以外，还有大量的工作需要在年末集中进行。例如，所得税的年终清缴，员工各种奖金福利的计算以及因会计差错、会计政策变更等原因需要调整前期或本期相关项目的情况等。

（三）结账

严格审核会计账簿的记录和有关资料，在确保所有账项都已入账的前提下，计算各账户的本期发生额和期末余额。

（四）对账

通过对账，以保证账证、账账、账实相符，财务报表编制完成后，再对账表进行核对，达到账表相符的目的。

此外，在手工环境下，为了便于财务报表的编制，还可以事先编制工作底稿，在底稿上完成账项调整、试算平衡和财务报表的编制工作。目前财务信息技术发展比较成熟，财务报表可以通过财务软件完成账项的试算平衡和编制。

课程思政

财务报告是企业会计工作的最终产品，无论对内还是对外都发挥着重要的核算与监督作用。财务信息加工处理的每一个环节都至关重要，只有完整、准确、真实地反映企业相关的财务信息，才能有效地降低信息不对称带来的潜在经营风险。高质量的财务信息对于投资者、管理者、职能部门、金融机构等相关信息使用者才是有价值的信息。会计从业者应加强诚信教育，提升经济后果责任意识。

人生是一场漫长的旅程，不同人生阶段有不同的重要事项，需要我们认真对待，正如财务报告是会计核算七种基本方法的最终成果，会计核算环环相扣、相互印证。我们要脚踏实地，行稳致远，进而有为。"劝君莫惜金缕衣，劝君惜取少年时"，我们要珍惜现在青春时光，发奋学习，通过武装自己的专业技能，提升职场综合竞争力，为自己的梦想而奋斗。

第二节　资产负债表

　　资产负债表是反映企业在某一特定日期财务状况的报表,是企业经营活动的静态体现,也称为财务状况报表或静态报表。资产负债表是根据"资产＝负债＋所有者权益"这一平衡公式,依照一定的分类标准和一定的次序,将某一特定日期的资产、负债、所有者权益的具体项目予以适当的排列编制而成的。它表明权益在某一特定日期所拥有或控制的经济资源、所承担的现有义务和所有者对净资产的要求权。

一、资产负债表的内容和作用

(一)资产负债表的内容

　　资产负债表主要反映以下三个方面的内容：
　　(1)在某一特定日期企业所拥有或控制的各项资产,包括流动资产、长期股权投资、固定资产、无形资产和其他资产；
　　(2)在某一特定日期企业所承担的债务,包括各项流动负债和长期负债；
　　(3)在某一特定日期企业投资者在企业资产中享有的经济利益,包括投资者投入的资本、资本公积、盈余公积和未分配利润。

(二)资产负债表的作用

　　资产负债表可以反映该企业或组织在某一日期所拥有的资产总额、负债总额、所有者权益总额及其构成情况,帮助报表使用者较全面地了解有关企业或组织的财务状况。
　　(1)资产负债表反映企业某一日期资产的总额及其构成状况。信息使用者据此分析企业在某一日期所拥有的经济资源及其分布情况。
　　(2)资产负债表可以反映企业某一日期负债的总额及其结构,揭示公司的资金来源,表明企业未来需用多少资产或劳务清偿债务。
　　(3)资产负债表可以反映企业所有者权益的情况,表明投资者在企业资产中所占有的份额。投资者和债权人据此可以分析企业资本结构的合理性及其所面临的财务风险,据以判断资本保值增值的情况以及对负债的保障程度。
　　(4)资产负债表可以用来解释、评价和预测企业的短期偿债能力。
　　(5)资产负债表可以用来解释、评价和预测企业的长期偿债能力和资本结构。
　　(6)资产负债表可以用来解释、评价和预测企业的财务弹性。
　　(7)资产负债表可以用来解释、评价和预测企业的绩效,帮助管理部门做出合理的经营决策。
　　(8)通过资产负债表对不同时期相同项目进行比较,可以了解企业财务状况变动情况,预测企业未来财务状况的发展趋势。

二、资产负债表的结构

　　资产负债表一般有表头、正表两部分。其中,表头概括地说明报表名称、编制单位、编制日期、报表编号、货币名称、计量单位等;正表是资产负债表的主体,列示了用以说明企业财务状况的各个项目。

资产负债表的正表按资产、负债、所有者权益三大项目排列方法的不同,一般有报告式资产负债表和账户式资产负债表两种格式。报告式资产负债表也称竖式资产负债表,是上下结构,上半部列示资产,下半部列示负债和所有者权益。其具体排列形式又有两种:一是按"资产＝负债＋所有者权益"的原理排列;二是按"资产－负债＝所有者权益"的原理排列。账户式资产负债表也称横式资产负债表,是左右结构,左边列示资产,右边列示负债和所有者权益。不管采取什么格式,资产各项目的合计等于负债和所有者权益各项目的合计这一等式不变。

我国企业的资产负债表采用账户式结构,即资产列于左侧,负债和所有者权益(股东权益)分别列于右侧的上端、下端;另将资产区分为流动资产和非流动资产,将负债区分为流动负债和非流动负债予以分类列示。

账户式资产负债表分左右两方。左方为资产项目,按资产的流动性大小或变现能力强弱,自上而下排列,变现能力最强的项目列示在最上边,最弱的排在最后一行。右方为负债和所有者权益项目,负债项目按清偿时间的先后顺序排列;所有者权益项目按可供企业使用的永久程度排列,越能为企业提供永久使用的项目越排列在上面。账户式资产负债表采用资产总额等于负债加所有者权益总额的对照结构,反映资产、负债和所有者权益之间的内在平衡关系,资产负债表左方和右方始终平衡。

1. 资产类项目

资产类项目按资产的流动性大小或变现能力强弱分为流动资产和非流动资产两类分项列示。流动资产项目包括货币资金、交易性金融资产、应收票据、应收账款、预付款项、其他应收款、存货等;非流动资产项目包括债权投资、固定资产、在建工程、无形资产、开发支出、长期待摊费用和其他非流动资产等。

2. 负债类项目

负债类项目按要求清偿时间分为流动负债和非流动负债两类。流动负债是指将在一年内(含一年)或一个营业周期内到期清偿的债务,包括短期借款、交易性金融负债、应付票据、应付账款、预收款项、应付职工薪酬、应交税费、其他应付款等;非流动负债主要包括长期借款、应付债券、长期应付款等。

3. 所有者权益类项目

所有者权益类项目按其来源分为实收资本(或股本)、资本公积、盈余公积和未分配利润等项目。

我国的资产负债表又称比较资产负债表,采用前后两期对比方式编列,表中各项目既列出了期末数,同时也列示出年初数,利用期末数与年初数的比较,可以了解有关企业财务状况的变动情况及其变化发展趋势。

资产负债表格式如表8－2所示。

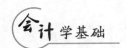

表 8-2 资产负债表

会企 01 表

编制单位：××公司　　　　　___年___月___日　　　　　单位：元

资产	期末余额	上年年末余额	负债和所有者权益（或股东权益）	期末余额	上年年末余额
流动资产：			流动负债：		
货币资金			短期借款		
交易性金融资产*			交易性金融负债*		
衍生金融资产*			衍生金融负债*		
应收票据			应付票据		
应收账款			应付账款		
应收款项融资*			预收款项		
预付款项			合同负债*		
其他应收款			应付职工薪酬		
存货			应交税费		
合同资产*			其他应付款		
持有待售资产*			持有待售负债*		
一年内到期的非流动资产			一年内到期的非流动负债		
其他流动资产			其他流动负债		
流动资产合计			流动负债合计		
非流动资产：			非流动负债：		
债权投资*			长期借款		
其他债权投资*			应付债券		
长期应收款*			其中：优先股		
长期股权投资*			永续债		
其他权益工具投资*			租赁负债*		
其他非流动金融资产*			长期应付款*		
投资性房地产*			预计负债		
固定资产			递延收益		
在建工程			递延所得税负债*		
生产性生物资产*			其他非流动负债		
油气资产*			非流动负债合计		
使用权资产*			负债合计		

续表

资产	期末余额	上年年末余额	负债和所有者权益(或股东权益)	期末余额	上年年末余额
无形资产			所有者权益(或股东权益):		
开发支出			实收资本(或股本)		
商誉*			其他权益工具*		
长期待摊费用*			其中:优先股		
递延所得税资产*			永续债		
其他非流动资产			资本公积		
非流动资产合计			减:库存股		
			其他综合收益*		
			专项储备*		
			盈余公积		
			未分配利润		
			所有者权益(或股东权益)合计		
资产总计			负债和所有者权益(或股东权益)总计		

注:标有*的报表项目超出了本课程的教学范围,不要求掌握。

三、资产负债表的编制方法

资产负债表中"上年年末余额"栏的数字通常根据上年度对应项目的"期末余额"栏内数字直接复制填列,该数据应该和上年末资产负债表的"期末余额"栏一致。企业在首次执行新企业会计准则时,应该按照要求对当年的"上年年末余额"栏及其相关项目进行调整;以后期间,如果企业变更会计政策、更正前期差错时,也应该对"上年年末余额"栏中的有关项目进行相应的调整。此外,若企业本年度资产负债表规定的各项目的名称及内容同上年度不一致,则应该对上年末资产负债表各项目的名称和数字按本年度的规定进行调整,填入"上年年末余额"栏内。

资产负债表"期末余额"根据编报报表的周期不一致,填列数据可分为月末、季末或年末的数字。"期末余额"栏内的数字,一般应该根据对应的会计账簿记录直接填列,即根据资产、负债、所有者权益类科目的期末余额填列。如果企业在编制资产负债表前编制了工作底稿,可根据工作底稿中的"资产负债表"栏内各项目的金额填列。资产负债表数据填列不是对账户余额的简单誊写,报表项目与会计科目内容并不完全一致,有些项目需要经过分析整理、汇总计算后得出。"期末余额"各项目的填列方法如下:

(1)根据总账科目余额直接填列。如"交易性金融资产"项目,根据"交易性金融资产"总账科目的期末余额直接填列;"短期借款"项目,根据"短期借款"总账科目的期末余额直接填列。此外,"应付票据""应付职工薪酬""实收资本""资本公积""盈余公积"等项目填列均按照总账科目直接誊写。

（2）根据总账科目余额计算数据填列。资产负债表中某些项目需要根据若干总账科目的期末余额计算填列，如"货币资金"项目，根据"库存现金""银行存款""其他货币资金"三个总账科目的期末余额合计数计算填列。

（3）根据有关明细科目余额计算填列。资产负债表中某些项目需要根据有关总账科目所属的相关明细科目的期末余额计算填列，如"应收账款"项目，应根据"应收账款""预收账款"两个科目所属的有关明细科目的期末借方余额扣除计提的减值准备后计算填列；"应付账款"项目，根据"应付账款""预付账款"科目所属相关明细科目的期末贷方余额计算填列。

（4）根据总账科目和明细科目余额分析计算填列。如"长期借款"项目，根据"长期借款"总账科目期末余额，扣除"长期借款"科目所属明细科目中反映的、将于一年内到期的长期借款部分，分析计算填列。

（5）根据总账科目余额减去其备抵项目后的净额填列。如，"固定资产"项目，根据"固定资产"科目的期末余额，减去"固定资产减值准备"与"累计折旧"备抵科目余额后的净额填列。又如，"无形资产"项目，根据"无形资产"科目的期末余额，减去"无形资产减值准备"与"累计摊销"备抵科目余额后的净额填列。

（6）综合运用上述填列方法分析填列。如"存货"项目，需要根据"原材料""材料采购""材料成本差异""库存商品"等总账科目的期末余额的分析汇总数，再减去"存货跌价准备"备抵科目余额后的净额填列。

四、资产负债表各项目的填列说明

（一）资产项目的填列说明

（1）"货币资金"项目，反映企业库存现金、银行结算账户存款、外埠存款、银行汇票存款、银行本票存款、信用卡存款、信用证保证金存款等的合计数。本项目应根据"库存现金""银行存款""其他货币资金"三个总账科目的期末余额合计数填列。

（2）"交易性金融资产"项目，反映资产负债表日企业分类为以公允价值计量且其变动计入当期损益的金融资产，以及企业持有的指定为以公允价值计量且其变动计入当期损益的金融资产的期末账面价值。本项目应根据"交易性金融资产"科目的相关明细科目的期末余额分析填列。自资产负债表日起超过一年到期且预期持有超过一年的以公允价值计量且其变动计入当期损益的非流动金融资产的期末账面价值，在"其他非流动金融资产"项目反映。

（3）"应收票据"项目，反映资产负债表日以摊余成本计量的、企业因销售商品和提供服务等收到的商业汇票，包括商业承兑汇票和银行承兑汇票。本项目应根据"应收票据"科目的期末余额，减去"坏账准备"科目中有关应收票据计提的坏账准备期末余额后的金额填列。

（4）"应收账款"项目，反映资产负债表日以摊余成本计量的、企业因销售商品和提供服务等经营活动应收取的款项。本项目应根据"应收账款"科目的期末余额，减去"坏账准备"科目中相关坏账准备期末余额后的金额分析填列。

（5）"应收款项融资"项目，反映资产负债表日以公允价值计量且其变动计入其他综合收益的应收票据和应收账款等。

（6）"预付款项"项目，反映企业按照购货合同规定预付给供应单位的款项。本项目应根据"预付账款"和"应付账款"科目所属各明细科目的期末借方余额合计数，减去"坏账准备"科目中有关预付账款计提的坏账准备期末余额后的金额填列。如"预付账款"科目所属有关明细科目期末有贷方余额的,应在资产负债表"应付账款"项目内填列。如"应付账款"科目所属明细科目有借方余额的,也应包括在本项目内。

(7)"其他应收款"项目,根据"应收利息""应收股利""其他应收款"科目的期末余额合计数,减去"坏账准备"科目中相关坏账准备期末余额后的数据填列,其中的"应收利息"仅反映相关金融工具已到期可收取但于资产负债表日尚未收到的利息。基于实际利率法计提的金融工具的利息应包含在相应金融工具的账面余额中。

(8)"存货"项目,反映企业期末在库、在途和在加工中的各项存货的可变现净值,包括各种材料、商品、在产品、半成品、包装物、低值易耗品、分期收款发出商品、委托代销商品、受托代销商品等。本项目应根据"材料采购(在途物资)""原材料""库存商品""周转材料""生产成本""分期收款发出商品""委托加工物资""委托代销商品""受托代销商品"等科目的期末余额合计,减去"代销商品款""存货跌价准备"科目期末余额后的金额填列。材料采用计划成本核算,以及库存商品采用计划成本或售价核算的企业,还应按加或减材料成本差异、商品进销差价后的金额填列。

(9)"合同资产"和"合同负债"项目。企业应按照《企业会计准则第14号——收入》(财会〔2017〕22号)的相关规定根据本企业履行履约义务与客户付款之间的关系在资产负债表中列示合同资产或合同负债。"合同资产"项目、"合同负债"项目,应分别根据"合同资产"科目、"合同负债"科目的相关明细科目的期末余额分析填列,同一合同下的合同资产和合同负债应当以净额列示。其中净额为借方余额的,应当根据其流动性在"合同资产"或"其他非流动资产"项目中填列,已计提减值准备的,还应减去"合同资产减值准备"科目中相关的期末余额后的金额填列;其中净额为贷方余额的,应当根据其流动性在"合同负债"或"其他非流动负债"项目中填列。

由于同一合同下的合同资产和合同负债应当以净额列示,企业也可以设置"合同结算"科目(或其他类似科目),以核算同一合同下属于在某一时段内履行履约义务涉及与客户结算对价的合同资产或合同负债,并在此科目下设置"合同结算——价款结算"科目反映定期与客户进行结算的金额,设置"合同结算——收入结转"科目反映按履约进度结转的收入金额。资产负债表日,"合同结算"科目的期末余额在借方的,根据其流动性在"合同资产"或"其他非流动资产"项目中填列;期末余额在贷方的,根据其流动性在"合同负债"或"其他非流动负债"项目中填列。

(10)"持有待售资产"项目,反映资产负债表日划分为持有待售类别的非流动资产及划分为持有待售类别的处置组中的流动资产和非流动资产的期末账面价值。本项目应根据"持有待售资产"科目的期末余额,减去"持有待售资产减值准备"科目的期末余额后的金额填列。

(11)"一年内到期的非流动资产"项目,反映企业将于一年内(含一年)到期的非流动资产。本项目应根据有关科目的期末余额分析计算填列。

(12)"其他流动资产"项目,反映企业除以上流动资产项目外的其他流动资产。本项目应根据有关科目的期末余额填列。如其他流动资产价值较大的,应在财务报表附注中披露其内容和金额。

(13)"债权投资"项目,反映资产负债表日企业以摊余成本计量的长期债权投资的期末账面价值。本项目应根据"债权投资"科目的相关明细科目期末余额,减去"债权投资减值准备"

科目中相关减值准备的期末余额后的金额分析填列。自资产负债表日起一年内到期的长期债权投资的期末账面价值,在"一年内到期的非流动资产"项目反映。企业购入的以摊余成本计量的一年内到期的债权投资的期末账面价值,在"其他流动资产"项目反映。

(14)"其他债权投资"项目,反映资产负债表日企业分类为以公允价值计量且其变动计入其他综合收益的长期债权投资的期末账面价值。本项目应根据"其他债权投资"科目的相关明细科目期末余额分析填列。自资产负债表日起一年内到期的长期债权投资的期末账面价值,在"一年内到期的非流动资产"项目反映。企业购入的以公允价值计量且其变动计入其他综合收益的一年内到期的债权投资的期末账面价值,在"其他流动资产"项目反映。

(15)"长期应收款"项目,反映企业持有的长期应收款的可收回金额。本项目应根据"长期应收款"科目的期末余额,减去"坏账准备"科目所属相关明细科目期末余额,再减去"未确认融资收益"科目期末余额后的金额分析计算填列。

(16)"长期股权投资"项目,反映企业持有的对子公司、联营企业和合营企业的长期股权投资。本项目应根据"长期股权投资"科目的期末余额,减去"长期股权投资减值准备"科目余额后的金额填列。

(17)"投资性房地产"项目,反映企业持有的投资性房地产。本项目应根据"投资性房地产"科目的期末余额,减去"投资性房地产累计折旧""投资性房地产减值准备"科目期末余额后的金额分析计算填列。

(18)"固定资产"项目,反映资产负债表日企业固定资产的期末账面价值(即固定资产原价减去累计折旧和累计减值准备后的净额)和企业尚未清理完毕的固定资产清理净损益。本项目应根据"固定资产"科目的期末余额,减去"累计折旧"和"固定资产减值准备"科目的期末余额后的金额,以及"固定资产清理"科目的期末余额填列。

(19)"在建工程"项目,反映资产负债表日企业尚未达到预定可使用状态的在建工程的期末账面价值(即"在建工程"的期末余额减去"在建工程减值准备"的期末余额后的净额)和企业为在建工程准备的各种物资的期末账面价值(即"工程物资"的期末余额减去"工程物资减值准备"的期末余额后的净额)。本项目应根据"在建工程"科目的期末余额,减去"在建工程减值准备"科目的金额后的金额,以及"工程物资"科目的期末余额,减去"工程物资减值准备"科目的期末余额后的金额填列。

(20)"无形资产"项目,反映企业持有的无形资产。本项目应根据"无形资产"科目的期末余额,减去"累计摊销""无形资产减值准备"科目期末余额后的金额填列。

(21)"开发支出"根据"研发支出"科目所属的"资本化支出"明细科目期末余额计算填列。

(22)"递延所得税资产"项目,反映企业确认的递延所得税资产。本项目应根据"递延所得税资产"科目期末余额填列。

(23)"其他非流动资产"项目,反映企业除以上资产以外的其他长期资产。本项目应根据有关科目的期末余额填列。如其他长期资产价值较大的,应在财务报表附注中披露其内容和金额。

(二)负债项目的填列说明

(1)"短期借款"项目,反映企业向银行或其他金融机构等借入的期限在一年以下(含一年)的借款。本项目应根据"短期借款"科目的期末余额填列。

(2)"交易性金融负债"项目,反映资产负债表日企业承担的交易性金融负债,以及企业持有的指定为以公允价值计量且其变动计入当期损益的金融负债的期末账面价值。本项目应根据"交易性金融负债"科目的相关明细科目的期末余额填列。

(3)"应付票据"项目,反映资产负债表日以摊余成本计量的,企业因购买材料、商品和接受服务等开出、承兑的商业汇票,包括银行承兑汇票和商业承兑汇票。本项目应根据"应付票据"科目的期末余额填列。

(4)"应付账款"项目,反映资产负债表日以摊余成本计量的,企业因购买材料、商品和接受服务等经营活动应支付的款项。本项目应根据"应付账款"和"预付账款"科目所属的相关明细科目的期末贷方余额合计数填列。

(5)"预收款项"项目,反映企业按照购销合同规定预收购买单位的款项。本项目应根据"预收账款""应收账款"科目所属各有关明细科目的期末贷方余额合计填列。如"预收账款"科目所属有关明细科目有借方余额的,应在资产负债表"应收账款"项目内填列;如"应收账款"科目所属明细科目有贷方余额的,也应包括在本项目内。

(6)"应付职工薪酬"项目,反映企业根据有关规定应付给职工的工资、职工福利、社会保险费、住房公积金、工会经费、职工教育经费、非货币性福利、辞退福利等各种薪酬。企业(外商)按规定从净利润中提取的职工奖励及福利基金,也在本项目列示。本项目应根据"应付职工薪酬"科目期末贷方余额填列,如"应付职工薪酬"科目期末为借方余额,以"一"号填列。

(7)"应交税费"项目,反映企业期末未交、多交或未抵扣的各种税费。本项目应根据"应交税费"科目的期末贷方余额填列,如"应交税费"科目期末为借方余额,以"一"号填列。

(8)"其他应付款"项目,应根据"应付利息""应付股利""其他应付款"科目的期末余额合计数填列。其中的"应付利息"仅反映相关金融工具已到期应支付但于资产负债表日尚未支付的利息。基于实际利率法计提的金融工具的利息应包含在相应金融工具的账面余额中。

(9)"一年内到期的非流动负债"项目,反映企业非流动负债中将于资产负债表日后一年内到期部分的金额,如将于一年内偿还的长期借款。本项目应根据有关科目的期末余额填列。

(10)"其他流动负债"项目,反映企业除以上流动负债以外的其他流动负债。本项目应根据有关科目的期末余额填列。如其他流动负债价值较大,应在财务报表附注中披露其内容及金额。

(11)"长期借款"项目,反映企业向银行或其他金融机构借入的期限在一年以上(不含一年)的各项借款。本项目应根据"长期借款"科目的期末余额,减去"长期借款"科目中将于一年内到期的长期借款后的金额填列。

(12)"应付债券"项目,反映企业发行的尚未偿还的各种长期债券的本金和利息。本项目应根据"应付债券"科目的期末余额填列。

(13)"长期应付款"项目,反映资产负债表日企业除长期借款和应付债券以外的其他各种长期应付款的期末账面价值。本项目应根据"长期应付款"科目的期末余额,减去相关的"未确认融资费用"科目的期末余额后的金额,以及"专项应付款"科目的期末余额填列。

(14)"预计负债"项目,反映企业确认的对外提供担保、未决诉讼、产品质量保证、重组义务、亏损性合同等预计负债。本项目应根据"预计负债"科目的期末余额填列。

(15)"递延所得税负债"项目,反映企业确认的应纳税暂时性差异产生的所得税负债。本项目应根据"递延所得税负债"科目的期末余额填列。

(16)"其他非流动负债"项目,反映企业除长期借款、应付债券等负债以外的其他非流动负债。本项目应根据有关科目的期末余额减去将于一年内(含一年)到期偿还数后的余额填列。非流动负债各项目中将于一年内(含一年)到期的非流动负债,应在"一年内到期的非流动负债"项目内单独反映。

(三)所有者权益项目的填列说明

(1)"实收资本(或股本)"项目,反映企业各投资者实际投入的资本(或股本)总额。本项目应根据"实收资本"(或"股本")科目的期末余额填列。

(2)"其他权益工具"项目,反映资产负债表日企业发行在外的除普通股以外分类为权益工具的金融工具的期末账面价值。对于资产负债表日企业发行的金融工具,分类为金融负债的,应在"应付债券"项目填列,对于优先股和永续债,还应在"应付债券"项目下的"优先股"项目和"永续债"项目分别填列;分类为权益工具的,应在"其他权益工具"项目填列,对于优先股和永续债,还应在"其他权益工具"项目下的"优先股"项目和"永续债"项目分别填列。

(3)"资本公积"项目,反映企业资本公积的期末余额。本项目应根据"资本公积"科目的期末余额填列。

(4)"盈余公积"项目,反映企业盈余公积的期末余额。本项目应根据"盈余公积"科目的期末余额填列。

(5)"未分配利润"项目,反映企业尚未分配的利润。本项目应根据"利润分配——未分配利润"明细科目的余额计算填列。未弥补的亏损在本项目内以"－"号填列。

(6)"专项储备"项目,反映高危行业企业按国家规定提取的安全生产费的期末账面价值。本项目应根据"专项储备"科目的期末余额填列。

五、资产负债表编制举例

【例 8-1】美华有限公司 20×2 年 12 月 31 日有关科目的余额如表 8-3 所示。

表 8-3 科目余额表

20×2 年 12 月 31 日

科目名称	借方余额	科目名称	借方余额
库存现金	2 000	短期借款	400 000
银行存款	61 480		
应收账款	106 800	应付账款	400 000
——甲公司	6 800	——A 公司	200 000
——乙公司	250 000	——B 公司	300 000
——丙公司	－150 000	——C 公司	－100 000
坏账准备	－534	其他应付款	80 000
其他应收款	5 000	应付职工薪酬	220 000
材料采购	200 000	应交税费	60 000
原材料	250 000	长期借款	500 000
库存商品	1 800 000	实收资本	3 000 000

续表

科目名称	借方余额	科目名称	借方余额
长期股权投资	100 000	资本公积	200 000
固定资产	2 900 000	盈余公积	300 000
累计折旧	−580 000	利润分配	−30 254
在建工程	110 000		
无形资产	200 000		
累计摊销	−50 000		
长期待摊费用	25 000		
合 计	5 129 746	合 计	5 129 746

注：表中"坏账准备"科目借方余额−534元，实际为贷方余额534元，全部为应收账款计提的坏账准备；"累计折旧"科目借方余额−580 000元，实际为贷方余额580 000元；"累计摊销"科目借方余额−50 000元，实际为贷方余额50 000元；"应收账款——丙公司"科目借方余额−150 000元，实际为贷方余额150 000元；"应付账款——C公司"科目贷方余额−100 000元，实际为借方余额100 000元。

根据上述资料，编制美华有限公司20×2年12月31日的资产负债表，如表8−4所示。

表8−4 资产负债表

会企01表

编制单位：美华有限公司　　　　20×2年12月31日　　　　　　　　　　　　单位：元

资产	期末余额	上年年末余额	负债和所有者权益（或股东权益）	期末余额	上年年末余额
流动资产：			流动负债：		
货币资金	63 480		短期借款	400 000	
交易性金融资产			交易性金融负债		
应收票据			应付票据		
应收账款	256 266		应付账款	500 000	
预付款项	100 000		预收款项	150 000	
其他应收款	5 000		应付职工薪酬	220 000	
存货	2 250 000		应交税费	60 000	
一年内到期的非流动资产			其他应付款	80 000	
其他流动资产			一年内到期的非流动负债		
流动资产合计	2 674 746		其他流动负债		
非流动资产：			流动负债合计	1 410 000	
债权投资			非流动负债：		
其他债权投资			长期借款	500 000	

续表

资产	期末余额	上年年末余额	负债和所有者权益（或股东权益）	期末余额	上年年末余额
长期应收款			应付债券		
长期股权投资	100 000		长期应付款		
投资性房地产			预计负债		
固定资产	2 320 000		递延所得税负债		
在建工程	110 000		其他非流动负债		
生产性生物资产			非流动负债合计	500 000	
油气资产			负债合计	1 910 000	
无形资产	150 000		所有者权益（或股东权益）：		
开发支出			实收资本（或股本）	3 000 000	
商誉			资本公积	200 000	
长期待摊费用	25 000		减：库存股		
递延所得税资产			盈余公积	300 000	
其他非流动资产			未分配利润	—30 254	
非流动资产合计	2 705 000		所有者权益（或股东权益）合计	3 469 746	
资产总计	5 379 746		负债和所有者权益（或股东权益）总计	5 379 746	

第三节 利润表

利润表又称损益表，是反映企业在一定会计期间的经营成果的财务报表。因其所记载的是期间数据，故又称为"动态报表"。利润表主要是把企业在某一经营期间的收入、费用和成本以及由此所配比计算出的盈亏情况完整地呈现给信息使用者。

利润表把一定期间的收入与其同一会计期间相关的费用进行配比，以计算出企业一定时期的净利润（或净亏损）。利润表能够反映企业生产经营的收益和成本耗费情况，表明企业生产经营成果；同时，通过利润表提供的不同期间的数据（本月数、本年累计数、上年数）对比，可以分析企业今后利润的发展趋势及盈利能力，并据以判断资本保值、增值情况。将利润表中的信息与资产负债表中的信息相结合，还能够提供财务分析的基本资料，便于财务报表使用者判断企业未来的发展趋势，更准确地预判可能产生的风险，做出经济决策。

一、利润表的内容和作用

（一）利润表的内容

我国企业利润表主要反映以下几个方面的内容。

1. 构成营业利润的各项要素

营业利润是在营业收入的基础上减营业成本、税金及附加、销售费用、管理费用、财务费用、信用减值损失、资产减值损失,加公允价值变动收益、投资收益、其他收益和资产处置收益后得出。

营业利润 = 营业收入 — 营业成本 — 税金及附加 — 销售费用 — 管理费用 — 财务费用 — 信用减值损失 — 资产减值损失 + 公允价值变动收益(— 公允价值变动损失) + 投资收益(— 投资损失) + 其他收益 + 资产处置收益(— 资产处置损失)

2. 构成利润总额(或亏损总额)的各项要素

利润总额(或亏损总额)是在营业利润的基础上,加减营业外支出后得出。

利润总额 = 营业利润 + 营业外收入 — 营业外支出

3. 构成净利润(或净亏损)的各项要素

净利润(或净亏损)是在利润总额(或亏损总额)的基础上,减去本期计入损益的所得税后得出。

净利润 = 利润总额 — 所得税费用

4. 每股收益的内容

每股收益包括基本每股收益和稀释每股收益。

"基本每股收益"项目,反映企业普通股股东持有每一股份所能享有企业的利润或承担企业的亏损。计算公式为

基本每股收益 = 当期净利润/发行在外普通股加权平均数

"稀释每股收益"项目,反映企业存在具有稀释性潜在普通股的情况下,以基本每股收益的计算为基础,考虑稀释性潜在普通股影响的每股收益。稀释每股收益与一般每股收益的区别主要是分母,稀释每股收益考虑了今后可能影响普通股数量的因素。

(二)利润表的作用

利润是企业经营业绩的综合体现,因此,利润表是财务报告中的重要组成部分。

1. 可据以解释、评价和预测企业的经营成果和获利能力

比较和分析同一企业在不同时期,或不同企业在同一时期的资产收益率、成本收益率等指标,能够揭示企业利用经济资源的效率;比较和分析收益信息,可以了解某一企业收益增长的规模和趋势。根据利润表所提供的经营成果信息,股东、债权人和管理部门可解释、评价和预测企业的获利能力。

2. 可据以解释、评价和预测企业的偿债能力

财务报表使用者通过对利润表的分析,可以了解企业的盈利能力和偿付能力,便于评判企业运营的风险程度。

3. 可据以做出经营决策

比较和分析利润表中各种构成要素,企业管理人员可知悉各项收入、成本、费用与收益之间的消长趋势,发现各方面工作中存在的问题,揭露缺点,找出差距,改善经营管理,努力增收节支,杜绝损失的发生,做出合理的经营决策。

4. 可据以评价和考核管理人员的绩效

比较前后期利润表上各项收入、费用、成本及收益的增减变动情况,分析增减变动的原因,企业能够较为客观地评价各职能部门的绩效,分析部门人员的绩效与整个企业经营成果的关系,以便评判各部门管理人员的功过得失,及时做出采购、生产销售、筹资和人事等方面的调整,促进各部门人、财、物的高效联动。

二、利润表的结构

利润表一般有表头、正表两部分。其中,表头说明报表名称、编制单位、编制日期、报表编号、货币名称、计量单位等;正表是利润表的主体,反映形成经营成果的各个项目和计算过程。

利润表正表的格式一般有单步式和多步式两种。单步式利润表是将当期所有的收入列在一起,然后将所有的费用成本列在一起,两者相减得出当期净损益。多步式利润表是通过对当期的收入、费用、支出项目按性质加以归类,按利润形成的主要环节列示一些中间性利润指标,如营业利润、利润总额、净利润等,分步计算当期净损益。

在我国,单步式利润表主要适用于那些业务比较单纯的服务咨询行业和某些实行企业化管理的业务比较简单的事业单位。我国企业会计准则规定企业利润表应当采用多步式结构,并要求按照各项收入、费用以及构成利润的各个项目分类分项列示,便于使用者理解企业经营成果的不同来源。

我国一般企业多步式利润表格式如表 8-5 所示。

表 8-5 利润表

会企 02 表

编制单位:××公司　　　　　____年____月　　　　　单位:元

项目	本期金额	上期金额
一、营业收入		
减:营业成本		
税金及附加		
销售费用		
管理费用		
研发费用		
财务费用		
其中:利息费用		
利息收入		
加:其他收益		
投资收益(损失以"-"号填列)		
其中:对联营企业和合营企业的投资收益		
以摊余成本计量的金融资产终止确认收益(损失以"-"号填列)		
净敞口套期收益(损失以"-"号填列)		

续表

项目	本期金额	上期金额
公允价值变动收益（损失以"－"号填列）		
信用减值损失（损失以"－"号填列）		
资产减值损失（损失以"－"号填列）		
资产处置收益（损失以"－"号填列）		
二、营业利润（亏损以"－"号填列）		
加：营业外收入		
减：营业外支出		
三、利润总额（亏损总额以"－"号填列）		
减：所得税费用		
四、净利润（净亏损以"－"号填列）		
（一）持续经营净利润（净亏损以"－"号填列）		
（二）终止经营净利润（净亏损以"－"号填列）		
五、其他综合收益的税后净额*		
（一）不能重分类进损益的其他综合收益		
1.重新计量设定受益计划变动额		
2.权益法下不能转损益的其他综合收益		
3.其他权益工具投资公允价值变动		
4.企业自身信用风险公允价值变动		
……		
（二）将重分类进损益的其他综合收益		
1.权益法下可转损益的其他综合收益		
2.其他债权投资公允价值变动		
3.金融资产重分类计入其他综合收益的金额		
4.其他债权投资信用减值准备		
5.现金流量套期储备		
6.外币财务报表折算差额		
……		
六、综合收益总额*		
七、每股收益*		
（一）基本每股收益		
（二）稀释每股收益		

注：标有*的报表项目超出了本课程的教学范围，不要求掌握。

三、利润表的编制方法

利润表各项目需要填列"本期金额"和"上期金额"两栏。报表中的"本期金额"栏反映各项目的本期实际发生数。"上期金额"栏各项目,反映上年同期实际发生数,在编报中期财务报告时,填列上年同期累计实际发生数;在编报年度财务报告时,填列上年全年累计实际发生数。如果上年度利润表与本年度利润表的项目名称和内容不相一致,则按编报当年的口径对上年度利润表项目的名称和数字进行调整,填入报表"上期金额"栏。

利润表中"上期金额"栏内各项数字,应根据上年该期利润表的"本期金额"栏内所列数字填列。"本期金额"栏内各期数字,除"基本每股收益"和"稀释每股收益"项目外,应当按照相关科目的发生额分析填列。

1. 根据账户本期发生额直接填列

期末结账前,损益类账户有贷方发生额,如"营业外收入"账户等;也有借方发生额,如"税金及附加""管理费用""销售费用""财务费用""所得税费用"账户等。编制利润表时,可将上述损益类账户的借方或贷方本期发生额直接对应填列于利润表相应项目中。

2. 根据账户本期的发生额计算分析填列

利润表中的"营业收入"项目,可根据"主营业务收入"和"其他业务收入"的本期贷方发生额之和填列;"营业成本"项目可根据"主营业务成本"和"其他业务成本"账户的本期借方发生额之和填列。

3. 根据利润表项目之间的关系计算填列

利润表中的某些项目需要根据项目之间的关系计算填列,如"营业利润""利润总额""净利润"项目。

四、利润表项目的填列说明

(1)"营业收入"项目,反映企业经营活动所取得的收入总额。本项目应根据"主营业务收入""其他业务收入"等科目的发生额分析填列。

(2)"营业成本"项目,反映企业经营活动所发生的实际成本总额。本项目应根据"主营业务成本""其他业务成本"等科目的发生额分析填列。

(3)"税金及附加"项目,反映企业经营业务应负担的消费税、城市维护建设税、教育费附加、地方教育费附加、资源税、房产税、城镇土地使用税、车船税、土地增值税等。本项目应根据"税金及附加"科目的发生额分析填列。

(4)"销售费用"项目,反映企业在销售商品过程中发生的包装费、广告费等费用以及为销售本企业商品而专设的销售机构的职工薪酬、业务费等经营费用。本项目应根据"销售费用"科目的发生额分析填列。

(5)"管理费用"项目,反映企业为组织和管理生产经营所发生的管理费用。本项目应根据"管理费用"科目的发生额分析填列。

(6)"研发费用"项目,反映企业进行研究与开发过程中发生的费用化支出,以及计入管理费用的自行开发无形资产的摊销。本项目应根据"管理费用"科目下的"研究费用"明细科目的发生额,以及"管理费用"科目下的"无形资产摊销"明细科目的发生额分析填列。

(7)"财务费用"项目下的"利息费用"项目,反映企业为筹集生产经营所需资金等而发生的应予费用化的利息支出。本项目应根据"财务费用"科目的相关明细科目的发生额分析填列。本项目作为"财务费用"项目的其中项,以正数填列。

(8)"财务费用"项目下的"利息收入"项目,反映企业按照相关会计准则确认的应冲减财务费用的利息收入。本项目应根据"财务费用"科目的相关明细科目的发生额分析填列。本项目作为"财务费用"项目的其中项,以正数填列。

(9)"其他收益"项目,反映计入其他收益的政府补助,以及其他与日常活动相关且计入其他收益的项目。本项目应根据"其他收益"科目的发生额分析填列。企业作为个人所得税的扣缴义务人,根据《中华人民共和国个人所得税法》收到的扣缴税款手续费,应作为其他与日常活动相关的收益在本项目中填列。

(10)"投资收益"项目,反映企业以各种方式对外投资所取得的收益。本项目应根据"投资收益"科目的发生额分析填列,如为投资损失,以"一"号填列。

(11)"公允价值变动收益"项目,反映企业确认的交易性金融资产或交易性金融负债的公允价值变动额。本项目应根据"公允价值变动损益"科目的发生额分析填列,如为净损失,本项目以"一"号填列。

(12)"资产减值损失"项目,反映企业确认的资产减值损失。本项目应根据"资产减值损失"科目的发生额分析填列。

(13)"信用减值损失"项目,反映企业按照《企业会计准则第 22 号——金融工具确认和计量》(财会〔2017〕7 号)的要求计提的各项金融工具减值准备所确认的信用损失。本项目应根据"信用减值损失"科目的发生额分析填列。

(14)"资产处置收益"项目,反映企业出售划分为持有待售的非流动资产(金融工具、长期股权投资和投资性房地产除外)或处置组(子公司和业务除外)时确认的处置利得或损失,以及处置未划分为持有待售的固定资产、在建工程、生产性生物资产及无形资产而产生的处置利得或损失。债务重组中因处置非流动资产(金融工具、长期股权投资和投资性房地产除外)产生的利得或损失和非货币性资产交换中换出非流动资产(金融工具、长期股权投资和投资性房地产除外)产生的利得或损失也包括在本项目内。本项目应根据"资产处置损益"科目的发生额分析填列;如为处置损失,以"一"号填列。

(15)"营业利润"项目,反映企业实现的营业利润。根据营业利润计算公式计算的结果填列。结果为正,以正数填列;结果为负,表明亏损,以"一"号填列。

(16)"营业外收入"项目,反映企业发生的除营业利润以外的收益,主要包括与企业日常活动无关的政府补助、盘盈利得、捐赠利得(企业接受股东或股东的子公司直接或间接的捐赠,经济实质属于股东对企业的资本性投入的除外)等。本项目应根据"营业外收入"科目的发生额分析填列。

(17)"营业外支出"项目,反映企业发生的除营业利润以外的支出,主要包括公益性捐赠支出、非常损失、盘亏损失、非流动资产毁损报废损失等。本项目应根据"营业外支出"科目的发生额分析填列。"非流动资产毁损报废损失"通常包括因自然灾害发生毁损、已丧失使用功能等原因而报废清理产生的损失。企业在不同交易中形成的非流动资产毁损报废利得和损失不得相互抵销,应分别在"营业外收入"项目和"营业外支出"项目列支。

(18)"利润总额"项目,反映企业实现的利润总额。如为亏损总额,以"一"号填列。

(19)"所得税费用"项目,反映企业按规定从本期损益中扣除的所得税费用。本项目应根据"所得税费用"科目的发生额分析填列。

(20)"净利润"项目,反映企业实现的净利润。如为净亏损,以"一"号填列。其中,"(一)持续经营净利润"和"(二)终止经营净利润"项目分别反映净利润中与持续经营相关的净利润和与终止经营相关的净利润;如为净亏损,以"一"号填列。这两个项目应按照《企业会计准则第42号——持有待售的非流动资产、处置组和终止经营》的相关规定分别列报。

(21)"其他权益工具投资公允价值变动"项目,反映企业指定为以公允价值计量且其变动计入其他综合收益的非交易性权益工具投资发生的公允价值变动。本项目应根据"其他综合收益"科目的相关明细科目的发生额分析填列。

(22)"企业自身信用风险公允价值变动"项目,反映企业指定为以公允价值计量且其变动计入当期损益的金融负债,由企业自身信用风险变动引起的公允价值变动而计入其他综合收益的金额。本项目应根据"其他综合收益"科目的相关明细科目的发生额分析填列。

(23)"其他债权投资公允价值变动"项目,反映企业分类为以公允价值计量且其变动计入其他综合收益的债权投资发生的公允价值变动。企业将一项以公允价值计量且其变动计入其他综合收益的金融资产重分类为以摊余成本计量的金融资产,或重分类为以公允价值计量且其变动计入当期损益的金融资产时,之前计入其他综合收益的累计利得或损失从其他综合收益中转出的金额作为本项目的减项。本项目应根据"其他综合收益"科目下的相关明细科目的发生额分析填列。

(24)"金融资产重分类计入其他综合收益的金额"项目,反映企业将一项以摊余成本计量的金融资产重分类为以公允价值计量且其变动计入其他综合收益的金融资产时,计入其他综合收益的原账面价值与公允价值之间的差额。本项目应根据"其他综合收益"科目下的相关明细科目的发生额分析填列。

(25)"其他债权投资信用减值准备"项目,反映企业按照《企业会计准则第22号——金融工具确认和计量》(财会〔2017〕7号)第十八条分类为以公允价值计量且其变动计入其他综合收益的金融资产的损失准备。本项目应根据"其他综合收益"科目下的"信用减值准备"明细科目的发生额分析填列。

(26)"现金流量套期储备"项目,反映企业套期工具产生的利得或损失中属于套期有效的部分。本项目应根据"其他综合收益"科目下的"套期储备"明细科目的发生额分析填列。

五、利润表编制举例

【例8-2】美华有限公司20×2年11月有关损益科目的发生额如表8-6所示。

表8-6 损益类科目发生额　　　　　　　　　　　　　　　　　单位:元

账户名称	本期发生额	上年同期发生额
主营业务收入	1 250 000	1 000 000
主营业务成本	750 000	500 000
税金及附加	2 000	3 000
销售费用	20 000	30 000
管理费用	158 000	145 000

续表

账户名称	本期发生额	上年同期发生额
财务费用	41 500	32 000
投资收益	31 500	80 000
其他业务收入	60 000	50 000
其他业务成本	40 000	30 000
营业外收入	50 000	100 000
营业外支出	19 700	78 000
所得税费用	90 075	103 000

根据表 8-6 资料,编制利润表,如表 8-7 所示。

表 8-7 利润表　　　　　　　　　　　　　　　　会企02表

编制单位：美华有限公司　　20×2年11月　　　　　　　　　　单位：元

项目	本期金额	上期金额
一、营业收入	1 310 000	1 050 000
减：营业成本	790 000	530 000
税金及附加	2 000	3 000
销售费用	20 000	30 000
管理费用	158 000	145 000
研发费用		
财务费用	41 500	32 000
加：其他收益		
投资收益（损失以"－"号填列）	31 500	80 000
其中：对联营企业和合营企业的投资收益	31 500	80 000
以摊余成本计量的金融资产终止确认收益（损失以"－"号填列）		
净敞口套期收益（损失以"－"号填列）		
公允价值变动收益（损失以"－"号填列）		
信用减值损失（损失以"－"号填列）		
资产减值损失（损失以"－"号填列）		
资产处置收益（损失以"－"号填列）		
二、营业利润（损失以"－"号填列）	330 000	390 000
加：营业外收入	50 000	100 000
减：营业外支出	19 700	78 000
三、利润总额（亏损总额以"－"号填列）	360 300	412 000
减：所得税费用	90 075	103 000
四、净利润（净亏损以"－"号填列）	270 225	309 000

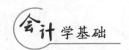

第四节 现金流量表

一、现金流量表概述

现金流量表是反映企业在一定会计期间现金和现金等价物流入和流出的动态报表。

现金流量是指现金和现金等价物的流入和流出。企业从银行提取现金、用现金购买短期到期的国库券等现金和现金等价物之间的转换不会导致现金流量的变化。

资产负债表和利润表作为财务报告中的重要组成部分,能够为报表使用者提供有用的会计信息,但它们也存在一定的不足。资产负债表反映某一特定日期的财务状况,说明某一特定日期资产和权益变动的结果,可以显示企业是否具有偿债能力,但不能详细说明财务状况的变动及其原因。利润表能够反映企业本期经营活动的成果,可用于衡量企业获取利润的能力,但不能说明企业从营业活动中获得了多少可供周转使用的现金。因此,企业还需要编制现金流量表以弥补这两个报表的不足。

现金流量表对以权责发生制为基础的财务报表进行了必要的补充,增强了会计信息的可比性。企业的经营者由于管理的要求亟须了解企业现金流量信息,与企业有密切关系的银行、财税等部门及个人投资者也需要对企业的偿还支付能力做出客观评价。现金流量表能够为报表使用者提供现金流入、流出及净流量信息,便于使用者对企业的运营"造血能力"做出评价,并可对企业未来获取现金能力做出预测,能够帮助使用者从现金角度对企业偿债能力和支付能力做出更客观和全面的评价。

企业的净利润以权责发生制为基础核算,而现金流量表中的现金流量以收付实现制为基础核算,通过对比分析现金流量和净利润,可以对收益的质量做出评价。企业想筹措资金,一方面可以通过筹资活动吸收投资者投资或借入现金,另一方面可以利用在经营过程中积累的利润。吸收投资者投资,会增加企业的受托责任;借入现金,会增加企业的财务偿债压力。只有企业拥有稳定的获利能力,才能保障企业良性健康地发展。企业通过解读现金流量表可以了解企业资金的来龙去脉,从外部筹措了多少现金,自己内部积累了多少现金,筹措的现金是否按计划用于企业扩大生产规模、购置固定资产、补充流动资金等用途,从而加强经营管理,合理使用调度资金,保障企业的资金流,提高资金使用效率。

二、现金流量表的编制基础

现金流量表是以现金为基础编制的。编制现金流量表,首先应明确"现金"的含义。我国《企业会计准则第 31 号——现金流量表》规定,现金流量表所指的现金是广义的现金概念,它包括库存现金、可以随时用于支付的存款以及现金等价物。现金具体包括以下内容。

第一,库存现金。库存现金是指企业持有的可随时用于支付的现金限额,即与会计核算中"库存现金"科目所包括的内容一致。

第二,银行存款。银行存款是指企业存在金融企业中随时可以用于支付的款项。如果存在金融企业的款项不能随时用于支付,例如不能随时支取的定期存款,则不能作为现金流量表中的现金,但提前通知金融企业便可支取的定期存款,也应包括在现金流量表中的现金范围内。

第三,其他货币资金。其他货币资金是指企业存在金融企业有特定用途的资金,如外埠存款、银行汇票存款、银行本票存款、信用证保证金存款、信用卡存款等。

第四,现金等价物。现金等价物是指企业持有的期限短、流动性强、易于转换为已知金额现金、价值变动风险很小的投资。现金等价物虽然不是严格意义上的现金,但其支付能力与现金的差别不大,可视为现金。认定现金等价物时,期限短通常是指从购买日起3个月内到期,通常是指3个月内到期的债券投资。至于权益性投资(即股权性质的投资),由于其变现的金额通常不确定,因而财务分析中一般不视其为现金等价物。企业应当根据具体情况确定现金等价物的范围,一经确定不得随意变更。

三、现金流量的概念及分类

(一)现金流量的概念

现金流量是某一段时间内企业现金流入和流出的数量。如企业销售商品、提供劳务、出售固定资产、向银行借款等取得现金,形成企业的现金流入;购买原材料、接受劳务、购建固定资产、对外投资、偿还债务等而支付现金,形成企业的现金流出。现金流量信息能够表明企业经营状况是否良好,资金是否紧缺,以及企业偿付能力的大小,从而为投资者、债权人、企业管理者提供非常有用的信息。应该注意的是,企业现金形式的转换不会产生现金的流入和流出,如企业从银行提取现金,是企业现金存放形式的转换,并未流出企业,不构成现金流量;同样,现金与现金等价物之间的转换也不属于现金流量,比如,企业用现金购买将于3个月内到期的国库券。

(二)现金流量的分类

编制现金流量表首先需要对企业各项经营业务产生或运用现金流量进行合理的分类。《企业会计准则第31号——现金流量表》将现金流量分为三类,即经营活动产生的现金流量、投资活动产生的现金流量、筹资活动产生的现金流量。

1. 经营活动产生的现金流量

经营活动是指企业投资活动和筹资活动以外的所有交易和事项。其范围很广,就工商企业来说,经营活动主要包括销售商品、提供劳务、经营性租赁、购买商品、接受劳务、制造产品、广告宣传、推销产品、支付工资、缴纳税款等。

各类企业由于行业特点不同,对经营活动的认定存在一定差异,在编制现金流量表时,应根据企业的实际情况,对现金流量进行合理的归类。

2. 投资活动产生的现金流量

投资活动是指企业长期资产的购建和不包括在现金等价物范围内的投资及其处置活动。这里所指的长期资产是指固定资产、在建工程、无形资产、其他资产等期限在一年或一个营业周期以上的资产。之所以将"包括在现金等价物范围内的投资"排除在外,是因为已经将包括在现金等价物范围内的投资视同现金。

投资活动主要包括取得和收回投资,购建和处置固定资产、无形资产和其他长期资产,等等。

3. 筹资活动产生的现金流量

筹资活动是指导致企业资本及债务规模和构成发生变化的活动。这里所说的资本,包括

实收资本(股本)、资本溢价(股本溢价)。与资本有关的现金流入和流出项目主要包括吸收投资、发行股票、分配利润等。这里"债务"是指企业对外举债所借入的款项,如发行债券、向金融企业借入款项以及偿还债务等。

四、现金流量表的结构

现金流量表分为主表和附表(即补充资料)两部分。主表的各项目金额实际上就是每笔现金流入、流出的归属,以"现金流入－现金流出＝现金流量净额"为基础,采取多步式,分别经营活动、投资活动和筹资活动,分项报告企业的现金流入量和流出量。而附表的各项目金额则是相应会计账户的当期发生额或期末与期初余额的差额。现金流量表附表部分又细分为三部分:第一部分是不涉及现金收支的投资和筹资活动;第二部分是将净利润调节为经营活动的现金流量,即所谓现金流量表编制的净额法;第三部分是现金及现金等价物净增加情况。

现金流量表格式如表 8-8 所示。

表 8-8 现金流量表

会企 03 表

编制单位:××公司　　　　　　　　　　　　年　　月　　　　　　　　　　　　　单位:元

项目	本期金额	上期金额
一、经营活动产生的现金流量		
销售商品、提供劳务收到的现金		
收到的税费返还		
收到其他与经营活动有关的现金		
经营活动现金流入小计		
购买商品、接受劳务支付的现金		
支付给职工以及为职工支付的现金		
支付的各项税费		
支付其他与经营活动有关的现金		
经营活动现金流出小计		
经营活动产生的现金流量净额		
二、投资活动产生的现金流量		
收回投资收到的现金		
取得投资收益收到的现金		
处置固定资产、无形资产和其他长期资产收回的现金净额		
处置子公司及其他营业单位收到的现金净额		
收到其他与投资活动有关的现金		
投资活动现金流入小计		

续表

项目	本期金额	上期金额
购建固定资产、无形资产和其他长期资产支付的现金		
投资支付的现金		
取得子公司及其他营业单位支付的现金净额		
支付其他与投资活动有关的现金		
投资活动现金流出小计		
投资活动产生的现金流量净额		
三、筹资活动产生的现金流量		
吸收投资收到的现金		
取得借款收到的现金		
收到其他与筹资活动有关的现金		
筹资活动现金流入小计		
偿还债务支付的现金		
分配股利、利润或偿付利息支付的现金		
支付其他与筹资活动有关的现金		
筹资活动现金流出小计		
筹资活动产生的现金流量净额		
四、汇率变动对现金及现金等价物的影响		
五、现金及现金等价物净增加额		
加：期初现金及现金等价物余额		
六、期末现金及现金等价物余额		

五、现金流量表的编制

(一)编制原则

1. 分类反映原则

为了给财务报表使用者提供有关现金流量的信息，并结合现金流量表和其他财务信息对企业做出正确的评价，现金流量表应当提供企业经营活动、投资活动和筹资活动对现金流量的影响，即现金流量表应当分别反映经营活动产生的现金流量、投资活动产生的现金流量和筹资活动产生的现金流量的总额以及它们相抵后的结果。

2. 总额反映与净额反映灵活运用原则

为了提供企业现金流入和流出总额的信息，现金流量表一般应按照现金流量总额反映。一定时期的现金流量通常可按现金流量总额或现金流量净额反映。现金流量总额是指分别反映现金流入和流出总额,而不以现金流入和流出相抵后的净额反映。现金流量净额是指以现金流入和流出相抵后的净额反映。但现金流量以总额反映比以净额反映所提供的信息更为相关有用。因此,通常情况下,现金流量应以其总额反映。但是,下述情况可对现金流量以净额反映:一是某些金额不大的项目可以现金收入和相关的现金支出相抵后以净额列示。例如,企业处置固定资产发生的现金收入和相关的现金支出。二是不反映企业自身的交易或事项的现金流量项目。例如,证券公司代收客户的款项用于交割买卖证券的款项,期货交易所接受客户交割实物的款项等,这些项目不属于企业自身业务的现金流量项目,可以以净额反映。

3. 合理划分经营活动、投资活动和筹资活动

经营活动、投资活动和筹资活动应当按照其概念进行划分,但有些交易或事项则不易划分,如利息收入和股利收入、利息支出和股利支出是作为经营活动,还是作为投资或筹资活动有不同的看法。在中国,依据人们的习惯理解,把利息收入和股利收入划为投资活动,把利息支出和股利支出划为筹资活动。某些现金收支可能具有多类现金流量的特征,所属类别需要根据特定情况加以确定。例如,实际缴纳的所得税,由于很难区分缴纳的是经营活动产生的所得税,还是投资或筹资活动产生的所得税,通常将其作为经营活动的现金流量。对于某些特殊项目,如自然灾害损失和保险索赔,若能分清属于固定资产损失的保险索赔,通常作为投资活动,流动资产损失的保险索赔,通常作为经营活动;若不能分清属于固定资产还是流动资产的保险索赔,通常归为经营活动的现金流量。因此,企业应当合理划分经营活动、投资活动和筹资活动,对于某些现金收支项目或特殊项目,应当根据特定情况和性质进行划分,分别归并到经营活动、投资活动和筹资活动类别中,并一贯性地遵循这一划分标准。

4. 外币现金流量应当折算为人民币反映

在中国,企业外币现金流量以及境外子公司的现金流量,以现金流量发生日的汇率或加权平均汇率折算。汇率变动对现金的影响作为调节项目,在现金流量表中单独列示。

5. 重要性原则

不涉及现金的投资和筹资活动不应反映在现金流量表内,因为这些投资和筹资活动不影响现金流量,这种做法与编制现金流量表的目的相一致。但是,如果不涉及现金的投资和筹资活动数额很大,不加以反映会导致有理性的报表使用者产生误解并做出不正确的决策,就需要在现金流量表中以其他形式予以揭示,如反映在现金流量表的"补充资料"(或附注)中。重要性原则对现金流量表中各项目的编制有很大影响。比如,"收到的租金"项目,如果企业此类业务不多,则可以不设此项目,而将其纳入"收到的其他与经营活动有关的现金"之中。

(二)具体编制方法

编制现金流量表时,列报经营活动现金流量的方法有两种,一种是直接法,一种是间接法。这两种方法通常也称为编制现金流量表的方法。

直接法是指通过现金收入和现金支出的主要类别列示经营活动的现金流量。采用直接法编制经营活动的现金流量时,一般以利润表中的营业收入为起算点,调整与经营活动有关的项目的增减变动,然后计算出经营活动的现金流量。

间接法是以本期净利润为起算点,调整不涉及现金的收入、费用、营业外收支等有关项目的增减变动,剔除投资活动、筹资活动对现金流量的影响,据此计算出经营活动产生的现金流量。由于净利润是按照权责发生制确定的,而且包括了投资活动和筹资活动相关的收益和费用,将净利润调节为经营活动现金流量,实际上是将权责发生制确定的净利润调整为现金净流入,并剔除投资活动和筹资活动对现金流量的影响。

国际会计准则鼓励企业采用直接法编制现金流量表。在我国,企业应当采用直接法列示经营活动产生的现金流量,但在现金流量表的补充资料中还可以按照间接法反映经营活动现金流量的情况。

采用直接法具体编制现金流量表时,可以采用工作底稿法或T型账户法,也可以根据有关科目记录分析填列。采用工作底稿法编制现金流量表,就是以工作底稿为手段,以资产负债表和利润表数据为基础,对每一项目进行分析并编制调整分录,从而编制现金流量表。采用T型账户法编制现金流量表,是以T型账户为手段,以资产负债表和利润表数据为基础,对每一项目进行分析并编制调整分录,从而编制现金流量表。

(三)现金流量表主要项目说明

1. 经营活动产生的现金流量

(1)"销售商品、提供劳务收到的现金"项目,反映企业本年销售商品、提供劳务收到的现金,以及以前年度销售商品、提供劳务本年收到的现金(包括应向购买者收取的增值税销项税额)和本年预收的款项,减去本年销售本年退回商品和以前年度销售本年退回商品支付的现金。企业销售材料和代购代销业务收到的现金,也在本项目反映。

(2)"收到的税费返还"项目,反映企业收到返还的所得税、增值税、消费税、关税和教育费附加等各种税费返还款。

(3)"收到其他与经营活动有关的现金"项目,反映企业经营租赁收到的租金等其他与经营活动有关的现金流入,金额较大的应当单独列示。

(4)"购买商品、接受劳务支付的现金"项目,反映企业本年购买商品、接受劳务实际支付的现金(包括增值税进项税额),以及本年支付以前年度购买商品、接受劳务的未付款项和本年预付款项,减去本年发生的购货退回收到的现金。企业购买材料和代购代销业务支付的现金,也在本项目反映。

(5)"支付给职工以及为职工支付的现金"项目,反映企业本年实际支付给职工的工资、奖金、各种津贴和补贴等职工薪酬(包括代扣代缴的职工个人所得税)。

(6)"支付的各项税费"项目,反映企业本年发生并支付、以前各年发生本年支付以及预缴的各项税费,包括所得税、增值税、消费税、印花税、房产税、土地增值税、车船税、城市维护建设税、教育费附加等。

(7)"支付其他与经营活动有关的现金"项目,反映企业经营租赁支付的租金、支付的差旅费、业务招待费、广告费、展览费、保险费、罚款支出等其他与经营活动有关的现金流出,金额较大的应当单独列示。

2. 投资活动产生的现金流量

现金流量表中的投资活动比通常所指的短期投资和长期投资的范围要广,投资活动包括非现金等价物的短期投资和长期投资的购买与处置、固定资产的购建与处置、无形资产的购买与处置等。

(1)"收回投资收到的现金"项目,反映企业出售、转让或到期收回除现金等价物以外的对其他企业长期股权投资而收到的现金,但处置子公司及其他营业单位收到的现金净额除外。

(2)"取得投资收益收到的现金"项目,反映企业除现金等价物以外的对其他企业的长期股权投资等分回的现金股利和利息等。

(3)"处置固定资产、无形资产和其他长期资产收回的现金净额"项目,反映企业出售、报废固定资产、无形资产和其他长期资产所取得的现金(包括因资产毁损而收到的保险赔偿收入),减去为处置这些资产而支付的有关费用后的净额。

(4)"处置子公司及其他营业单位收到的现金净额"项目,反映企业处置子公司及其他营业单位所取得的现金减去子公司或其他营业单位持有的现金和现金等价物以及相关处置费用后的净额。如本项目为负数,则在"支付其他与投资活动有关的现金"项目反映。

(5)"收到其他与投资活动有关的现金"项目,反映企业除了上述各项目以外,收到的其他与投资活动有关的现金,金额较大的应当单独列示。

(6)"购建固定资产、无形资产和其他长期资产支付的现金"项目,反映企业购买和建造固定资产、取得无形资产和其他长期资产所支付的现金(含增值税款等),以及用现金支付的应由在建工程和无形资产负担的职工薪酬。

(7)"投资支付的现金"项目,反映企业取得除现金等价物以外的对其他企业的长期股权投资所支付的现金以及支付的佣金、手续费等附加费用,但取得子公司及其他营业单位支付的现金净额除外。

(8)"取得子公司及其他营业单位支付的现金净额"项目,反映企业购买子公司及其他营业单位购买出价中以现金支付的部分,减去子公司及其他营业单位持有的现金和现金等价物后的净额。

(9)"支付其他与投资活动有关的现金"项目,反映企业除上述各项目以外,支付的其他与投资活动有关的现金,金额较大的应当单独列示。

3. 筹资活动产生的现金流量

(1)"吸收投资收到的现金"项目,反映企业以发行股票、债券等方式筹集资金实际收到的款项(发行收入减去支付的佣金等发行费用后的净额)。由金融企业直接支付的手续费、宣传费、咨询费、印刷费等费用,从发行股票、债券取得的现金收入中扣除,以净额列示。

(2)"取得借款收到的现金"项目,反映企业举借各种短期、长期借款而收到的现金。

(3)"收到其他与筹资活动有关的现金",反映企业除上述各项目外,收到的其他与筹资活动有关的现金,金额较大的应当单独列示。

(4)"偿还债务支付的现金"项目,反映企业为偿还债务本金而支付的现金。

(5)"分配股利、利润或偿付利息支付的现金"项目,反映企业实际支付的现金股利、支付给其他投资单位的利润或用现金支付的借款利息、债券利息。

(6)"支付其他与筹资活动有关的现金"项目,反映企业除上述各项目外,支付的其他与筹资活动有关的现金流出,如以发行股票、债券等方式筹集资金而由企业直接支付的审计、咨询等费用,融资租赁所支付的租赁费。金额较大的应当单独列示。

4. 汇率变动对现金及现金等价物的影响

本项目反映下列项目之间的差额:

(1)企业外币现金流量折算为记账本位币时,采用现金流量发生日的即期汇率或按照系统合理的方法确定的、与现金流量发生日即期汇率近似的汇率折算的金额(编制合并现金流量表时折算境外子公司的现金流量,应当比照处理)。

(2)企业外币现金及现金等价物净增加额按资产负债表日即期汇率折算的金额。

5. 现金及现金等价物净增加额

本项目根据"经营活动产生的现金流量净额""投资活动产生的现金流量净额""筹资活动产生的现金流量净额""汇率变动对现金及现金等价物的影响"四项相加的金额填列。

第五节 所有者权益变动表

一、所有者权益变动表概述

所有者权益变动表是反映构成所有者权益的各组成部分当期的增减变动情况的报表。所有者权益变动表,既可以为报表使用者提供所有者权益总量增减变动的信息,也能为其提供所有者权益增减变动的结构性信息,特别是能够让报表使用者理解所有者权益增减变动的根本原因。通过所有者权益变动表,报表使用者就可以了解所有者权益各个项目在过去整个会计期间内的增减变动的全貌。

二、所有者权益变动表的内容和结构

根据《企业会计准则第30号——财务报表列报》(财会〔2014〕7号)的规定,所有者权益变动表至少应当单独列示反映下列信息的项目:①综合收益总额;②会计政策变更和前期差错更正的累积影响金额;③所有者投入资本和向所有者分配利润等;④按照规定提取的盈余公积;⑤所有者权益各组成部分的期初和期末余额及其调节情况。

为了清楚地表明所有者权益的各组成部分当期的增减变动情况,所有者权益变动表应当以矩阵的形式列示。一方面,列示导致所有者权益变动的交易或事项,按所有者权益变动的来源对一定时期所有者权益的变动情况进行全面反映;另一方面,按照所有者权益各组成部分(包括实收资本、资本公积、盈余公积、未分配利润和库存股等)列示交易或事项对所有者权益的影响。

我国企业所有者权益变动表格式如表8-9所示。

表8-9 所有者权益变动表

编制单位：××公司　　　　　　　　年度　　　　　　　　　　　　　　　　会企04表
单位：元

项目	本年金额									上年金额								
	实收资本（或股本）	其他权益工具			资本公积	减：库存股	其他综合收益	专项储备	盈余公积	未分配利润	所有者权益合计	实收资本（或股本）	其他权益工具			资本公积	减：库存股	其他综合收益	专项储备	盈余公积	未分配利润	所有者权益合计
		优先股	永续债	其他									优先股	永续债	其他							
一、上年年末余额																						
加：会计政策变更																						
前期差错更正																						
其他																						
二、本年年初余额																						
三、本年增减变动金额（减少以"－"号填列）																						
（一）综合收益总额																						
（二）所有者投入和减少资本																						
1. 所有者投入的普通股																						
2. 其他权益工具持有者投入资本																						
3. 股份支付计入所有者权益的金额																						
4. 其他																						

续表

项目	本年金额										上年金额									
	实收资本（或股本）	其他权益工具			资本公积	减：库存股	其他综合收益	专项储备	盈余公积	未分配利润	所有者权益合计	实收资本（或股本）	其他权益工具			资本公积	减：库存股	其他综合收益	专项储备	盈余公积	未分配利润	所有者权益合计
		优先股	永续债	其他									优先股	永续债	其他							
（三）利润分配																						
1.提取盈余公积																						
2.对所有者（或股东）的分配																						
3.其他																						
（四）所有者权益内部结转																						
1.资本公积转增资本（或股本）																						
2.盈余公积转增资本（或股本）																						
3.盈余公积弥补亏损																						
4.设定受益计划变动额结转留存收益																						
5.其他综合收益结转留存收益																						
6.其他																						
四、本年年末余额																						

三、所有者权益变动表相关事项说明

(一)所有者权益变动表项目的填列方法

所有者权益变动表各项目均需填列"本年金额"和"上年金额"两栏。

所有者权益表变动表"上年金额"栏内各项数字,应根据上年度所有者权益变动表"本年金额"内所列数字填列。上年度所有者权益变动表规定的各个项目的名称和内容同本年度不一致的,应对上年度所有者权益变动表各项目的名称和数字按照本年度的规定进行调整,填入所有者权益变动表的"上年金额"栏内。

所有者权益变动表"本年金额"栏内各项数字一般应根据"实收资本(或股本)""其他权益工具""资本公积""库存股""其他综合收益""专项储备""盈余公积""利润分配""以前年度损益调整"科目的发生额分析填列。

(二)所有者权益变动表主要项目说明

(1)"上年年末余额",反映企业上年资产负债表中实收资本(或股本)、资本公积、盈余公积、未分配利润等项目的年末余额。

(2)"会计政策变更"和"前期差错更正",反映企业采用追溯调整法处理的会计政策变更的累积影响金额和采用追溯重述法处理的会计差错更正的累积影响金额。

(3)"本年增减变动金额"项目。

①"综合收益总额"项目,反映净利润和其他综合收益扣除所得税影响后的净额相加后的合计金额。

②"所有者投入和减少资本"项目,反映企业当年所有者投入的资本和减少的资本。其中:

"所有者投入的普通股"项目,反映企业接受投资者投入形成的实收资本(股本)和资本公积应根据"实收资本""资本公积"等科目的发生额分析填列,并对应列在"实收资本(或股本)"和"资本公积"栏。

"其他权益工具持有者投入资本"项目,反映企业发行的除普通股以外分类为权益工具的金融工具的持有者投入资本的金额。本项目应根据金融工具类科目的相关明细科目的发生额分析填列。

"股份支付计入所有者权益的金额"项目,反映企业处于等待期中的权益结算的股份支付当年计入资本公积的金额,应根据"资本公积"科目所属的"其他资本公积"二级科目的发生额分析填列,并对应列在"资本公积"栏。

(4)"利润分配"项目,反映当年对股东分配的股利金额和按照规定提取的盈余公积金额,并对应列在"未分配利润"和"盈余公积"栏。其中:"提取盈余公积"项目反映企业按照规定提取的盈余公积;"对所有者(或股东)的分配"项目反映企业对所有者(或股东)分配的利润(或股利)金额。

(5)"所有者权益内部结转"项目,反映不影响当年所有者权益总额的所有者权益各组成部分之间当年的增减变动,包括资本公积转增资本(或股本)、盈余公积转增资本(或股本)、盈余公积弥补亏损等项目。其中:

"资本公积转增资本(或股本)"项目,反映企业以资本公积转增资本或股本的金额。

"盈余公积转增资本(或股本)"项目,反映企业以盈余公积转增股本或股本的金额。

"盈余公积弥补亏损"项目,反映企业以盈余公积弥补亏损的金额。

"设定受益计划变动额结转留存收益"项目反映企业设定受益计划变动额结转留存收益的金额。

"其他综合收益结转留存收益"项目,主要反映:①企业指定为以公允价值计量且其变动计入其他综合收益的非交易性权益工具投资终止确认时,之前计入其他综合收益的累计利得或损失从其他综合收益中转入留存收益的金额;②企业指定为以公允价值计量且其变动计入当期损益的金融负债终止确认时,之前由企业自身信用风险变动引起而计入其他综合收益的累计利得或损失从其他综合收益中转入留存收益的金额等。本项目应根据"其他综合收益"科目的相关明细科目的发生额分析填列。

第六节 财务报告的报送、汇总和审核

一、财务报告的报送

为了充分发挥财务报告的作用,应当依照法律、行政法规和会计准则有关财务报告提供期限的规定,及时对外提供财务报告。对外提供的财务报告反映的会计信息应当真实、完整。

企业对外提供的财务报告应当依次编定页数,加具封面,装订成册,加盖公章。封面上应当注明单位名称、单位统一代码、组织形式、地址、报表所属年度或者月份、报出日期,并由企业负责人和主管会计工作的负责人、会计机构负责人(会计主管人员)签名并盖章;设置总会计师的企业,还应当由总会计师签名并盖章。

企业应当依照企业章程的规定,向投资者提供财务报告。国务院派出监事会的国有重点大型企业、国有重点金融机构和省、自治区、直辖市人民政府派出监事会的国有企业,应当依法定期向监事会提供财务报告。

企业按照规定向有关各方提供的财务报告,其编制基础、编制依据、编制原则和方法应当一致。财务报告须经注册会计师审计的,企业应当将注册会计师及其会计师事务所出具的审计报告随同财务报告一并对外提供。

二、财务报告的汇总

企业编制的各种财务报告,按统一财务制度的要求,应当定期向投资者、债权人、有关政府部门以及其他财务报告使用者呈报。各级主管部门对于所属单位上报的财务报告应当逐级汇总,编报汇总财务报告。

三、财务报告的审核

各有关部门或注册会计师对报送的财务报告应进行审核,主要审核财务报告的编制、报送是否符合规定,财务报告的内容是否符合财经法规、制度的要求。前者属于技术性审核,后者属于内容性审核。技术性审核主要审查报表的种类、填报的份数是否符合规定;报表的项目是否填列齐全,补充资料和必要的编制说明是否完备,报表的签章是否齐全,汇总财务报告应汇编的单位是否完全,有无漏编、漏报;报表数字计算是否正确,报表与报表有关指标是否衔接一致等。内容性审核主要检查资金筹集、使用、缴拨是否符合资金管理制度;利润或亏损的形成和利润分配是否合法,有无违反法律、财经纪律和弄虚作假现象;应上缴的税金和利润是否及

时足额上缴,有无拖欠截留情况;财务收支计划完成情况,有无不按计划、制度办事的情况等。

(1)财务报告的形式审核,主要是对单位提供的审计报告、财务报表及其附注、验资报告、有关资格证书等原件的正确性和真实性进行审核。同时也对出具审计报告的会计师事务所予以重视和关注,对合并财务报表进行特殊形式审核。

(2)财务报表之间勾稽关系的审核,主要是对资产负债表、利润表、现金流量表、所有者权益变动表四者之间项目对应关系的审核。

(3)重要会计科目的审核,是指通过对财务报表重点科目的核实,判断财务报表在重大方面所反映财务状况的真实性。在审核过程中,先逐个对重点科目进行审核,根据每个科目的审核要点进行性质和金额的说明,最后形成对整个报表的审核结论。重点科目可以通过审计报告的审计意见和科目金额的重要程度确定。

(4)财务报表异常情况审核,指对财务报表数据所反映的财务状况超过了正常情况下的置信区间或者表明财务状况恶化等的异常情况进行的审核。

在审核过程中,如果发现报表编制有错误或不符合制度要求,应及时通知报送单位进行更正。如果发现有违反财经法规的情况,应查明原因,及时纠正,严肃处理。

本章小结

本章对构成财务报告的资产负债表、利润表、现金流量表、所有者权益表动表和附注进行概括介绍。财务报表作为所有的会计信息的最终集成结果,财务报表的结构、项目及编制要点都特别重要,是后续高阶课程学习的基础和保障。

复习思考

一、简答题

1. 请简要阐释财务报告的含义及其构成。
2. 财务报告的作用有哪些?
3 利润表能为我们提供哪些会计信息?
4. 编制报表前需要做哪些准备工作?

二、实务题

1. 远洋公司 20×2 年 11 月 30 日的相关账户数据如下,请按现有资料完成资产负债表相关项目的填列,假定不考虑期初数据,编制单位为万元。

资产相关项目信息如下:"银行存款"账户借方余额 1 100 万元;"原材料"账户借方余额 120 万元,"在途物资"账户借方余额 150 万元;"应收账款"账户借方余额 120 万元;"固定资产"账户借方余额 6 000 万元,"累计折旧"账户贷方余额 1 000 万元。

负债相关项目信息如下:"短期借款"贷方余额 40 万元,"应交税费"贷方余额 6 万元,"应付职工薪酬"贷方余额 32 万元,"应付票据"贷方余额 40 万元,"长期借款"贷方余额 100 万元。

所有者权益相关项目信息如下:"实收资本"贷方余额 6 000 万元,"资本公积"贷方余额 100 万元,"盈余公积"贷方余额 60 万元,"利润分配——未分配利润"贷方余额 112 万元。

2. 麦迪公司 20×2 年 11 发生下列经济业务:
(1)销售商品一批,不含税售价为 4 000 000 元,增值税 520 000 元,价税合计为 4 520 000

元。商品已经发出,收到货款 3 000 000 元存入银行,应收账款 1 520 000 元。

(2)银行存款支付当月利息 120 000 元。

(3)收回应收账款 1 520 000 元。

(4)以银行存款 50 000 元支付广告费。

(5)以银行存款 100 000 元支付总部管理部门办公经费,计提总部办公大楼的固定资产折旧 2 000 000 元。

(6)结转商品销售成本 3 600 000 元。

(7)缴纳逾期申报罚款及滞纳金 6 900 元。

(8)接收甲公司捐款 100 000 元。

要求:

(1)根据上述经济业务编制会计分录。

(2)根据会计分录编制利润表(列示出本期数据即可)。

即测即评

即测即评

案例思考

SG 股份有限公司主要从事国际工程承包和有色金属矿产资源开发,在编制 20×2 年度财务报告的过程中,发生以下情形:①编制财务报表前没有编制工作底稿;②年底在编制财务报表前没有进行存货盘点;③财务报表的实际截止日是 12 月 25 日;④没有报表附注;⑤没有编制现金流量表。SG 公司编制 20×2 年度财务报告中的做法是否正确?为什么?

第九章 账务处理程序

学习目标

1. 了解账务处理程序的概念、基本要求；
2. 掌握记账凭证账务处理程序；
3. 掌握科目汇总表账务处理程序；
4. 掌握汇总记账凭证账务处理程序。

思维导图

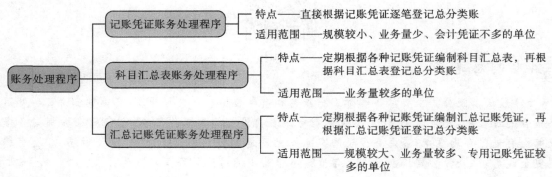

引导案例

张某成立远洋商贸公司，主要从事毛绒玩具的批发及零售业务。随着业务量的增加，财务部门人手紧张，他随后安排自己侄女小雨到财务部帮忙。小雨在会计王某日常指导下完成出纳相关工作，同时负责财务资料的整理和收集，并统一交由王会计进行审核入账等后续工作。12月，王会计突发疾病，不能正常到岗开展工作，将财务工作全部口头交代给小雨。在梳理会计凭证中，小雨认为都是自家生意，拿到所提供的票据及时填制记账凭证、如实录入财务系统即可，这样效率比较高；整理完本月的基础资料，期末数据结转不能正常过账和结账，数据不平衡，因申报时间比较紧张，小雨自作主张未进行前期凭证的自查和修正，擅自调整月度报表数据，完成了年度报表数据的报送。

根据会计法律制度的有关规定，回答下列问题：

1. 案例中小雨进行会计凭证处理过程是否符合相关规定？
2. 小雨擅自调整报表数据是否合规？
3. 小雨进行所有账簿的登录及核对是否符合财务处理要求？

第一节 会计账务处理程序概述

会计账务处理程序(见图9-1)又称会计核算组织程序,是指在会计循环中,会计主体所采用的会计凭证、会计账簿和会计报表的格式和种类,以及它们之间的结合方式与处理步骤。核算工作有条不紊地开展,确保财务信息能够为管理层提供可靠的会计信息,必须将会计凭证、登记账簿和编制报表各环节进行高效衔接和组织,保证各环节之间数据归集和信息流转完整、准确。

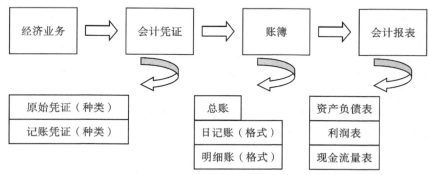

图9-1 会计账务处理程序

一、会计账务处理程序的意义

企业发生的经济业务,必须通过设置会计账户、复式记账、填制和审核会计凭证、登记账簿等一系列会计核算专门方法,对经济业务不断地进行收集、加工、存储、传递,最后在账簿中形成比较系统的核算资料,再将分散在账簿中的日常核算资料,进一步归类、汇总,并通过编制财务会计报告将其形成系统的指标体系,以便完整、集中、系统地反映企业的经济活动情况。明确运用的账务处理程序,是做好会计核算工作的重要前提,对于提高会计核算工作的质量和效率,正确、及时地编制会计报表至关重要。良好的会计账务处理程序主要有以下几方面的作用。

(一)规范会计核算组织工作

良好的会计账务处理程序有利于会计工作程序的规范化,确定合理的凭证、账簿与报表之间的联系方式,保证会计信息加工过程的严密性,提高会计信息的质量。会计核算工作需要不同部门和人员之间的配合,而良好的会计账务处理程序则起到了对会计信息生产的整合作用,不同部门和人员在进行相关工作时有序可循,从而有条不紊地做好各环节的会计核算工作。

(二)保证会计核算工作的质量

质量保证是对会计信息的基本要求,而良好的会计账务处理程序能形成严谨的会计信息加工和处理机制,通过凭证、账簿及报表之间的牵制作用,使得会计人员在各个重要环节把好关,从而保证会计信息的质量。

(三)提高会计核算工作的效率

会计核算工作的效率直接关系到会计信息的及时性和有用性,良好的会计账务处理程序应该在适应本企业管理要求的基础上适当地简化和整合,从而提高会计核算工作的效率。

二、会计账务处理程序的种类

为了充分发挥会计工作的作用,保证会计核算的质量,提高会计核算工作的效率,满足经济管理的需要,为相关利益者提供决策所需信息,必须科学地设计和选用适合本单位的会计账务处理程序。目前,我国常用的会计账务处理程序主要有记账凭证账务处理程序、科目汇总表账务处理程序和汇总记账凭证账务处理程序三种,各种处理程序的区别主要在于登记总分类账的依据和方法的要求不同。

> **课程思政**
>
> 财务处理程序在实务中并不唯一,不同的账务处理程序,各有优缺点和适用场景,目的都是高效准确地编制财务报表。我们每个人都有各自的优势和不足,在学习、生活中可能会面临很多困难,只要乐观积极、扬长避短、坚守底线、遵守秩序规则,目标坚定地提升自己,都可以收获美好的人生。

第二节 记账凭证账务处理程序

一、记账凭证账务处理程序的特点

记账凭证账务处理程序是指对发生的经济业务事项,先根据原始凭证或汇总原始凭证编制记账凭证,再直接根据记账凭证逐笔登记总分类账的一种账务处理程序。它是一种最基本的账务处理程序,是其他各种账务处理程序产生和演变的基础。

二、记账凭证账务处理程序的流程

记账凭证账务处理程序的流程(见图9-2)具体如下。

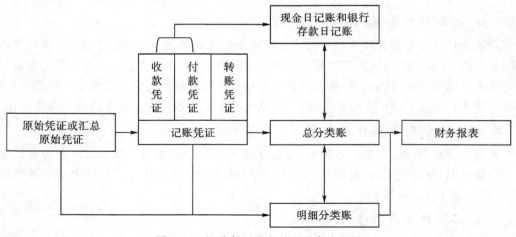

图9-2 记账凭证账务处理程序流程图

（1）经济业务发生后，根据相关的原始凭证或者汇总原始凭证填制对应的记账凭证。

（2）根据收款凭证和付款凭证或者相关的通用记账凭证来逐笔登记现金日记账和银行存款日记账。

（3）根据记账凭证，同时参考原始凭证或者汇总原始凭证，逐笔登记各种明细分类账。

（4）根据专用记账凭证或者通用记账凭证逐笔登记总分类账。

（5）月末，将现金日记账、银行存款日记账和明细分类账的余额与总分类账相应账户的余额进行核对。

（6）月末，根据总分类账和明细分类账编制财务报表。

三、记账凭证账务处理程序的优缺点和适用范围

记账凭证账务处理程序的优点：简单明了、易于理解，能够清晰地反映账户之间的对应关系，每发生一笔经济业务，用一张记账凭证来编制反映该笔经济业务的会计分录；在该程序下，会计人员不仅对明细账和日记账进行逐笔登记，对总账也是逐笔登记，使总账也能较详细地反映经济业务的发生情况；直接根据记账凭证进行登记，登记方法简单，易于掌握。

记账凭证账务处理程序的缺点：总账的登记工作量大。与明细分类账和日记账的登记方法一样，每笔经济业务都要根据相应的记账凭证在总账中进行登记，因此工作量大。

记账凭证账务处理程序的适用范围：记账凭证账务处理程序一般适用于规模较小、业务量少、会计凭证不多的会计主体。

第三节　科目汇总表账务处理程序

一、科目汇总表账务处理程序的特点

科目汇总表账务处理程序，是指先定期根据各种记账凭证来编制科目汇总表，再根据科目汇总表来登记总分类账的一种账务处理程序。科目汇总表账务处理程序与汇总记账凭证账务处理程序之间有相似之处，即都是先归集汇总再登记总分类账。而它的特点就是先编制科目汇总表，再根据科目汇总表来登记总账。

二、科目汇总表的编制

科目汇总表的编制是科目汇总账务处理程序中的一项非常重要的工作，它是根据一定时期的全部记账凭证，按照不同的会计科目进行归类来进行编制的。科目汇总表的作用是作为记账凭证与总分类账的中间环节，以减少登记总分类账的工作量。科目汇总表如表9-1和表9-2所示。

表 9-1 科目汇总表

年　月　　　　　　　　　　　　　　　　　　第　号

会计科目	记账凭证起讫号码	本期发生额		总账页数
		借方	贷方	
合计				

表 9-2 科目汇总表

年　月　　　　　　　　　　　　　　　　　　第　号

会计科目	1—10日		11—20日		21—31日		本月合计		总账页数
	借方	贷方	借方	贷方	借方	贷方	借方	贷方	
合计									

三、科目汇总表账务处理程序的流程

科目汇总表账务处理程序的流程（见图9-3）具体如下。

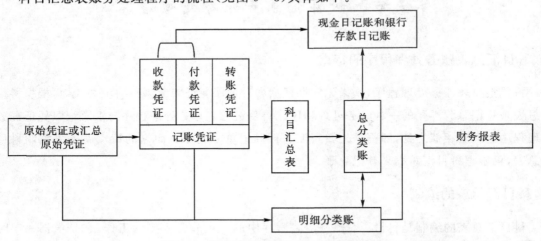

图 9-3　科目汇总表账务处理程序流程图

（1）经济业务发生后，根据相关的原始凭证或者汇总原始凭证填制对应的专用记账凭证或者通用记账凭证。

（2）根据收款凭证和付款凭证逐笔登记现金日记账和银行存款日记账。

（3）根据记账凭证，同时参考原始凭证或者汇总原始凭证，逐笔登记各种明细分类账。

(4)根据各种记账凭证,定期编制科目汇总表。

(5)根据科目汇总表登记总分类账。

(6)月末将现金日记账、银行存款日记账以及各种明细分类账的余额与总分类账对应账户的余额进行核对。

(7)月末根据总分类账和明细分类账编制财务报表。

四、科目汇总表账务处理程序的优缺点和适用范围

科目汇总表账务处理程序的优点:①可以利用科目汇总表借方和贷方的合计数进行账户发生额的试算平衡。科目汇总表是根据记账凭证编制的,而记账凭证上会计分录的借方和贷方数额是相等的。所以,汇总的结果也会是平衡的,能够在一定程度上保证总分类账登记的正确性。②它可以在很大程度上减轻登记总分类账的工作量。记账凭证账务处理程序中总账是根据记账凭证逐笔登记的,科目汇总表账务处理程序只需根据科目汇总表直接登记,所以会减轻总账的登记工作量。

科目汇总表账务处理程序的缺点:①编制科目汇总表的工作量大。科目汇总表要将所有会计科目的发生额进行汇总,它虽然减轻了总账登记的工作量,却加大了平时登记科目汇总表的工作量。②科目汇总表不能清楚地反映账户之间的对应关系。科目汇总表只反映单个会计科目的发生额总额,并不能反映账户对应关系。

科目汇总表账务处理程序的适用范围:科目汇总表账务处理程序常被经济业务量较多的单位采用。

第四节 汇总记账凭证账务处理程序

一、汇总记账凭证账务处理程序的特点

汇总记账凭证账务处理程序又称分类汇总记账凭证核算程序,是指先要根据各种记账凭证编制汇总记账凭证,再根据汇总记账凭证登记总分类账的一种账务处理(核算)程序。这种账务处理程序的特点是:定期将记账凭证编制成汇总收款凭证、汇总付款凭证、汇总转账凭证,根据各种汇总记账凭证登记总分类账。

二、汇总记账凭证的编制方法

(一)汇总收款凭证的编制

汇总收款凭证的编制是指按照收款凭证上的借方科目("库存现金"或"银行存款")设置,把收款凭证的各个贷方科目发生额分别进行归集和汇总,然后再把汇总后的金额填到汇总收款凭证对应项目的相应栏次。汇总收款凭证如表9-3所示。

(二)汇总付款凭证的编制

汇总付款凭证的编制是指按照付款凭证上的贷方科目进行设置,把付款凭证的各个借方科目的发生额分别进行归集和汇总,然后再把汇总后的金额填到汇总付款凭证对应项目的相应栏次。汇总付款凭证如表9-4所示。

表 9-3　汇总收款凭证

借方账户：银行存款　　　　　　　　20×2 年 11 月

贷方账户	金额			合计	总账页数
	1日至10日凭证 第1~28号	11日至20日凭证 第29~59号	21日至30日凭证 第60~80号		
应收账款	40 000			40 000	5
主营业务收入		100 000		100 000	15
长期借款			150 000	150 000	16
合计	40 000	100 000	150 000	290 000	

会计主管：　　　　　　记账：　　　　　　审核：　　　　　　填制：

表 9-4　汇总付款凭证

贷方账户：银行存款　　　　　　　　20×2 年 11 月

贷方账户	金额			合计	总账页数
	1日至10日凭证 第1~28号	11日至20日凭证 第29~59号	21日至30日凭证 第60~80号		
库存现金	50 000			50 000	1
管理费用		60 000		60 000	17
应付利息			70 000	70 000	19
合计	50 000	60 000	70 000	180 000	

会计主管：　　　　　　记账：　　　　　　审核：　　　　　　填制：

（三）汇总转账凭证的编制

汇总转账凭证的编制是指按照贷方科目设置，将相应的借方科目分别进行汇总，然后把借方科目的汇总金额填入汇总转账凭证的相应栏次。汇总转账凭证如表 9-5 所示。

表 9-5　汇总转账凭证

贷方账户：原材料　　　　　　　　20×2 年 11 月　　　　　　　　第　号

借方账户	金额			合计	总账页数
	1日至10日凭证 第1~30号	11日至20日凭证 第31~70号	21日至30日凭证 第71~90号		
生产成本	10 000			10 000	22
制造费用		20 000		20 000	23
管理费用			30 000	30 000	17
合计	10 000	20 000	30 000	60 000	

会计主管：　　　　　　记账：　　　　　　审核：　　　　　　填制：

三、汇总记账凭证账务处理程序的流程

汇总记账凭证账务处理程序的流程（见图 9-4）具体如下。

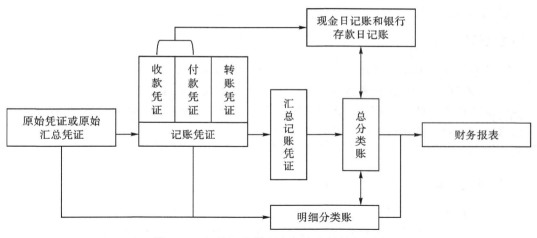

图 9-4 汇总记账凭证账务处理程序流程图

①经济业务发生后,根据相关的原始凭证或者汇总原始凭证填制对应的专用记账凭证。
②根据收款凭证和付款凭证逐笔登记现金日记账和银行存款日记账。
③根据记账凭证,同时参考原始凭证或者汇总原始凭证,逐笔登记各种明细分类账。
④对各种记账凭证进行汇总,分别编制汇总收款凭证、汇总付款凭证、汇总转账凭证。
⑤根据各种汇总记账凭证登记总分类账。
⑥月末将现金日记账、银行存款日记账以及各种明细分类账的余额与总分类账对应账户的余额进行核对。
⑦月末根据总分类账和明细分类账编制财务报表。

四、汇总记账凭证账务处理程序的优缺点和适用范围

汇总记账凭证账务处理程序的优点:①能够清晰地反映账户之间的对应关系。该程序采用的是记账凭证和汇总记账凭证,汇总记账凭证是根据账户的对应关系进行汇总的,所以,两者都能反映出账户间的对应关系。②与记账凭证账务处理程序相比,大大地减少了登记总分类账的工作量。在记账凭证账务处理程序中,会计人员需要根据记账凭证逐笔登记总账;而在汇总记账凭证账务处理程序下,会计人员是根据汇总记账凭证,将一定期间的业务汇总后登记总账。

汇总记账凭证账务处理程序的缺点:①定期编制汇总记账凭证的工作量可能会比较大。将这一期间不同的专用记账凭证涉及的所有会计科目的发生额分别进行汇总,这项整理工作也是很浩大的。②汇总过程中的错误可能难以被发现。汇总记账凭证的编制本身比较复杂,而且汇总记账凭证本身又不能体现相关数字间的平衡关系,所以错误比较容易发生且很难被发现。

汇总记账凭证账务处理程序的适用范围:汇总记账凭证账务处理程序一般适用于规模比较大、业务量比较多而且专用记账凭证也比较多的会计主体。

> **课程思政**
>
> 　　财务处理程序侧重强调为同一目标,各环节分工协作,秩序井然。正如我们进入职场后,与他人合作,积极参与团队协作是非常重要的职业素养,也是个人职业成长和提高工作效率的重要基础。我们要树立秩序的理念,步入社会要做遵纪守法的公民,按规则办事,做任何事情都要认真、严谨。

本章小结

　　本章对会计账务处理程序中记账凭证账务处理程序、科目汇总表账务处理程序和汇总记账凭证账务处理程序进行了系统的介绍,同时对比了三种账务处理程序的优缺点及具体的应用场景。企业要结合不同发展阶段和实际经济业务状况选择最优方法完成核算管理,保证财务报表各项数据的准确和完整。

复习思考

一、简答题

1. 账务处理程序的概念、基本要求是什么?
2. 记账凭证账务处理程序有哪些优缺点?
3. 科目汇总表账务处理程序有哪些优缺点?
4. 汇总记账凭证账务处理程序有哪些优缺点?

二、实务题

(1) 20×2年11月1日,公司发行股份300万股,每股面值1元,共收到股东投资款1 700万元,已经存入银行。银行存款收款凭证如下。

收款凭证

借方科目:银行存款　　　　　　　20×2年11月1日　　　　　　　银收字第1号
　　　　　　　　　　　　　　　　　　　　　　　　　　　　　　附件____张

摘要	贷方		记账	金额								
	总账科目	明细科目		千	百	十	万	千	百	十	元	角	分
接受股东投资	股本				3	0	0	0	0	0	0	0	0
	资本公积	股本溢价		1	4	0	0	0	0	0	0	0	0
合计				1	7	0	0	0	0	0	0	0	0

会计主管:　　　　　记账:　　　　　审核:　　　　　制单:

(2) 11月6日,公司动用银行存款766.5万元购进固定资产,其中房屋建筑物666.5万元、机器设备100万元。银行存款付款凭证如下。

付款凭证

银付字第 1 号

借方科目：银行存款　　　　　20×2年11月6日　　　　　　　　　　　　附件____张

摘要	贷方		记账	金额									
	总账科目	明细科目		千	百	十	万	千	百	十	元	角	分
购入固定资产	固定资产	房屋建筑物			6	6	6	5	0	0	0	0	0
	固定资产	机器设备				1	0	0	0	0	0	0	0
合计				￥	7	6	6	5	0	0	0	0	0

会计主管：　　　　　　记账：　　　　　　审核：　　　　　　制单：

(3) 11月6日，公司通过银行转账支付广告费15.05万元。银行存款付款凭证如下。

付款凭证

银付字第 2 号

借方科目：银行存款　　　　　20×2年11月6日　　　　　　　　　　　　附件____张

摘要	贷方		记账	金额									
	总账科目	明细科目		千	百	十	万	千	百	十	元	角	分
支付广告费	销售费用						1	5	0	5	0	0	0
合计				￥			1	5	0	5	0	0	0

会计主管：　　　　　　记账：　　　　　　审核：　　　　　　制单：

(4) 11月9日，公司用银行存款250万元购库存商品。银行存款付款凭证如下。

付款凭证

银付字第 3 号

借方科目：银行存款　　　　　20×2年11月9日　　　　　　　　　　　　附件____张

摘要	贷方		记账	金额									
	总账科目	明细科目		千	百	十	万	千	百	十	元	角	分
购入库存商品	库存商品					2	5	0	0	0	0	0	0
合计				￥		2	5	0	0	0	0	0	0

会计主管：　　　　　　记账：　　　　　　审核：　　　　　　制单：

(5)11月12日,公司确认主营业务收入300万元、其他业务收入150万元,款项均已存入银行。银行存款收款凭证如下。

收款凭证

银收字第2号

借方科目：银行存款　　　　　　　　20×2年11月12日　　　　　　　　附件____张

摘要	贷方		记账	金额								
	总账科目	明细科目		千	百	十	万	千	百	十	元	角	分
收到营业收入存入银行	主营业务收入					3	0	0	0	0	0	0	0
	其他业务收入					1	5	0	0	0	0	0	0
合计				¥		4	5	0	0	0	0	0	0

会计主管：　　　　　　记账：　　　　　　审核：　　　　　　制单：

(6)11月15日,公司银行转账支付管理费用28.15万元。银行存款付款凭证如下。

付款凭证

银付字第4号

借方科目：银行存款　　　　　　　　20×2年11月15日　　　　　　　　附件____张

摘要	贷方		记账	金额								
	总账科目	明细科目		千	百	十	万	千	百	十	元	角	分
支付管理费用	管理费用					2	8	1	5	0	0	0	0
合计				¥		2	8	1	5	0	0	0	0

会计主管：　　　　　　记账：　　　　　　审核：　　　　　　制单：

(7)11月21日,公司向银行借入长期借款444万元。银行存款收款凭证如下。

收款凭证

银收字第3号

借方科目：银行存款　　　　　　　　20×2年11月21日　　　　　　　　附件____张

摘要	贷方		记账	金额								
	总账科目	明细科目		千	百	十	万	千	百	十	元	角	分
向银行借入长期借款	长期借款					4	4	4	0	0	0	0	0
合计				¥		4	4	4	0	0	0	0	0

会计主管：　　　　　　记账：　　　　　　审核：　　　　　　制单：

(8)11月30日,公司结转主营业务成本185万元,包括耗用的库存商品价值150万元,用银行存款支付人员工资35万元。转账凭证、银行存款付款凭证如下。

转账凭证

转字第1号
20×2年11月30日
附件____张

摘要	总账科目	明细科目	记账	借方金额 千 百 十 万 千 百 十 元 角 分	记账	贷方金额 千 百 十 万 千 百 十 元 角 分
结转主营业务成本	主营业务成本			1 5 0 0 0 0 0 0 0		
	库存商品					1 5 0 0 0 0 0 0 0
合计				¥ 1 5 0 0 0 0 0 0 0		¥ 1 5 0 0 0 0 0 0 0

会计主管:　　　　　记账:　　　　　审核:　　　　　制单:

付款凭证

银付字第5号
借方科目:银行存款　　　　　20×2年11月30日　　　　　附件____张

摘要	贷方 总账科目	明细科目	记账	金额 千 百 十 万 千 百 十 元 角 分
结转主营业务成本	主营业务成本			3 5 0 0 0 0 0 0
合计				¥ 3 5 0 0 0 0 0 0

会计主管:　　　　　记账:　　　　　审核:　　　　　制单:

(9)11月30日,公司结转其他业务成本,用银行存款支付人员工资40万元。银行存款付款凭证如下。

付款凭证

银付字第6号
借方科目:银行存款　　　　　20×2年11月30日　　　　　附件____张

摘要	贷方 总账科目	明细科目	记账	金额 千 百 十 万 千 百 十 元 角 分
结转其他业务成本	其他业务成本			4 0 0 0 0 0 0 0
合计				¥ 4 0 0 0 0 0 0 0

会计主管:　　　　　记账:　　　　　审核:　　　　　制单:

(10)11月30日,经税务机关查账征收,计算缴纳企业所得税45.45万元,当日公司转账缴纳。银行存款付款凭证如下。

付款凭证

银付字第7号

借方科目:银行存款　　　　20×2年11月30日　　　　附件____张

摘要	贷方		记账	金额									
	总账科目	明细科目		千	百	十	万	千	百	十	元	角	分
缴纳企业所得税	所得税费用				4	5	4	5	0	0	0	0	0
合计				¥	4	5	4	5	0	0	0	0	0

会计主管:　　　　记账:　　　　审核:　　　　制单:

(11)11月30日,公司结转收入、费用,计算利润总额。转账凭证如下。

转账凭证

转字第2号

20×2年11月30日　　　　附件____张

摘要	总账科目	明细科目	记账	借方金额										记账	贷方金额									
				千	百	十	万	千	百	十	元	角	分		千	百	十	万	千	百	十	元	角	分
结转各种收入	主营业务收入				3	0	0	0	0	0	0	0	0											
	其他业务收入				1	5	0	0	0	0	0	0	0											
	本年利润															4	5	0	0	0	0	0	0	0
合计				¥	4	5	0	0	0	0	0	0	0		¥	4	5	0	0	0	0	0	0	0

会计主管:　　　　记账:　　　　审核:　　　　制单:

转账凭证

转字第3号

20×2年11月30日　　　　附件____张

摘要	总账科目	明细科目	记账	借方金额										记账	贷方金额									
				千	百	十	万	千	百	十	元	角	分		千	百	十	万	千	百	十	元	角	分
结转各种费用	本年利润				2	6	8	2	0	0	0	0	0											
	主营业务成本															1	8	5	0	0	0	0	0	0
	其他业务成本																4	0	0	0	0	0	0	0
	销售费用																1	5	0	5	0	0	0	0
	管理费用																2	8	1	5	0	0	0	0
合计				¥	2	6	8	2	0	0	0	0	0		¥	2	6	8	2	0	0	0	0	0

会计主管:　　　　记账:　　　　审核:　　　　制单:

(12)11月30日,公司结转所得税费用,计算净利润。转账凭证如下。

转账凭证

转字第 4 号

20×2年11月30日　　　　　　附件____张

摘要	总账科目	明细科目	记账	借方金额 千百十万千百十元角分	记账	贷方金额 千百十万千百十元角分
结转各种费用	本年利润			4 5 4 5 0 0 0 0		
	所得税费用					4 5 4 5 0 0 0 0
合计				¥ 4 5 4 5 0 0 0 0		¥ 4 5 4 5 0 0 0 0

会计主管：　　　　　　记账：　　　　　　审核：　　　　　　制单：

(13)11月30日,公司决定本年度暂不分红,净利润全部转入未分配利润。转账凭证如下。

转账凭证

转字第 5 号

20×2年11月30日　　　　　　附件____张

摘要	总账科目	明细科目	记账	借方金额 千百十万千百十元角分	记账	贷方金额 千百十万千百十元角分
结转净利润	本年利润			1 3 6 3 5 0 0 0 0		
	利润分配	未分配利润				1 3 6 3 5 0 0 0 0
合计				¥ 1 3 6 3 5 0 0 0 0		¥ 1 3 6 3 5 0 0 0 0

会计主管：　　　　　　记账：　　　　　　审核：　　　　　　制单：

要求:根据以上凭证完成科目汇总表编制。

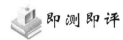

即测即评

即测即评

案例思考

刘某于 20×2 年用银行存款 50 万元投资创办了一家小型公司,主要经营各种家具批发与零售业务。公司成立不久,总体业务量不是很多。5 月 1 日以每月 15 000 元的租金租用了一个店面作为经营场地。由于刘某不懂会计,他除了将所有的发票等单据都收集保存起来外,没有做任何其他记录。月底,刘某发现公司的存款为 458 987 元,另有 643 元现金。客户赊欠 13 300 元,公司有 10 560 元货款尚未支付。经盘点,库存的家具价值 25 800 元。通过汇总一个月的资料显示:

(1)投资银行存款 50 万元。

(2)内部装修及必要的设施花费 2 万元,均已用支票支付。

(3)购入家具两批,每批价值 135 200 元,其中第一批为现金购入,第二批购入赊欠价款的 30%,其余用支票支付。

(4)本月零售家具收入共 38 800 元,全部收到存入银行。

(5)本月批发家具收入共 258 700 元,其中赊销 63 300 元,其余均存入银行。

(6)用支票支付当月的租金 15 000 元。

(7)本月从银行账户提取现金共 10 000 元,其中 4 000 元支付店员的工资,5 000 元用作个人生活费,其余备日常零星开支。

(8)本月水电费 1 543 元,支票支付。

(9)本月电话费 720 元,现金支付。

(10)其他各种杂费 4 137 元,用现金支付。

(11)结转已售库存商品成本 122 600 元。

(12)结转本月主营业务收入 264 670 元。

(13)将有关费用项目转入本年利润账户。

思考:刘某的公司适合怎样的会计核算组织程序?为什么?

第十章 会计工作组织

学习目标

1. 了解会计工作管理体制的主要内容,明确会计工作的组织形式;
2. 了解会计机构的设置;
3. 掌握会计人员的有关要求;
4. 熟悉会计法规体系的构成内容;
5. 掌握会计档案管理的基本要求;
6. 掌握会计工作交接的相关规定。

思维导图

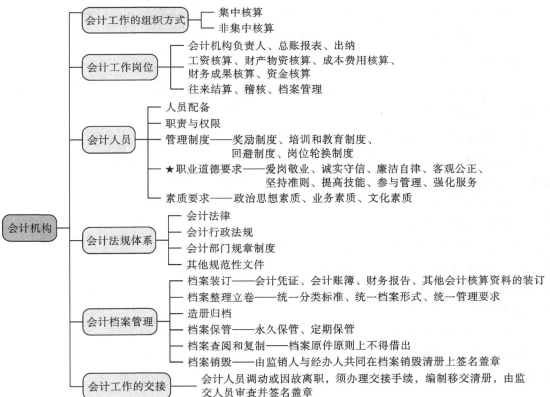

引导案例

于小白20×2年7月底毕业,通过熟人介绍入职麦蒂公司财务部,主要负责财务资料的收集、装订和归档。8月5日,于小白完成了与原档案管理员薛某的交接手续,双方均在交接单上署名确认,后财务科长补签了署名。20×2年底税务部门对麦迪公司进行年度检查时,发现薛某在职期间,将已到期会计资料编造清册,报请公司负责人批准后,自行销毁,而于小白在交接过程中因经验不足,未发现这一问题。针对税务部门提出的问题,麦蒂公司多次联系已离职的薛某进行相关资料说明,但薛某均以已离职为由拒不配合,声称自己已经将所有资料交接给新人于小白,财务科长都已确认签字,自己没有义务再配合原单位相应工作,也不承担任何责任。

根据会计法律制度的有关规定,回答下列问题:
1. 薛某与于小白工作交接是否符合相关规定?
2. 公司能否自行进行财务资料及档案销毁?
3. 薛某的说法是否正确?

第一节 会计工作组织概述

会计工作的组织,主要是通过设置会计机构、配备会计人员、制定与执行会计规章制度、实施与改进会计工作的技术手段、管理会计档案等环节,进行会计工作与其他经济管理工作间的协调,形成一个高效运行的会计工作体系。

一、组织会计工作的意义

科学地组织会计工作,对于保证会计工作合理、有效进行,保障整个企业经营管理工作顺利开展有着重要的意义。

(一)科学地组织会计工作,有利于提升会计工作的质量

科学组织会计工作,对于做好会计基础工作,提高会计信息质量,维护会计工作秩序起到重要的推进作用。会计信息是日常经济业务的真实反映,过程中任何的偏差都可能造成企业损失。因此,组织会计工作必须科学、严谨,细致地规定和执行各项会计手续和工作程序,保证整个会计工作良性运转。

(二)科学地组织会计工作,有利于提高会计工作的效率

科学地组织会计工作,能够优化机构及岗位的设置,减少工作组织的非必要的流转环节,节约会计工作时间和费用,防止手续繁杂、重复劳动等不合理的现象发生,提高会计工作效率,充分发挥会计工作的作用。

(三)科学地组织会计工作,有利于国家法规政策的贯彻执行

科学地组织会计工作,可以充分发挥会计的监督职能,规避和制止违法、违纪行为,防止贪污、挪用等现象的发生,预防因管理不严而造成的资产流失,维护财经纪律,建立良好的社会经济秩序。

二、会计工作组织的要求

(一)按国家的统一要求组织会计工作

遵纪守法是会计工作组织和推进的首要前提。会计工作由国家统一管理,按照"统一领导,分级管理"的原则建立会计工作的管理体制。《中华人民共和国会计法》明确规定国务院财政部门主管全国的会计工作。县级以上地方各级人民政府的财政部门管理本行政区域内的会计工作。各企业、事业单位和国家机关等单位组织会计工作,必须符合国家会计工作的统一要求。

(二)根据各单位生产经营管理的特点来组织会计工作

不同会计主体的经济活动具有不同的特点,不同会计主体的经济活动范围、业务内容不同,对会计信息的个性要求也有所差别,各单位必须结合实际情况和具体要求开展会计工作。因此,在会计机构的设置和会计人员的配备,以及统一会计法规的执行等方面,各单位既要遵守国家会计工作的统一规定,又要结合本单位业务经营的特点和经营规模的大小等具体情况,进行因地制宜的组织和安排。

(三)协调与其他经济管理工作的关系

会计工作是一项综合性的经济管理工作,它既有其独立的工作内容和范围,又与其他经济管理工作联系十分密切。会计工作与其他经济管理工作之间既有分工,又各有特点,聚焦不同的领域,在组织会计工作时,要与其他各项经济管理工作互相协调、互相配合。

(四)关注工作效率,节约费用

在保证会计工作质量的同时,也要关注提高会计工作效率,尽量节约会计工作环节的时间和费用,规避机构重叠、手续繁杂、重复劳动等不合理的现象发生。会计账证表的设计、各种程序的推进、会计机构的设置和会计人员的配备等,都要符合精简节约的原则,既要把工作做好,又要减少人、财、物的浪费。

第二节 会计机构

会计机构是由会计人员组成的,直接从事和组织领导会计工作的职能部门。企业一般都需要设置从事会计工作的专职机构。建立、健全会计机构是会计工作正常开展的组织保障,是实现会计目标的重要前提。

一、设置会计机构的具体要求

《中华人民共和国会计法》第三十六条第一款规定:"各单位应当根据会计业务的需要,设置会计机构,或者在有关机构中设置会计人员并指定会计主管人员;不具备设置条件的,应当委托经批准设立从事会计代理记账业务的中介机构代理记账。"

为了保证会计工作顺利进行和充分发挥其作用,各企业、事业单位和国家机关等单位一般都应单独设置会计机构。规模小、会计业务简单的单位,如果不单独设置会计机构,需在有关机构中设置会计人员并指定会计主管人员,以保证会计工作的正常进行。会计机构内部应当建立稽核制度。会计稽核制度是指各单位在会计机构内部指定专人对会计凭证、账簿、报表及其他会计资料进行审核的制度,包括经济业务入账以前的审核和入账以后的审核。此外,出纳人员不得兼管稽核、会计档案保管和收入、支出、费用、债权债务账目的登记工作。凡涉及货币资金和财物的收付、结算、审核和登记等工作,不得由一人保管。

二、会计机构的设置

各单位可以结合具体情况进行如下设置:

(一)根据业务需要设置

各单位在会计机构设置中应考虑单位规模大小、经济业务繁简程度和经营管理的要求等,进行合理的计划和设置。企业中设置有两种模式:一是会计部门与财务部门分立;二是会计部门与财务部门合并。

(1)会计部门与财务部门分立。财务部门的职责是资金的筹集、管理和使用;会计部门则履行核算和监督的职能,在做好记账、算账和报账的同时,还要参与预测、决策,参与制订经济计划,考核与分析计划、预算的执行情况。大型企业通常采用该模式。

(2)会计部门与财务部门合并。会计和财务相互制约、相互促进,为实现企业的经营目标而共同努力。中小型企业常常采用该模式。

(二)不设置会计机构,设置会计人员并指定会计主管人员

财务收支数额不大、单位业务形式和会计核算较为简单的企业单位可以采取这种形式。

(三)实行代理记账

不具备设置会计机构和会计人员条件的单位,其经济业务的会计处理应委托专门的中介机构代理进行。

三、会计工作的组织方式

独立核算单位的会计工作组织方式有集中核算与非集中核算两种。集中核算是指会计工作主要集中在会计部门进行,单位内部的其他部门和下属单位只对自身发生的经济业务填制原始凭证或汇总原始凭证,定期交送会计部门进行全面、系统的核算。非集中核算是指企业可根据生产经营的特点和管理要求,满足内部核算制度的需要,将会计工作分散在单位内部各职能部门进行。

在一个单位内部,对各级部门和下属单位所发生的经济业务可以分别采取集中核算和非集中核算。实行集中核算或非集中核算,主要取决于经营管理的需要。如果单位规模小,经济业务不多,可以实行集中核算制度。实行内部经济核算的企业,需要实行非集中核算,有利于各部门及时利用核算资料进行日常考核和分析。

四、会计工作岗位

在会计机构内部和会计人员中建立岗位责任制,定人员,定岗位,明确分工,各司其职,有利于会计工作程序化、规范化,有利于落实责任和会计人员钻研分管的业务,有利于提高工作效率和工作质量。会计部门的工作划分为若干个工作岗位,单位根据分工情况为每个岗位规定其各自的职责和要求。分工可以一人一岗、一人多岗或者一岗多人。但出纳人员不得兼管稽核、会计档案保管和收入、费用、债权债务账目登记工作。会计工作各个岗位的职能和具体

工作大致如下。

(一)会计机构负责人或者会计主管人员

会计机构负责人或者会计主管人员负责组织和领导本单位的财务会计工作,完成各项工作任务,对本单位的财务会计工作负全面责任;组织学习和贯彻党的经济工作的方针、政策、法令和制度,根据本单位的具体情况,制定本单位的各项财务会计制度、方法,并组织实施;组织编制本单位的财务成本计划、单位预算,并检查其执行情况;组织编制财务会计报告;负责财务人员的政治思想工作;组织财务人员学习政治理论和业务知识;负责对财务人员的工作考核;等等。

(二)总账报表工作岗位

总账报表工作岗位负责登记与核对总账,并与相关的日记账和明细账相核对;进行余额试算平衡,依据账簿记录编制有关会计报表和报表附注;对财务状况和经营成果进行分析,搜集、整理各方面的经济信息以进行财务预测,编写财务情况说明书,参与生产经营决策;等等。

(三)出纳工作岗位

出纳工作岗位负责货币资金的出纳、保管和登记日记账,审核收款、付款凭证和有价证券,保管有关印章、空白收据和票据,等等。

(四)工资核算工作岗位

工资核算工作岗位负责职工工资、补贴、奖金等信息的整理计算,分析职工薪酬计划的执行情况等。

(五)财产物资核算工作岗位

财产物资核算工作岗位负责配合资产的管理部门和使用部门建立管理办法;审核材料物资入库、出库凭证,参与库存材料、物资的清点工作;审核办理固定资产购建、调拨、内部转移、盘盈、盘亏、报废等的相关手续,进行资产的明细核算,参与资产清查,正确计提折旧,编制资产增减变动的报表等。

(六)成本费用核算工作岗位

成本费用核算工作岗位负责审核各项费用开支,计算产品成本,登记费用成本明细账;参与自制半成品和产成品的清查,编制成本报表;编制成本、费用核算,并将其指标分解和落实到有关责任单位和个人;建立健全各项原始记录和定额资料,正确地归集和分配费用等。

(七)财务成果核算工作岗位

财务成果核算工作岗位负责编制收入、利润计划并组织实施;审核产成品收发、销售和营业外收支凭证,进行收入、应收账款的明细核算;参与产成品清查,计算应交税费,进行利润分配,编制利润表等。

(八)资金核算工作岗位

资金核算工作岗位负责资金的筹集、使用和调度;资金岗位的人员应该随时了解、掌握资金市场的动态,本着节约的原则,运用好资金,以尽可能低的资金耗费取得尽可能好的结果。

(九)往来结算工作岗位

往来结算工作岗位负责办理其他应收、应付款项的往来结算业务,及时清算、催收;负责备用金的管理和核算,负责其他应收款、应付款的明细核算;管理应收和应付款项的凭证、账册和资料。

(十)稽核工作岗位

稽核工作岗位负责审查财务收支;复核各种记账凭证;对账簿记录进行抽查,看其是否符合要求;复核各种财务报表是否符合制度规定的编报要求。

(十一)档案管理工作岗位

档案管理工作岗位负责会计档案的立卷、归档、保管、查阅和销毁等工作,保证会计档案的妥善保管。

第三节 会计人员

一、会计人员的配备

企业的会计机构应根据工作需要,合理安排一定数量、具有一定业务水平的会计人员。《会计基础工作规范》规定:"各单位应当根据会计业务的需要设置会计机构;不具备单独设置会计机构条件的,应当在有关机构中配备专职会计人员。事业行政单位会计机构的设置和会计人员的配备,应当符合国家统一事业行政单位会计制度的规定。设置会计机构,应当配备会计机构负责人;在有关机构中配备专职会计人员,应当在专职会计人员中指定会计主管人员。会计机构负责人、会计主管人员的任免,应当符合《中华人民共和国会计法》和有关法律的规定。"

(一)会计机构负责人和会计主管人员任职资格

《会计基础工作规范》规定,会计机构负责人、会计主管人员应当具备下列基本条件:
(1)坚持原则,廉洁奉公;
(2)具有会计师以上专业技术职务资格或者从事会计工作不少于三年;
(3)熟悉国家财经法律、法规、规章和方针、政策,掌握本行业业务管理的有关知识;
(4)有较强的组织能力;
(5)身体状况能够适应本职工作的要求。

(二)会计人员的任职资格

(1)具备必要的专业知识和专业技能。会计人员应当具备必要的财务专业知识和技能,熟悉国家有关法律、法规、规章和统一的会计制度,遵守职业道德。
(2)按照国家有关规定参加会计业务的培训。会计人员要提高政治和业务素质,必须进行相应的培训和教育。

二、会计人员的职责权限

(一)总会计师的职责

(1)编制和执行预算、财务收支计划、信贷计划,拟订资金筹措和使用方案,开辟财源,有效地使用资金。

(2)进行成本费用预测、计划、控制、核算、分析和考核,督促本单位有关部门降低消耗、节约费用、提高经济效益。

(3)建立、健全经济核算制度,利用财务会计资料进行经济活动分析。

(4)承办单位主要行政领导人交办的其他工作。

(5)负责对本单位财会机构的设置和会计人员的配备、会计专业职务的设置和聘任提出方案,组织会计人员的业务培训和考核,支持会计人员依法行使职权。

(6)协助单位主要行政领导人对企业的生产经营、行政事业单位的业务发展以及基本建设投资等问题做出决策。

(7)参与新产品开发、技术改造、科技研究、商品(劳务)价格和工资奖金等方案的制订,参与重大经济合同和经济协议的研究、审查。

(二)总会计师的权限

(1)总会计师对违反国家财经法律、法规、方针、政策、制度和有可能在经济上造成损失、浪费的行为,有权制止或者纠正。制止或者纠正无效时,提请单位主要行政领导人处理。

(2)单位主要行政领导人不同意总会计师对上述行为的处理意见的,总会计师应当依照《中华人民共和国会计法》的有关规定执行。

(3)总会计师有权组织本单位各职能部门、直属基层组织的经济核算、财务会计和成本管理方面的工作。

(4)总会计师主管审批财务收支工作。除一般的财务收支可以由总会计师授权的财会机构负责人或者其他指定人员审批外,重大的财务收支,须经总会计师审批或者由总会计师报单位主要行政领导人批准。

(5)预算、财务收支计划、成本和费用计划、信贷计划、财务专题报告、会计决算报表,须经总会计师签署。

(6)涉及财务收支的重大业务计划、经济合同、经济协议等,在单位内部必须经总会计师签署。

(7)会计人员的任用、晋升、调动、奖惩,应当事先征求总会计师的意见。财会机构负责人或者会计主管人员的人选,应当由总会计师进行业务考核,依照有关规定审批。

(三)会计人员的职责

(1)进行会计核算,及时提供真实可靠的、能满足有关各方需要的会计信息。

(2)对本单位实行会计监督,检查原始凭证是否真实、合法,记录是否准确、完整;盘查账簿与实物、凭证是否相符;接受审计机关、财政机关和税务机关的监督,如实提供会计凭证、账簿、报表和其他会计资料等,不得拒绝、隐匿、谎报。

(3)参与拟订经济计划、业务计划,并考核预算、资金的执行情况,提出进一步改善经营管理、提高经济效益的建议和措施。

(四)会计人员的权限

(1)有权要求本单位有关部门、人员认真执行国家法律及财经纪律和财务会计制度。按照国家统一的会计制度的规定对原始凭证进行审核,对不合法、不合规的原始凭证不予接受,并及时向单位负责人反馈。

(2)对记载不准确、不完整的原始凭证予以退回,并要求按照规定更正、补充。

(3)对违反会计规范的会计事项,有权拒绝办理或按照职权予以纠正。

(4)有权监督会计资料和财产物资,检查本单位有关部门的财务收支、资金使用和财产保管、收发等情况,保证账实、账证、账账与账表相符。

(5)有权参与本单位编制计划、制定定额和签订经济合同,参加有关生产、经营管理工作会议。

三、会计人员的管理制度

(一)会计人员的奖励制度

《中华人民共和国会计法》第六条规定:"对认真执行本法,忠于职守,坚持原则,做出显著成绩的会计人员,给予精神的或者物质的奖励。"这对鼓励、支持会计人员依法履行职责,保证会计法和国家统一会计制度的有效实施和会计资料的真实、完整,维护社会主义市场经济秩序,都起到重要的作用。会计人员在履行会计职责的过程中应当大公无私,坚持原则,不为利益所诱惑,不为人情所左右,忠于职守,以高度负责的态度对待本职工作,兢兢业业,精益求精。

(二)会计人员培训和教育制度

会计人员应当接受继续教育,提高业务素质和会计职业道德水平。会计人员继续教育的主要任务是提高会计人员的政治素质、业务素质、职业道德水平,使其知识和技能不断得到更新、补充、拓展和提高。会计人员继续教育的对象为在职会计人员,具体包括国家机关、企业、事业单位以及社会团体等组织具有会计专业技术资格的人员,或不具有会计专业技术资格但从事会计工作的人员。

会计专业技术人员参加继续教育实行学分制管理,每年参加继续教育取得的学分不少于90学分。会计专业技术人员继续教育内容包括公需科目和专业科目。其中,专业科目一般不少于总学分的三分之二。公需科目包括专业技术人员应当普遍掌握的法律法规、政策理论、职业道德、技术信息等基本知识,专业科目包括会计专业技术人员从事会计工作应当掌握的财务会计、管理会计、财务管理、内部控制与风险管理、会计信息化、会计职业道德、财税金融、会计法律法规等相关专业知识。

(三)会计人员回避制度

《会计基础工作规范》第十六条规定:"国家机关、国有企业、事业单位任用会计人员应当实行回避制度。单位领导人的直系亲属不得担任本单位的会计机构负责人、会计主管人员。会计机构负责人、会计主管人员的直系亲属不得在本单位会计机构中担任出纳工作。"

需要回避的主要有以下三种亲属关系:

1. 夫妻关系

夫妻关系是血亲关系和姻亲关系的基础,它是亲属关系中最核心、最重要的部分,必然需要回避。

2. 直系血亲关系

直系血亲关系是指具有直接血缘关系的亲属。法律上讲的有两种情况:一种是出生于同一祖先,有自然联系的亲属,如祖父母、父母、子女等;第二种是指本来没有自然的或直接的血缘关系,但法律上确定其地位与血亲相等,如养父母和养子女之间的关系。直系血亲关系是亲属关系中最为紧密的关系之一,也应当列入回避范围。

3. 三代以内旁系血亲以及配偶亲关系

旁系血亲是指源于同一祖先的非直系的血亲。所谓三代,就是从自身往上或者往下数三代以内,除了直系血亲以外的血亲,就是三代以内旁系血亲,实际上就是自己的兄弟姐妹及其子女与父母的兄弟姐妹及其子女。所谓配偶亲,主要是指配偶的父母、兄弟姐妹,儿女的配偶及儿女配偶的父母。因为三代以内旁系血亲以及配偶亲关系在亲属中也是比较亲密的关系,所以也需要回避。

(四)会计工作岗位轮换制度

各单位应对会计人员有计划地实行定期岗位轮换。会计人员的岗位轮换制度是保障单位内部会计控制体系正常运行的重要手段之一。从人的角度防止内控制度流于形式,是国家政策的要求,更是单位自身发展的需要,可以最大限度地防止职务舞弊的发生。

会计人员的岗位轮换制度,也给会计人员创造了展示自身能力的公平机会,为员工的发展在纵向的基础上增加了横向的平台。良好的岗位轮换机制,可以让会计人员全面接触单位会计核算和财务管理业务,从客观上为员工创造了学习的机会,搭建了持续沟通与持续学习的平台,为单位和员工带来双赢。

在实施岗位轮换工作前,单位要制定明确的岗位轮换管理办法,建立完整的各个职位的岗位说明书以及作业流程图;规定岗位职责、工作标准,对岗位权限和责任进行控制,通过绘制清晰的作业流程图,让每个人一目了然地知道岗位工作内容、岗位操作程序及与其他岗位的关系;关注对员工进行全方位的财务专业知识和技能培训,除本岗相关知识外,同样关注其他岗位政策、要求等变化,使其有机会了解和较为系统地学习其他岗位的相关知识。

岗位轮换要注意根据岗位特点合理设计岗位轮换时间,其长短可根据岗位的技术含量决定。技术含量高,则轮换时间长。例如出纳岗位接触资金、操作要求较为规范和明确,可以每年轮换;类似于报表管理、财务分析等较多依赖经验、专业知识的岗位则不宜每年轮换。

四、会计人员的职业道德要求

会计人员的职业道德是指会计人员在会计工作中应当遵循的道德规范。会计人员职业道德的具体要求包括以下几个方面。

(一)爱岗敬业

爱岗就是会计人员热爱本职工作,安心本职岗位,并为做好本职工作尽心尽力、尽职尽责。敬业是指会计人员对其所从事的会计职业的正确认识和恭敬态度,并用这种严肃恭敬的态度,认真地对待本职工作,将身心与本职工作融为一体。

(二)诚实守信

诚实守信要求会计人员谨慎,信誉至上,不为利益所诱惑,不伪造账目,不弄虚作假,如实反映单位经济业务事项;同时,还应当保守本单位的商业秘密,除法律规定和单位领导人同意外,不得私自向外界提供或者泄露本单位的会计信息。

(三)廉洁自律

廉洁自律要求会计人员必须树立正确的人生观和价值观,严格划分公私界限,做到不贪不占,遵纪守法、清正廉洁;要正确处理会计职业权利与职业义务的关系,增强抵制行业不正之风的能力。

(四)客观公正

客观是指会计人员开展会计工作时,要端正态度,依法办事,实事求是,以客观事实为依据,如实地记录和反映实际经济业务事项,保证会计核算准确,记录可靠,凭证合法。公正是指会计人员在履行会计职能时,要做到公平公正,不偏不倚,保持应有的独立性,以维护会计主体和社会公众的利益。

(五)坚持准则

坚持准则要求会计人员熟悉财经法律、法规和国家统一的会计制度,在处理经济业务过程中,不为主观或他人意志左右,始终坚持按照会计法律、法规和国家统一的会计制度的要求进行会计核算,实施会计监督,确保所提供的会计信息真实、完整,维护国家利益、社会公众利益和正常的经济秩序。

(六)提高技能

提高技能要求会计人员通过学习、培训和实践等途径,不断提高会计理论水平、会计实务能力、职业判断能力、自动更新知识能力、会计信息能力、沟通交流能力,积累会计职业经验,运用所掌握的知识、技能和经验,开展会计工作,履行会计职责,以适应深化会计改革和会计国际化的需要。

(七)参与管理

参与管理要求会计人员在做好本职工作的同时,树立参与管理的意识,努力钻研相关业务,全面熟悉本单位经营活动和业务流程,主动向领导反映经营管理活动中的情况和存在的问题,主动提出合理化建议,协助领导决策,参与经营管理活动,做好领导的参谋。

(八)强化服务

强化服务要求会计人员具有强烈的服务意识、文明的服务态度和优良的服务质量。会计人员必须端正服务态度,做到讲文明、讲礼貌、讲信誉、讲诚实,坚持准则,真实、客观地核算单位的经济业务,努力维护和提升会计职业的良好社会形象。

课程思政

为贯彻落实党中央、国务院关于加强社会信用体系建设的决策部署,推进会计诚信体系建设,提高会计人员职业道德水平,财政部2023年1月12日印发了《会计人员职业道德规范》。这是我国首次制定全国性的会计人员职业道德规范。具体内容如下。

一、坚持诚信,守法奉公。牢固树立诚信理念,以诚立身、以信立业,严于律己、心存敬畏。学法知法守法,公私分明、克己奉公,树立良好职业形象,维护会计行业声誉。

二、坚持准则,守责敬业。严格执行准则制度,保证会计信息真实完整。勤勉尽责、爱岗敬业,忠于职守、敢于斗争,自觉抵制会计造假行为,维护国家财经纪律和经济秩序。

三、坚持学习,守正创新。始终秉持专业精神,勤于学习、锐意进取,持续提升会计专业能力。不断适应新形势新要求,与时俱进、开拓创新,努力推动会计事业高质量发展。

我们要遵循职业道德要求,养成重要文件归档管理的习惯,培养高度的社会责任感,将个人职业成长与企业发展、与国家昌盛紧密联系在一起。

五、会计人员素质要求

(一)提高会计人员素质的必要性

从事会计核算与管理的具有一定素质的会计人员,在会计系统中是最积极的因素,对系统的运行起着关键的作用。提高会计人员的综合素质是每个单位做好会计工作的决定性因素,对会计核算系统的运行起到关键作用。会计人员在保证会计资料真实、完整,加强经济管理和财务管理,提高经济效益,维护社会主义市场经济秩序等方面,能发挥重要作用。

提高会计人员的素质是客观必要的。

(1)这是发展知识经济的需要。知识经济时代,市场竞争已从产品竞争、服务竞争扩展到知识竞争、人才竞争;同时,知识和信息具有高附加值以及创新性,知识和信息将成为重要的生产要素。

(2)信息技术不断迭代发展,对会计人员提出更高的职业要求;外部环境的巨变,企业运作方式更加复杂,要求会计人员加强自身素质建设,增强竞争观念,树立风险意识,加快现代化信息的传递,以满足企业外部和内部相关方面的需求。

(3)这是企业发展的需要。从财务会计工作而言,只有会计人员不断提高自身素质,进行核算和管理,才能在复杂的经济环境中达到企业会计的目标——以最小的消耗创造出最大的经济效益。

(二)会计人员应具备的素质

1. 政治思想素质

会计人员应树立正确的世界观、人生观和价值观,拥护中国共产党,热爱祖国、热爱人民,廉洁奉公,自觉抵制不正之风的侵袭。

2. 业务素质

会计人员的业务素质具体表现为:①核算能力。正确地编制会计凭证,登记会计账簿,计算成本和利润,编制会计报表,处理其他会计事项。②管理能力。正确地进行会计的预测、决策、计划、控制、检查、考核和分析。③组织能力。科学地组织会计工作,统筹、协调和实施岗位、部门和企业之间的有关会计事务工作,规划、安排和实施本岗位的工作;正确地处理各方面的公共关系,创造良好的人际氛围,处理好企业与债权人、债务人、投资者、各级政府管理部门等外部单位的公共关系,处理好企业与内部各个职能部门的关系。④语言能力。能以口头方式和书面形式正确地宣传和解释有关党和国家的路线、方针、政策、法规和制度;具有一定的外语表达能力,具备熟练地掌握一门外语的听、说、读、写能力。⑤文字能力。正确地编写经济活动分析报告、会计报表说明、调查报告、工作总结和其他资料。

3. 文化素质

会计人员必须掌握现代科学技术和文化知识,包括:①基础知识,如政治经济理论、汉语、外语、数学、计算机、生产技术等知识;②专业知识,如财务会计、成本会计、管理会计、财务管理、国际会计、国际财务管理、会计法规、审计等方面的知识;③相关知识,如财政、税收、金融、保险、统计、企业管理、国际贸易、电子商务、国际结算、国际税务、国际金融、国际法规等方面的知识。

(三)提高会计人员素质的途径

1. 加强政治思想教育

加强对会计人员树立正确的世界观、人生观和价值观的教育,热爱和依法做好本职工作的教育,廉洁奉公、敢于坚持原则、同违法乱纪行为进行斗争的教育,以提高会计人员的政治思想素质。

2. 加强会计人员的学历教育

学校是培养人才的摇篮,要培养出适应新经济发展需要的高素质的会计人才,就必须加强会计人员的学历教育。

3. 加强会计人员的后续教育

后续教育是会计人员不断接受新知识,学习新知识,掌握新技能,适应市场及外部环境的变化的需要。后续教育是一项长期的工程,是永无止境的。

4. 加强会计人员专业技术职称提升机制,完善专业技术资格考试机制

我国的会计人员职称考试,分为初级会计师、中级会计师和高级会计师考试。

第四节 会计法规体系

会计法规是会计工作的各种法律、法令、条例、规则、章程、制度等规范性文件的总称。它是以一定的会计理论为基础,根据国家的财经方针、政策,将会计工作所应遵循的各项原则和方法用法规的形式肯定下来,保证会计工作按照一定的目标进行。建立和完善适应社会主义市场经济需要的会计法规体系,对于充分发挥会计的应有职能,保证其按照一定的目标进行,更好地完成会计工作的任务,推动社会主义市场经济的发展等方面都具有十分重要的意义。

一、会计法规概述

会计法规是一个体系,为了更好地认识、了解和运用会计法规,可以按不同的标准对会计规范进行分类。

(一)按性质分类

1. 会计法律

会计法律是指由国家政权以法律形式调整会计关系的行为规范。会计法律是由国家立法机构制定的,具有高度的强制性、严肃性、规范性和可执行性等特点。我国会计法律是由全国人民代表大会及其常务委员会经过一定的立法程序制定的,如《中华人民共和国会计法》和《中华人民共和国注册会计师法》。它是会计法规体系中最高层次的规范,也是制定其他会计规范的依据。

2. 会计行政法规

会计行政法规是对会计法律的具体化或对某个方面的补充。会计行政法规是指国务院制定并发布,或者国务院有关部门拟定并经过国务院批准发布,调整经济生活中某些方面会计关系的法律规范,如《总会计师条例》《企业财务会计报告条例》等。

3. 会计规章

会计规章是指由国务院各部委、中国人民银行、审计署和具有行政管理职能的直属机构以及各省、自治区和直辖市人民政府，依据国家会计法律和法规制定的会计行政规章，如《企业会计准则——基本准则》《会计从业资格管理办法》等。

规章包括国务院部门规章和地方政府规章。《中华人民共和国立法法》第九十一条规定，国务院各部、委员会、中国人民银行、审计署和具有行政管理职能的直属机构以及法律规定的机构，可以根据法律和国务院的行政法规、决定、命令，在本部门的权限范围内，制定规章。部门规章规定的事项应当属于执行法律或者国务院的行政法规、决定、命令的事项。该法第九十五条规定，部门规章应当经部务会议或者委员会会议决定。该法第九十六条规定，部门规章由部门首长签署命令予以公布。

4. 地方性会计法规

地方性会计法规是指省、自治区、直辖市和经授权的经济特区人民代表大会及其常务委员会，在与会计法律、会计行政法规不相抵触的前提下制定的地方性会计法律规范，如《陕西省会计管理条例》。

5. 会计规范性文件

会计规范性文件，是指主管全国会计工作的行政部门，即国务院财政部门，就会计工作中某些方面所制定的会计法律制度，如《企业会计准则第1号——存货》等38项具体准则。

(二) 按其内容分类

(1) 关于会计核算方面的法规，如《企业会计准则——基本准则》《企业会计准则应用指南》等。

(2) 有关会计监督方面的法规。

(3) 有关会计机构和会计人员方面的法规，如《会计专业职务试行条例》《总会计师条例》等。

(4) 会计工作管理方面的法规，如制度、办法、手续、程序等的法律依据，涉及会计工作的各个方面。

二、法律

(一)《中华人民共和国会计法》

《中华人民共和国会计法》，1985年1月21日第六届全国人民代表大会常务委员会第九次会议通过，根据1993年12月29日第八届全国人民代表大会常务委员会第五次会议《关于修改〈中华人民共和国会计法〉的决定》第一次修正，1999年10月31日第九届全国人民代表大会常务委员会第十二次会议修订，根据2017年11月4日第十二届全国人民代表大会常务委员会第三十次会议《关于修改〈中华人民共和国会计法〉等十一部法律的决定》第二次修正。

最新的《中华人民共和国会计法》共七章五十二条。

第一章"总则"共八条，主要规定了《中华人民共和国会计法》的立法宗旨和适用范围，会计机构、会计人员的职责和任务，单位负责人的责任及对会计人员的法律保障和奖励，会计工作的管理体制等内容。

第二章"会计核算"共十五条,主要规定了会计核算的内容和要求,包括会计核算的年度、会计核算的记账本位币、会计核算的总原则,填制会计凭证、登记会计账簿、编制财务报表等会计核算全过程的要求,会计档案管理等内容。

第三章"公司、企业会计核算的特别规定"共三条,针对公司、企业会计核算的特殊性,提出了公司、企业会计要素确认、计量、记录的基本要求和公司、企业会计核算的禁止性规定。

第四章"会计监督"共九条,主要规定了单位内部会计监督制度,会计监督的主体、对象,会计监督的内容、方法和程序,外部监督等内容。

第五章"会计机构和会计人员"共六条,主要规定了会计机构的设置和会计人员的配备、稽核制度的建立、会计机构负责人的任职资格、会计人员培训、会计人员工作交接制度等内容。

第六章"法律责任"共八条,主要规定了违反《中华人民共和国会计法》应承担的法律责任以及财政部门及有关行政部门的工作人员的法律责任等内容。

第七章"附则"共三条,主要规定了《中华人民共和国会计法》用语的定义,个体工商户会计管理办法的规定,《中华人民共和国会计法》的实施日期。

(二)《中华人民共和国注册会计师法》

《中华人民共和国注册会计师法》是我国经济法律体系中有关注册会计师工作的一部单行法,该法共包括七章四十六条。

第一章"总则"(第一至六条),规定了该法的立法宗旨,注册会计师的资格界定,会计师事务所和注册会计师协会的性质及领导权限,注册会计师和会计师事务所的法律保障等内容。

第二章"考试和注册"(第七至十三条),规定了注册会计师全国统一考试制度,申请参加考试人员的条件,免除部分考试科目人员的条件,考试合格者的注册和不予以注册的情况,注册会计师的注册程序,撤销注册、申请复议和重新申请注册的情况等内容。

第三章"业务范围和规则"(第十四至二十二条),规定了注册会计师承办业务的范围,承办业务的方式,注册会计师执行业务时的权利和义务,注册会计师的回避制度以及注册会计师执行业务时的工作规则等内容。

第四章"会计师事务所"(第二十三至三十二条),规定了会计师事务所的设立及其条件,设立会计师事务所及其分支机构的程序,会计师事务所受理业务的权利,会计师事务所办理业务的工作规则等内容。

第五章"注册会计师协会"(第三十三至三十八条),规定了注册会计师应当加入注册会计师协会,中国注册会计师协会拟订注册会计师执业准则和规则,注册会计师协会维护注册会计师的合法权益,注册会计师协会检查注册会计师的任职资格和执业情况,注册会计师协会应为社会团体法人等内容。

第六章"法律责任"(第三十九至四十二条),规定了会计师事务所、注册会计师违反该法的情况以及应承担的法律责任,会计师事务所和注册会计师申请复议的情况等内容。

第七章"附则"(第四十三至四十六条),规定了注册审计师、外国会计师事务所承办注册会计师业务时的要求和其他事宜。

(三)《中华人民共和国税收征收管理法》

《中华人民共和国税收征收管理法》第十九条规定:"纳税人、扣缴义务人按照有关法律、行政法规和国务院财政、税务主管部门的规定设置账簿,根据合法、有效凭证记账,进行核算。"第二十条规定:"从事生产、经营的纳税人的财务、会计制度或者财务、会计处理办法和会计核算软件,应当报送税务机关备案。纳税人、扣缴义务人的财务、会计制度或者财务、会计处理办法与国务院或者国务院财政、税务主管部门有关税收的规定抵触的,依照国务院或者国务院财政、税务主管部门有关税收的规定计算应纳税款、代扣代缴和代收代缴税款。"

(四)其他相关法律

《中华人民共和国公司法》规定了公司利润分配的程序。

《中华人民共和国刑法》第一百六十一条第一款规定:"依法负有信息披露义务的公司、企业向股东和社会公众提供虚假的或者隐瞒重要事实的财务会计报告,或者对依法应当披露的其他重要信息不按照规定披露,严重损害股东或者其他人利益,或者有其他严重情节的,对其直接负责的主管人员和其他直接责任人员,处五年以下有期徒刑或者拘役,并处或者单处罚金;情节特别严重的,处五年以上十年以下有期徒刑,并处罚金。"第一百六十二条规定:"公司、企业进行清算时,隐匿财产,对资产负债表或者财产清单作虚伪记载或者在未清偿债务前分配公司、企业财产,严重损害债权人或者其他人利益的,对其直接负责的主管人员和其他直接责任人员,处五年以下有期徒刑或者拘役,并处或者单处二万元以上二十万元以下罚金。"第一百六十二条之一第一款规定:"隐匿或者故意销毁依法应当保存的会计凭证、会计账簿、财务会计报告,情节严重的,处五年以下有期徒刑或者拘役,并处或者单处二万元以上二十万元以下罚金。"第二百二十九条规定:"承担资产评估、验资、验证、会计、审计、法律服务、保荐、安全评价、环境影响评价、环境监测等职责的中介组织的人员故意提供虚假证明文件,情节严重的,处五年以下有期徒刑或者拘役,并处罚金;有下列情形之一的,处五年以上十年以下有期徒刑,并处罚金:(一)提供与证券发行有关的虚假的资产评估、会计、审计、法律服务、保荐等证明文件,情节特别严重的;(二)提供与重大资产交易相关的虚假的资产评估、会计、审计等证明文件,情节特别严重的;(三)……。有前款行为,同时索取他人财物或者非法收受他人财物构成犯罪的,依照处罚较重的规定定罪处罚。第一款规定的人员,严重不负责任,出具的证明文件有重大失实,造成严重后果的,处三年以下有期徒刑或者拘役,并处或者单处罚金。"

三、会计行政法规

《中华人民共和国立法法》第七十二条第一款和第二款规定:"国务院根据宪法和法律,制定行政法规。行政法规可以就下列事项作出规定:(一)为执行法律的规定需要制定行政法规的事项;(二)宪法第八十九条规定的国务院行政管理职权的事项。"

会计行政法规是根据会计法律制定的,是对会计法律的具体化或对某个方面的补充,如《总会计师条例》《财务会计报告条例》。《总会计师条例》中规定,全民所有制大、中型企业设置总会计师;事业单位和业务主管部门根据需要,经批准可以设置总会计师。另外,《总会计师条例》还规定了总会计师的职责、权限和总会计师的任免与奖惩。《企业财务会计报告条例》是国务院于2000年6月21日发布的,主要对企业财务会计报告的构成、编制、对外提供和法律责任等做出了规定。会计行政法规在性质上是同会计法律保持一致的,在内容上多属于对会计法律的阐述或具体化,因而会计行政法规具有较强的操作性。

四、会计部门规章和规范性文件

1. 会计准则的构成

会计准则是反映经济活动、确认产权关系、规范收益分配的会计技术标准,是生成和提供会计信息的重要依据,也是政府调控经济活动、规范经济秩序和开展国际经济交往等的重要手段。会计准则具有严密和完整的体系。我国已颁布的现行会计准则有企业会计准则、小企业会计准则、政府会计准则、事业单位会计准则。

2. 企业会计准则

我国的企业会计准则体系包括基本准则、具体准则、应用指南和解释公告等。

2006年2月,财政部发布了《企业会计准则——基本准则》,同时发布了《企业会计准则第1号——存货》等38项具体准则,自2007年1月1日起在上市公司范围内施行,并鼓励其他企业执行。为了实现我国企业会计准则与国际财务报告准则的持续趋同,财政部于2014年7月公布修改后的《企业会计准则——基本准则》。

《企业会计准则——基本准则》,是具体准则的制定依据,在整个企业会计准则体系中扮演概念框架的角色,起统驭作用。《企业财务通则》对国有企业财务管理体制、资金筹集、资产营运、成本控制、收益分配、重组清算、信息管理、财务监督等方面进行了规范。

2014年修改后的《企业会计准则——基本准则》共十一章,总计五十条,包括:第一章"总则",第二章"会计信息质量要求",第三章"资产",第四章"负债",第五章"所有者权益",第六章"收入",第七章"费用",第八章"利润",第九章"会计计量",第十章"财务会计报告",第十一章"附则"。

《企业会计准则——基本准则》主要包括以下内容:①说明了企业会计准则的性质、制定的依据、适用范围、会计工作的前提条件、记账基础以及会计核算基础工作的要求;②关于会计核算的一般原则的规定,筛选出八条会计信息质量要求,即可靠性、相关性、可理解性、可比性、实质重于形式、重要性、谨慎性和及时性;③关于会计要素准则的规定,将会计要素划分为六项,即资产、负债、所有者权益、收入、费用和利润;④关于会计计量的规定,会计计量属性包括历史成本、重置成本、可变现净值、现值、公允价值;⑤关于会计报表体系的规定,要求会计报表除满足企业主管机关和财政、税务机关等国家政府部门的需要外,还应该满足企业各方面投资者、债权人以及社会投资者的需要,要能够向他们提供反映经营状况、产权关系、偿债能力和利益分配的各种会计信息。

2014年1月以后,财政部陆续修订了10份具体准则,发布了4份新的具体准则,如表10-1所示。这些准则的名称不要求掌握,读者大体了解即可。

表10-1 企业会计准则中的具体准则一览表

编号	准则名称	发布日期	修订日期
1	存货	2006年2月15日	—
2	长期股权投资	2006年2月15日	2014年3月13日
3	投资性房地产	2006年2月15日	
4	固定资产	2006年2月15日	—

续表

编号	准则名称	发布日期	修订日期
5	生物资产	2006年2月15日	—
6	无形资产	2006年2月15日	—
7	非货币性资产交换	2006年2月15日	2019年5月9日
8	资产减值	2006年2月15日	—
9	职工薪酬	2006年2月15日	2014年1月27日
10	企业年金基金	2006年2月15日	—
11	股份支付	2006年2月15日	—
12	债务重组	2006年2月15日	2019年5月16日
13	或有事项	2006年2月15日	—
14	收入	2006年2月15日	2017年7月5日
15	建造合同	2006年2月15日	—
16	政府补助	2006年2月15日	2017年5月10日
17	借款费用	2006年2月15日	—
18	所得税	2006年2月15日	—
19	外币折算	2006年2月15日	—
20	企业合并	2006年2月15日	—
21	租赁	2006年2月15日	2018年12月7日
22	金融工具确认和计量	2006年2月15日	2017年3月31日
23	金融资产转移	2006年2月15日	2017年3月31日
24	套期会计	2006年2月15日	2017年3月31日
25	原保险合同(保险合同)	2006年2月15日	2020年12月19日
26	再保险合同(保险合同)	2006年2月15日	2020年12月19日
27	石油天然气开采	2006年2月15日	—
28	会计政策、会计估计变更和差错更正	2006年2月15日	—
29	资产负债表日后事项	2006年2月15日	—
30	财务报表列报	2006年2月15日	2014年1月26日
31	现金流量表	2006年2月15日	—
32	中期财务报告	2006年2月15日	—
33	合并财务报表	2006年2月15日	2014年2月17日
34	每股收益	2006年2月15日	—
35	分部报告	2006年2月15日	—
36	关联方披露	2006年2月15日	—
37	金融工具列报	2006年2月15日	2014年6月20日 2017年5月2日

续表

编号	准则名称	发布日期	修订日期
38	首次执行企业会计准则	2006年2月15日	—
39	公允价值计量	2014年1月26日	—
40	合营安排	2014年2月17日	—
41	在其他主体中权益的披露	2014年3月14日	—
42	持有待售的非流动资产、处置组和终止经营	2017年4月28日	—

3. 小企业会计准则

2011年10月,财政部发布了《小企业会计准则》,自2013年1月1日起执行。

《小企业会计准则》适用于在我国境内依法设立的、符合《中小企业划型标准规定》所规定的小型企业标准的企业。下列三类小企业除外:①股票或债券在市场上公开交易的小企业;②金融机构或其他具有金融性质的小企业;③企业集团内的母公司和子公司。母公司是指控制一个或一个以上主体(含企业、被投资单位中可分割的部分,以及企业所控制的结构化主体等)的主体,子公司是指被母公司控制的主体。

符合《中小企业划型标准规定》所规定的微型企业标准的企业,参照执行《小企业会计准则》。符合《小企业会计准则》规定的小企业,可以执行《小企业会计准则》,也可以执行《企业会计准则》。

4. 政府会计准则

我国政府会计准则体系由政府会计基本准则、具体准则和应用指南三部分组成。

2015年10月,财政部发布《政府会计准则——基本准则》,自2017年1月1日起在各级政府、各部门、各单位施行。《政府会计准则——基本准则》的出台,对于构建统一、科学、规范的政府会计准则体系,推进政府会计改革,建立现代财政制度具有重要的基础性作用。2016年7月,财政部发布《政府会计准则第1号——存货》《政府会计准则第2号——投资》《政府会计准则第3号——固定资产》《政府会计准则第4号——无形资产》。2017年4月,财政部发布《政府会计准则第5号——公共基础设施》。2017年7月,财政部发布《政府会计准则第6号——政府储备物资》。2018年10月,财政部发布《政府会计准则第7号——会计调整》。2018年11月,财政部发布《政府会计准则第8号——负债》。2018年12月,财政部发布《政府会计准则第9号——财务报表编制和列报》。2019年12月,财政部发布《政府会计准则第10号——政府和社会资本合作项目合同》。2019年7月,财政部发布《政府会计准则制度解释第1号》。2019年12月,财政部发布《政府会计准则制度解释第2号》。2020年10月,财政部发布《政府会计准则制度解释第3号》。2021年12月,财政部发布《政府会计准则制度解释第4号》。2022年9月,财政部发布《政府会计准则制度解释第5号》。

5. 事业单位会计准则

2012年12月,财政部修订发布了《事业单位会计准则》,自2013年1月1日起在各级各类事业单位施行。该准则对我国事业单位的会计工作进行了规范。2017年10月,财政部发布《政府会计制度——行政事业单位会计科目和报表》。2019年12月,财政部发布《事业单位成本核算基本指引》。

课程思政

做任何事情都有规则和秩序,会计人员一定要树立"没有规矩不成方圆"的信念,德才兼修,坚持原则,固守职业底线,熟悉财经法律法规和相关的会计制度,确保会计信息真实、准确、完整,维护国家利益、社会公众利益,遵循正常的经济秩序。

第五节 会计档案管理

一、会计档案的基本内容

根据《会计档案管理办法》规定,会计档案是指国家机关、社会团体、企业、事业单位和其他组织(以下统称单位)在进行会计核算等过程中接收或形成的,记录和反映单位经济业务事项的,具有保存价值的文字、图表等各种形式的会计资料,包括通过计算机等电子设备形成、传输和存储的电子会计档案。

财政部和国家档案局主管全国会计档案工作,共同制定全国统一的会计档案工作制度,对全国会计档案工作实行监督和指导。县级以上地方人民政府财政部门和档案行政管理部门管理本行政区域内的会计档案工作,并对本行政区域内会计档案工作实行监督和指导。

各单位应当加强会计档案管理工作,建立和完善会计档案的收集、整理、保管、利用和鉴定销毁等管理制度,采取可靠的安全防护技术和措施,保证会计档案的真实、完整、可用、安全。单位的档案机构或者档案工作人员所属机构(以下统称单位档案管理机构)负责管理本单位的会计档案。单位也可以委托具备档案管理条件的机构代为管理会计档案。

二、会计档案的内容

《会计档案管理办法》规定,下列会计资料应当进行归档:
(1)会计凭证,包括原始凭证、记账凭证;
(2)会计账簿,包括总账、明细账、日记账、固定资产卡片及其他辅助性账簿;
(3)财务会计报告,包括月度、季度、半年度、年度财务会计报告;
(4)其他会计资料,包括银行存款余额调节表、银行对账单、纳税申报表、会计档案移交清册、会计档案保管清册、会计档案销毁清册、会计档案鉴定意见书及其他具有保存价值的会计资料。

三、会计档案的管理

(一)会计档案的装订

1. 会计凭证的装订

会计凭证一般每月装订一次。会计凭证装订后,应在每本凭证封面上填写好凭证种类、起讫号码、凭证张数,会计主管人员和凭证装订人员在封面上签章;同时,应在凭证封面上编好卷号,按卷号顺序入柜,并在显露处标明凭证种类编号,以便调阅。

2. 会计账簿的装订

各种会计账簿在年终办理了年度结账后,除跨年度连续使用的账簿(如固定资产明细账、应收账款明细账)外,其他账簿都应按时整理立卷。各式账页不得混装,应按同类业务、同类账页装订在一起。在账簿的封面上填写好账目的种类,编好卷号,会计主管人员和装订人员签章。

3. 财务会计报告的装订

财务会计报告编制完成并及时报出后,留存的财务会计报告应按月装订成册,谨防丢失。财务会计报告的装订要求如下:

(1)核对整理。装订前要按编报目录核对财务会计报告是否齐全,整理报表页数,上边和左边对齐压平,并防止折角。

(2)按顺序进行装订。财务会计报告的装订顺序为封面—编制说明—各种会计报表(按会计报表的编号顺序排列)—会计报表附注—封底。

(3)编号。各种财务会计报告应根据其保管期限编制卷号。

4. 其他会计核算资料的装订

属于会计档案构成内容的其他会计核算资料,也应按照一定的规则、顺序予以装订成册。

(二)会计档案的整理和归档

单位的会计机构或会计人员所属机构(以下统称单位会计管理机构)按照归档范围和归档要求,负责定期将应当归档的会计资料整理立卷,编制会计档案保管清册。会计档案的整理要求有以下几点。

1. 分类标准要统一

一般将财务会计资料分成一类会计账簿、二类会计凭证、三类会计报表、四类文字资料及其他会计核算资料。

2. 档案形式要统一

案册封面、档案卡夹、存放柜和存放序列都要统一。

3. 管理要求要统一

要建立会计资料档案簿、会计资料档案目录。会计凭证要装订成册,报表和文字资料应分类立卷,其他零星资料要按年度排序并装订成册。

会计凭证是重要的经济资料和会计档案。任何单位在完成经济业务手续和记账之后,必须按规定的立卷归档制度形成会计档案资料。会计部门在记账之后,应定期将各种记账凭证按照编号顺序,连同所附的原始凭证折叠整齐,加具封面、封底装订成册,并在装订线上加贴封签。在封面上应写明单位名称、年度、月份、记账凭证的种类、起讫日期、起讫号数以及记账凭证和原始凭证张数,并在封签处加盖会计主管的骑缝图章。对各种重要的原始凭证以及各种需要随时查阅和退回的单据,应另编目录,单独登记保管,并在有关的记账凭证和原始凭证上相互注明日期和编号。

各单位的会计人员在年度终了,应将已更换的各种活页账簿、卡片账簿以及必要的备查账簿连同账簿使用登记表装订成册,加上封面,统一编号,由有关人员签章后,与订本账簿一起归档保管。各单位的会计人员,在年度终了,应将历年编制的会计报表按时间先后顺序整理,装订成册,并加上封面,归档保管。

(三)会计档案的保管

当年形成的会计档案,在会计年度终了后,可由单位会计管理机构临时保管一年,再移交单位档案管理机构保管。因工作需要确需推迟移交的,应当经单位档案管理机构同意。单位会计管理机构临时保管会计档案最长不超过三年。临时保管期间,会计档案的保管应当符合国家档案管理的有关规定,且出纳人员不得兼管会计档案。

会计档案的保管期限,根据其特点,分为永久、定期两类(见表10-2和表10-3)。定期保管期限一般分为10年和30年。会计档案的保管期限,从会计年度终了后的第一天算起。各类会计档案的保管期限原则上应当按照《会计档案管理办法》规定执行,《会计档案管理办法》规定的会计档案保管期限为最低保管期限。

表10-2 单位和其他组织会计档案保管期限表

序号	档案名称	保管期限	备注
一	会计凭证		
1	原始凭证	30年	
2	记账凭证	30年	
二	会计账簿		
3	总账	30年	
4	明细账	30年	
5	日记账	30年	
6	固定资产卡片		固定资产报废清理后保管5年
7	其他辅助性账簿	30年	
三	财务会计报告		
8	月度、季度、半年度财务会计报告	10年	
9	年度财务会计报告	永久	
四	其他会计资料		
10	银行存款余额调节表	10年	
11	银行对账单	10年	
12	纳税申报表	10年	
13	会计档案移交清册	30年	
14	会计档案保管清册	永久	
15	会计档案销毁清册	永久	
16	会计档案鉴定意见书	永久	

表 10－3　财政总预算、行政单位、事业单位和税收会计档案保管期限表

序号	档案名称	保管期限			备注
		财政总预算	行政单位事业单位	税收会计	
一	会计凭证				
1	国家金库编送的各种报表及缴库退库凭证	10年		10年	
2	各收入机关编送的报表	10年			
3	行政单位和事业单位的各种会计凭证		30年		包括：原始凭证、记账凭证和传票汇总表
4	财政总预算拨款凭证和其他会计凭证	30年			包括：拨款凭证和其他会计凭证
二	会计账簿				
5	日记账		30年	30年	
6	总账	30年	30年	30年	
7	税收日记账（总账）			30年	
8	明细分类、分户账或登记簿	30年	30年	30年	
9	行政单位和事业单位固定资产卡片				固定资产报废清理后保管5年
三	财务会计报告				
10	政府综合财务报告	永久			下级财政、本级部门和单位报送的保管2年
11	部门财务报告		永久		所属单位报送的保管2年
12	财政总决算	永久			下级财政、本级部门和单位报送的保管2年
13	部门决算		永久		所属单位报送的保管2年
14	税收年报（决算）			永久	
15	国家金库年报（决算）	10年			
16	基本建设拨、贷款年报（决算）	10年			
17	行政单位和事业单位会计月、季度报表		10年		所属单位报送的保管2年
18	税收会计报表			10年	所属税务机关报送的保管2年
四	其他会计资料				
19	银行存款余额调节表	10年	10年		
20	银行对账单	10年	10年	10年	

续表

序号	档案名称	保管期限			备注
		财政总预算	行政单位事业单位	税收会计	
21	会计档案移交清册	30年	30年	30年	
22	会计档案保管清册	永久	永久	永久	
23	会计档案销毁清册	永久	永久	永久	
24	会计档案鉴定意见书	永久	永久	永久	

注：税务机关的税务经费会计档案保管期限，按行政单位会计档案保管期限规定办理。

（四）会计档案的查阅和复制

单位应当严格按照相关制度利用会计档案，在进行会计档案查阅、复制、借出时履行登记手续，严禁篡改和损坏。调阅会计档案，应有一定的手续。应设置"会计档案调阅登记簿"，详细登记调阅日期、调阅人、调阅理由、归还日期等。查阅人应认真填写"会计档案调阅登记簿"。查阅或者复制会计档案的人员，严禁在会计档案上涂画、拆封和抽换。调阅人员未经批准不得擅自摘录有关数字。单位保存的会计档案一般不得对外借出。确因工作需要且根据国家有关规定必须借出的，应当严格按照规定办理相关手续。会计档案借用单位应当妥善保管和利用借入的会计档案，确保借入会计档案的安全完整，并在规定时间内归还。

（五）会计档案的销毁

单位应当定期对已到保管期限的会计档案进行鉴定，并形成会计档案鉴定意见书。经鉴定，仍需继续保存的会计档案，应当重新划定保管期限；对保管期满，确无保存价值的会计档案，可以销毁。销毁时必须严格执行会计档案保管的规定，任何人不得随意销毁。经鉴定可以销毁的会计档案，应当按照以下程序销毁：

（1）单位档案管理机构编制会计档案销毁清册，列明拟销毁会计档案的名称、卷号、册数、起止年度、档案编号、应保管期限、已保管期限和销毁时间等内容。

（2）单位负责人、档案管理机构负责人、会计管理机构负责人、档案管理机构经办人、会计管理机构经办人在会计档案销毁清册上签署意见。

（3）单位档案管理机构负责组织会计档案销毁工作，并与会计管理机构共同派员监销。监销人在会计档案销毁前，应当按照会计档案销毁清册所列内容进行清点核对；在会计档案销毁后，应当在会计档案销毁清册上签名或盖章。

电子会计档案的销毁还应当符合国家有关电子档案的规定，并由单位档案管理机构、会计管理机构和信息系统管理机构共同派员监销。

保管期满但未结清的债权债务会计凭证和涉及其他未了事项的会计凭证不得销毁，纸质会计档案应当单独抽出立卷，电子会计档案单独转存，保管到未了事项完结时为止。

单独抽出立卷或转存的会计档案，应当在会计档案鉴定意见书、会计档案销毁清册和会计档案保管清册中列明。

第六节 会计工作交接

会计工作交接是会计工作中的一项重要内容。会计人员调动工作或者离职时,与接管人员办清交接手续,是会计人员应尽的职责,也是做好会计工作的要求。做好会计工作交接,可以防止因会计人员的更换出现账目不清、财务混乱等现象,有利于保持会计工作的连续性,有利于明确责任。

一、会计工作交接的规定

《中华人民共和国会计法》第四十一条第一款规定:"会计人员调动工作或者离职,必须与接管人员办清交接手续。"根据有关法规的规定,下列情况需要办理交接:

(1)会计人员临时离职或因病不能工作且需要接替或代理的,会计机构负责人或单位负责人必须指定专人接替或者代理,并办理会计工作交接手续。

(2)临时离职或因病不能工作的会计人员,恢复工作时,应当与接替或者代理人员办理交接手续。

(3)移交人员因病或其他特殊原因不能亲自办理移交手续的,经单位负责人批准,可由移交人员委托他人代办移交,但委托人应当对所移交的会计凭证、会计账簿、财务会计报告和其他有关资料的真实性、完整性承担法律责任。

二、会计工作交接要求

(1)会计人员调动或因故离职,必须与接替人员办理交接手续,并将本人所经管的会计工作,在固定期限内移交清楚。会计人员临时离职或因事、因病不能到职工作的,会计机构负责人或会计主管人员或单位领导必须指定接替或代理。

(2)接替人员应认真接管移交的工作,并继续办理移交未了事项。移交后,如果发现原经管的会计业务有违反财会制度和财经纪律等问题,仍由原移交人负责。接替的会计人员应继续使用移交的账簿,不得自行另立新账,以保持会计记录的连续性。

(3)交接完毕后,交接双方和监交人员要在移交清册上签名或者盖章,并应在移交清册上注明:单位名称、交接日期、交接双方和监交人员的职务、姓名、移交清册页数以及需要说明的问题和意见等。移交清册一般应填制一式三份,交接双方各执一份,存档一份。

(4)单位撤销时,必须留有必要的会计人员,会同有关人员进行清理工作,编制决算,未移交前,不得离职。接收单位和移交日期由主管部门确定。

三、会计工作交接的程序

(1)会计人员办理移交手续前,必须做好以下各项准备工作。

①已经受理的经济业务尚未填制会计凭证的,应当填制完毕。

②尚未登记的账目,应当登记完毕,并在最后一笔余额后加盖经办人员印章。

③整理好应该移交的各项资料,对未了事项写出书面材料。

④编制移交清册,列明应当移交的会计凭证、会计账簿、会计报表、印章、现金、有价证券、支票簿、发票、文件、其他会计资料和物品等内容;实行会计电算化的单位,从事该项工作的移

交人员还应在移交清册中列明会计软件及密码、会计软件数据磁盘(磁带等)及有关资料、实物等内容。

(2)移交人员按移交清册逐项移交,接替人员逐项核对点收。

①现金、有价证券等要根据会计账簿余额进行点交。库存现金、有价证券必须与会计账簿记录保持一致。不一致时,移交人员必须限期查清。

②会计凭证、会计账簿、会计报表和其他会计资料必须完整无缺。如有短缺,必须查明原因,并在移交清册中注明,由移交人员负责。

③银行存款账户余额要与银行对账单核对相符,如不一致,应编制银行存款余额调节表调节相符;各种财产物资和债权债务的明细账户余额要与总账有关账户的余额相对相符;必要时,要抽查个别账户的余额,与实物核对相符,或者与往来单位、个人核对清楚。

④移交人员经管的票据、印章和其他实物等,必须交接清楚;移交人员从事会计电算化工作的,要对有关电子数据在实际操作状态下进行交接。

(3)会计机构负责人、会计主管人员移交时,除按移交清册逐项移交外,还必须将全部财务会计工作、重大财务收支和会计人员的情况等向接替人员详细介绍。对需要移交的遗留问题,应当写出书面材料。

(4)移交清册应当经过监交人员审查和签名、盖章,作为交接双方明确责任的证件。对监交的具体要求如下。

①一般会计人员办理交接手续,由会计机构负责人(会计主管人员)监交。

②会计机构负责人(会计主管人员)办理交接手续,由单位负责人监交,必要时主管单位可以派人会同监交。需由主管单位监交或者主管单位认为需要参与监交的通常有三种情况:一是所属单位负责人因单位撤并等原因不能监交,需要由主管单位派人代表主管单位监交;二是所属单位负责人有意拖延而不能尽快监交,需要由主管单位派人监督监交;三是不宜由所属单位负责人单独监交,而需要主管单位会同监交。

本章小结

本章对会计工作组织中的会计机构、会计人员、会计法规体系、会计档案管理以及会计工作交接等方面进行了系统的介绍,将专业知识与职业素养相融合,为后续专业学习及提升夯实基础。

复习思考

1. 组织会计工作的意义是什么?
2. 会计机构负责人、会计主管人员应当具备哪些基本条件?
3. 会计人员的职责有哪些?
4. 提高会计人员素质的途径有哪些?
5. 会计工作交接要求有哪些?
6. 会计档案管理的意义是什么?

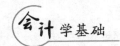

即测即评

即测即评

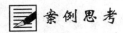 案例思考

康美药业虚增收入和资产

康美药业股份有限公司(以下简称"康美药业")成立于1997年,以中药饮片生产、销售为核心,实施中医药全产业链一体化模式。

2019年8月,证监会对康美药业下发《行政处罚及市场禁入事先告知书》。告知书显示,康美药业虚增收入和资产信息如下:

1.康美药业涉嫌累计虚增营业收入291.28亿元

2016年年度报告虚增营业收入89.99亿元,多计利息收入1.51亿元,虚增营业利润6.56亿元,占合并利润表当期披露利润总额的16.44%。2017年年度报告虚增营业收入100.32亿元,多计利息收入2.28亿元,虚增营业利润12.51亿元,占合并利润表当期披露利润总额的25.91%。2018年半年度报告虚增营业收入84.84亿元,多计利息收入1.31亿元,虚增营业利润20.29亿元,占合并利润表当期利润总额的65.52%。2018年年度报告虚增营业收入16.13亿元,虚增营业利润1.65亿元,占合并利润表当期披露利润总额的12.11%。

2.累计虚增货币资金887亿元

康美药业2016年年度报告虚增货币资金225.49亿元,占公司披露总资产的41.13%和净资产的76.74%;2017年年度报告虚增货币资金299.44亿元,占公司披露总资产的43.57%和净资产的93.18%;2018年半年度报告虚增货币资金361.88亿元,占公司披露总资产的45.96%和净资产的108.24%。

3.虚增固定资产、在建工程、投资性房地产,共计36亿元

康美药业在2018年年度报告中将前期未纳入报表的亳州华佗国际中药城、普宁中药城、普宁中药城中医馆、亳州新世界、甘肃陇西中药城、玉林中药产业园等6个工程项目纳入表内,分别调增固定资产11.89亿元,调增在建工程4.01亿元,调增投资性房地产20.15亿元,合计调增资产总额36.05亿元。

证监会已经向涉案当事人送达事先告知书,依法对康美药业及马××(原董事长兼总经理)等22名当事人予以行政处罚,并对6名当事人采取证券市场禁入措施。

思考:

1.康美药业虚增营业收入和资产违背了哪些会计原则?

2.康美药业虚增营业收入和资产会对投资者及证券市场带来什么损害?

3.假如你是康美药业的会计人员,你会参与吗?

参考文献

[1] 财政部会计司.企业会计准则[M].北京:经济科学出版社,2014.

[2] 郭道扬.会计史教程:历史·现实·未来[M].北京:中国财政经济出版社,1999.

[3] 李长青,王永德,李丽娜.初级会计学[M].3版.北京:高等教育出版社,2020.

[4] 陈艳利.基础会计学[M].3版.北京:高等教育出版社,2020.

[5] 吕学典,董红.基础会计学[M].5版.北京:高等教育出版社,2020.

[6] 陈国辉.基础会计[M].5版.大连:东北财经大学出版社,2020.

[7] 李占国.基础会计学[M].4版.北京:高等教育出版社,2020.

[8] 崔智敏,陈爱玲.会计学基础[M].7版.北京:中国人民大学出版社,2020.

[9] 中华人民共和国财政部.企业会计准则应用指南(2020年版)[M].上海:立信会计出版社,2020.

[10] 徐经长,孙蔓莉,周华.会计学(非专业用)[M].6版.北京:中国人民大学出版社,2019.

[11] 周华.会计学基础[M].2版.北京:中国人民大学出版社,2020.

[12] 斯蒂斯 E,斯蒂斯 J,斯库森.中级会计学(基础篇)(第17版)[M].杨有红,等译.北京:北京大学出版社,2014.

[13] 陆正飞,黄慧馨,李琦.会计学[M].4版.北京:北京大学出版社,2018.

[14] 吴大军,年彦秀.管理会计[M].3版.大连:东北财经大学出版社,2013.

[15] 徐晔.会计学原理习题指南[M].2版.上海:复旦大学出版社,2008.

[16] 威廉姆斯,哈卡,贝特纳,等.会计学:企业决策的基础(财务会计分册)(原书第17版)[M].赵银德,沈维华,周彦,等译.北京:机械工业出版社,2017.

[17] 牛丽云."互联网+"时代会计信息化建设的探索[J].会计师,2017(16):15-16.

[18] 望晓枢.大数据时代下财经商贸类岗位技能需求的转变[J].现代商业,2020(30):117-118.

[19] 张继军.企业电子会计档案管理系统应用研究[D].长春:吉林大学,2019.

[20] 金萍妹,胡亚娣.加快角色转变强化财务监管[J].中国总会计师,2019(4):44-45.